U0739375

国家出版基金项目
NATIONAL PUBLICATION FOUNDATION

西夏学文库
第一辑
著作卷

『十三五』国家重点图书出版规划项目

杜建录 史金波 主编

绿城出土西夏文献研究

段玉泉 著

甘肃文化出版社

图书在版编目（ＣＩＰ）数据

绿城出土西夏文献研究 / 段玉泉著. -- 兰州 ：甘肃文化出版社，2022.11
（西夏学文库 / 杜建录，史金波主编. 第一辑）
ISBN 978-7-5490-2593-0

Ⅰ. ①绿… Ⅱ. ①段… Ⅲ. ①出土文物－文献－研究－额济纳旗－西夏 Ⅳ. ①K877.94

中国版本图书馆CIP数据核字(2022)第192244号

绿城出土西夏文献研究

段玉泉 | 著

策　　划	郧军涛
项目统筹	甄惠娟
责任编辑	王天芹
封面设计	苏金虎

出版发行	甘肃文化出版社
网　　址	http://www.gswenhua.cn
投稿邮箱	gswenhuapress@163.com
地　　址	兰州市城关区曹家巷 1 号	730030（邮编）

| 营销中心 | 贾　莉　王　俊 |
| 电　　话 | 0931-2131306 |

印　　刷	西安国彩印刷有限公司
开　　本	787 毫米 ×1092 毫米 1/16
字　　数	230 千
印　　张	15
版　　次	2022 年 11 月第 1 版
印　　次	2022 年 11 月第 1 次
书　　号	ISBN 978-7-5490-2593-0
定　　价	69.00 元

版权所有 违者必究（举报电话：0931-2131306）
（图书如出现印装质量问题，请与我们联系）

西夏学文库
编委会

主　任：陈育宁

委　员：（以姓氏笔画排序）

牛达生　史金波　白　滨　孙宏开　孙伯君　孙昌盛

孙继民　汤晓芳　刘建丽　杜建录　李华瑞　李范文

李进增　李　蔚　佟建荣　沈卫荣　杨　浣　杨富学

杨　蕤　林英津　罗　丰　周伟洲　周　峰　波波娃

胡玉冰　荒川慎太郎　　段玉泉　贾常业　聂鸿音

索罗宁　梁松涛　韩小忙　景永时　彭向前　薛正昌

主　编：杜建录　史金波

编　务：于光建　张笑峰　杜维民

宁夏大学西夏学研究院
中国社会科学院西夏文化研究中心

编

百年风雨　一路走来

——《西夏学文库》总序

一

经过几年的酝酿、规划和编纂，《西夏学文库》（以下简称《文库》）终于和读者见面了。2016 年，这一学术出版项目被列入"十三五"国家重点图书出版规划，2017 年入选国家出版基金项目，并在"十三五"开局的第二年即开始陆续出书，这是西夏学界和出版社共同努力的硕果。

白 1908、1909 年黑水城西夏文献发现起，近代意义上的西夏学走过了百年历程，大体经历了两个阶段：

20 世纪 20 年代至 80 年代为第一阶段，该时期的西夏学有如下特点：

一是苏联学者"近水楼台"，首先对黑水城西夏文献进行整理研究，涌现出伊凤阁、聂历山、龙果夫、克恰诺夫、索弗罗诺夫、克平等一批西夏学名家，出版了大量论著，成为国际西夏学的"老大哥"。

二是中国学者筚路蓝缕，在西夏文文献资料有限的情况下，结合汉文文献和文物考古资料，开展西夏语言文献、社会历史、文物考古研究。20 世纪30 年代，王静如出版三辑《西夏研究》，内容涉及西夏佛经、历史、语言、国名、官印等。1979 年，蔡美彪《中国通史》第六册专列西夏史，和辽金史并列，首次在中国通史中确立了西夏史的地位。

三是日本、欧美的西夏研究也有不俗表现，特别是日本学者在西夏语言文献和党项古代史研究方面有着重要贡献。

四是经过国内外学界的不懈努力，至 20 世纪 80 年代，中国西夏学界推出《西夏史稿》《文海研究》《同音研究》《西夏文物研究》《西夏佛教史略》《西夏文物》等一系列标志性成果，发表了一批论文。西夏学从早期的黑水城文献整理与西夏文字释读，拓展成对党项民族及西夏王朝的政治、历史、经济、军事、地理、宗教、考古、文物、文献、语言文字、文化艺术、社会风俗等全方位研究，完整意义上的西夏学已经形成。

20世纪90年代迄今为第二阶段，这一时期的西夏学呈现出三大新特点：

一是《俄藏黑水城文献》《英藏黑水城文献》《日本藏西夏文文献》《法藏敦煌西夏文文献》《斯坦因第三次中亚考古所获汉文文献（非佛经部分）》《党项与西夏资料汇编》《中国藏西夏文献》《中国藏黑水城汉文文献》《中国藏黑水城民族文字文献》《俄藏黑水城艺术品》《西夏文物》（多卷本）等大型文献文物著作相继整理出版，这是西夏学的一大盛事。

二是随着文献文物资料的整理出版，国内外西夏学专家们，无论是俯首耕耘的老一辈学者，还是风华正茂的中青年学者，都积极参与西夏文献文物的诠释和研究，潜心探索，精心培育新的科研成果，特别是在西夏文文献的译释方面，取得了卓越成就，激活了死亡的西夏文字，就连解读难度很大的西夏文草书文献也有了突破性进展，对西夏历史文化深度开掘做出了实质性贡献。举凡西夏社会、政治、经济、军事、文化、法律、宗教、风俗、科技、建筑、医学、语言、文字、文物等，都有新作问世，发表了数以千计的论文，出版了数以百计的著作，宁夏人民出版社、上海古籍出版社、中国社会科学出版社、社科文献出版社、甘肃文化出版社成为这一时期西夏研究成果出版的重镇。宁夏大学西夏学研究院编纂的《西夏研究丛书》《西夏文献研究丛刊》，中国社会科学院西夏文化研究中心联合宁夏大学西夏学研究院等单位编纂的《西夏文献文物研究丛书》是上述成果的重要载体。西夏研究由冷渐热，丰富的西夏文献资料已悄然影响着同时代宋、辽、金史的研究。反之，宋、辽、金史学界对西夏学的关注和研究，也促使西夏研究开阔视野，提高水平。

三是学科建设得到国家的高度重视，宁夏大学西夏学研究中心（后更名为西夏学研究院）被教育部批准为高校人文社科重点研究基地，中国社会科学院将西夏学作为"绝学"，予以重点支持，宁夏社会科学院和北方民族大学也将西夏研究列为重点。西夏研究专家遍布全国几十个高校、科研院所和文物考古部门，主持完成和正在开展近百项国家和省部级科研课题，包括国家社科基金特别委托项目"西夏文献文物研究"，重大项目"黑水城西夏文献研究""西夏通志""黑水城出土医药文献整理研究"，教育部重大委托项目"西夏文大词典""西夏多元文化及其历史地位研究"。

研究院按照教育部基地评估专家的意见，计划在文献整理研究的基础上，以国家社科基金重大项目和教育部重大委托项目为抓手，加大西夏历史文化研究力度，推出重大成果，同时系统整理出版百年来的研究成果。中国社会科学院西夏文化研究中心也在继承传统、总结经验的基础上，制订加强西夏学学科建设、深化西夏研究、推出创新成果的计划。这与甘肃文化出版社着力打造西夏研究成果出版平台的设想不谋而合。于是三方达成共同编纂出版《文库》的协议，由史金波、杜建录共同担纲主编，一方面将过去专家们发表的优秀论文结集出版，另一方面重点推出一批新的研究著作，以期反映西夏研究的最新进展，推动西夏学迈上一个新的台阶。

二

作为百年西夏研究成果的集大成者，作为新时期标志性的精品学术工程，《文库》不是涵盖个别单位或部分专家的成果，而是要立足整个西夏学科建设的需求，面向海内外西夏学界征稿，以全方位展现新时期西夏研究的新成果和新气象。《文库》分为著作卷、论集卷和译著卷三大板块。其中，史金波侧重主编论集卷和译著卷，杜建录侧重于主编著作卷。论集卷主要是尚未结集出版的代表性学术论文，因为已公开发表，由编委会审核，不再匿名评审。著作卷由各类研究项目（含自选项目）成果、较大幅度修订的已出著作以及公认的传世名著三部分组成。所有稿件由编委会审核，达到出版水平的予以出版，达不到出版水平的，则提出明确修改意见，退回作者修改补正后再次送审，确保《文库》的学术水准。宁夏大学西夏学研究院设立了专门的基金，用于不同类型著作的评审。

西夏研究是一门新兴的学科，原来人员构成比较单一，学术领域比较狭窄，研究方法和学术水准均有待提高。从学科发展的角度看，加强西夏学与其他学科的学术交流，是提高西夏研究水平的有效途径。我国现有的西夏研究队伍，有的一开始即从事西夏研究，有的原是语言学、历史学、藏传佛教、唐宋文书等领域的专家，后来由于深化或扩充原学术领域而涉足西夏研究，这些不同学术背景的专家们给西夏研究带来了新的学术视角和新的科研气象，为充实西夏研究队伍、提高西夏研究水平、打造西夏学学科集群做出了重要的贡献。在资料搜集、研究方法和学术规范等方面，俄罗斯、日本、美国、英国和法国的西夏研究者值得我们借鉴学习，《文库》尽量把他们的研究成果翻译出版。值得一提的是，我们还特别请作者，特别是老专家在各自的著述中撰写"前言"，深入讲述个人从事西夏研究的历程，使大家深切感受各位专家倾心参与西夏研究的经历、砥砺钻研的刻苦精神，以及个中深刻的体会和所做出的突出成绩。

《文库》既重视老专家的新成果，也青睐青年学者的著作。中青年学者是创新研究的主力，有着巨大的学术潜力，代表着西夏学的未来。也许他们的著作难免会有这样那样的不足，但这是他们为西夏学殿堂增光添彩的新篇章，演奏着西夏研究创新的主旋律。《文库》的编纂出版，既是建设学术品牌、展示研究成果的需要，也是锻造打磨精品、提升作者水平的过程。从这个意义上讲，《文库》是中青年学者凝练观点、自我升华的绝佳平台。

入选《文库》的著作，严格按照学术图书的规范和要求逐一核对修订，务求体例统一，严谨缜密。为此，甘肃文化出版社成立了《文库》项目组，按照国家精品出版项目的要求，精心组织，精编精校，严格规范，统一标准，力争将这套图书打造成内容质量俱佳的精品。

三

西夏是中国历史的重要组成部分，西夏文化是中华民族文化不可或缺的组成部分。西夏王朝活跃于历史舞台，促进了我国西北地区的发展繁荣。源远流长、底蕴厚重的西夏文明，是中华各民族兼容并蓄、互融互补、同脉同源的见证。深入研究西夏有利于完善中国历史发展的链条，对传承优秀民族文化、促进各民族团结繁荣有着重要意义。西夏研究工作者有责任更精准地阐释西夏文明在中华文明中的地位、特色、贡献和影响，把相关研究成果展示出来。《文库》正是针对西夏学这一特殊学科的建设规律，瞄准西夏学学术发展前沿，提高学术原创能力，出版高质量、标志性的西夏研究成果，打造具有时代特色的学术品牌，增强西夏学话语体系建设，对西夏研究起到新的推动作用，对弘扬中华优秀传统文化做出新的贡献。

甘肃是华夏文明的重要发祥地之一，也是中华民族多元文化的资源宝库。在甘肃厚重的地域文明中，西夏文化是仅次于敦煌文化的另一张名片。西夏主体民族党项羌自西南地区北上发展时，最初的落脚点就在现在的甘肃庆阳一带。党项族历经唐、五代、宋初的壮大，直到占领了河西走廊后，才打下了立国称霸的基础。在整个西夏时期，甘肃地区作为西夏的重要一翼，起着压舱石的作用。今甘肃武威市是西夏时期的一流大城市西凉府所在地，张掖市是镇夷郡所在地，酒泉市是番和郡所在地，都是当时闻名遐迩的重镇。今瓜州县锁阳城遗址为西夏瓜州监军所在地。敦煌莫高窟当时被誉为神山。甘肃保存、出土的西夏文物和文献宏富而精彩，凸显了西夏文明的厚重底蕴，为复原西夏社会历史提供了珍贵的历史资料。甘肃是西夏文化的重要根脉，是西夏文明繁盛的一方沃土。

甘肃文化出版社作为甘肃本土出版社，以传承弘扬民族文化为己任，早在 20 多年前就与宁夏大学西夏学研究中心（西夏学研究院前身）合作，编纂出版了《西夏研究丛书》。近年来，该社精耕于此，先后和史金波、杜建录等学者多次沟通，锐意联合编纂出版《文库》，全力申报"十三五"国家图书出版项目和国家出版基金项目，践行着出版人守望、传承优秀传统文化的历史使命。我们衷心希望这方新开辟的西夏学园地，成为西夏学专家们耕耘的沃土，结出丰硕的科研成果。

史金波　杜建录

2017 年 3 月

前　言

　　西夏文献资料是 20 世纪以来的重要考古发现之一。这些文献的出土及收藏情况比较复杂，其中有一部分出土于内蒙古额济纳旗离黑水城遗址不远的绿城遗址。1991 年，中央电视台拍摄纪录片《望长城》，摄制组在内蒙古额济纳旗绿城北 7 公里左右的一处寺庙遗址内发现了一批西夏文物文献。这次发现的文物文献后来交内蒙古博物馆收藏①。绿城出土西夏文献最初由史金波、翁善珍两先生介绍，当时介绍的材料除几件文物外，文献主要有《金刚般若波罗蜜多经》《圣观自在大悲心总持功德依经录》《胜相顶尊总持功德依经录》《佛说消除一切疾病陀罗尼经》及《慈悲道场忏罪法》封面等几种。2005 年，《中国藏西夏文献》出版过程中，又发现了一种新的写本西夏文写经，即《佛顶放无垢光明入普门观察一切如来心陀罗尼经》②。《中国藏西夏文献》甘肃卷出版之后，额济纳旗文管所收藏的一批西夏文献共四种也刊布于中，并首次介绍这批材料也属于绿城出土。

　　此后，《中国藏黑水城民族文字文献》启动整理与出版，甘肃古籍整理研究中心传过来 50 多张西夏文献照片，说是从内蒙古博物馆新发现的，没有馆藏编号，黑水城出土，收藏年代未有记载。经核对，我们发现其中有 10 多个图版其实已经在《中国藏西夏文献》中刊布，标明为绿城出土。未刊布的图版中，有几个则与已刊布者紧密相连，无疑应该是同一批出土文献，即绿城出土。这批材料遂纳入《中国藏黑水城民族文字文献》中全部刊布。

　　绿城出土西夏文献的发现虽然时间较晚，但收藏地不一，同一件文献往往两置，文献公布也是逐次一点一点刊布，数量不明。直至最近《西夏文物》编

---

① 史金波、翁善珍：《额济纳旗绿城新见西夏文物考》，《文物》1996 年第 10 期。
② 史金波：《中国藏西夏文文献新探》，《西夏学》第二辑，银川：宁夏人民出版社，2007 年，第 14 页。

纂出版，部分绿城文献出现其中，然以黑水城文献加以介绍，足以表明收藏单位对这批文献的来源并不清楚。

出土西夏文献到底都是些什么，数量到底有多少，它们又都从哪里出土，收藏于何处？这是百年多来西夏学界一直在探索的重要问题。围绕这些问题，西夏学研究工作者先后付出了大量努力，大致摸清了大部分文献的收藏情况，刊布了大量图版资料，产生了一大批优秀研究成果。作为这一工作的组成部分，到底哪些文献属于绿城文献、数量有多少，以及这些文献的价值如何，需要学术界给出系统梳理研究。

目 录

第一章　绿城出土西夏文献概况

一、绿城遗址及西夏文物的发现

绿城遗址位于内蒙古自治区额济纳旗达来呼布镇东南 45 公里，西北距黑水城遗址 13 公里①。遗址呈椭圆形（见图 1），面积约 12 万平方米，设有内城和外城。据额济纳旗文管所工作人员介绍，绿城得名因其南部毗邻一座绿色琉璃瓦的庙宇，当地人称之为绿庙，如今早已找不到琉璃瓦片的痕迹。

绿城是座大型复合型遗址，这一地区有西夏高台建筑 60 余座。在周围 10 千米范围内分布有城池、民居、庙宇、佛塔、土堡、瓷窑、墓葬群、屯田区和军事防御设施等遗迹 400 余处。这里也是西夏、元代重要的农耕之地，周围有大量废弃的耕地，依然存在的水渠穿城而过。考古发现，城内文化层可分为上下两层。上层为西夏、元代层；下层出土灰陶片、砖瓦碎块及绳纹、旋纹、水波纹等，似为汉晋时代遗址，可能是汉代居延县城遗址②。

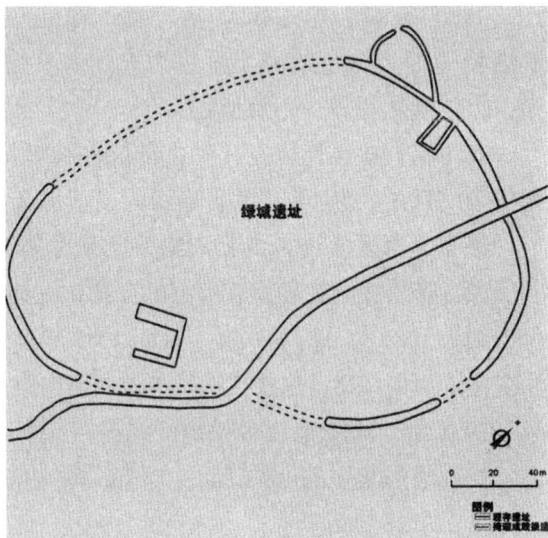

图 1　绿城遗址平面示意图
（引自《西夏文物·内蒙古编》）

---

① 此为直线距离，实际路程因为绕行有 20 公里，所以相关介绍中有 13 公里和 20 公里两种说法。

② 塔拉、李丽雅主编：《西夏文物·内蒙古编》(一)，天津：天津古籍出版社；北京：中华书局，2014年，第 49 页；"本编概述"，第 4—6 页。

1991 年，中央电视台拍摄纪录片《望长城》，摄制组在内蒙古额济纳旗绿城一处寺庙遗址内发现了一批西夏文物文献，绿城由此进入了学术界的视野。事实上，绿城文物文献的发掘由来已久。

1908 年，俄国探险家科兹洛夫考察队在盗掘完黑水城后，似乎也前往了黑水城。他在报告中提到了一个"博罗浩特"的废墟：

> 听说周围还有一个叫"博罗浩特"的废墟，我派旅伴加姆博巴特玛扎波夫领着两个蒙古人完成了去东北部的旅行。他们不负所托，带来了一些关于土著在隔壁沙漠中生活的补充资料。当宏大而美丽的哈喇浩特屹立在向东北流去的额济纳戈尔两岸的繁荣昌盛时期，哈喇浩特东北 20 俄里处额济纳戈尔旧河床左岸的博罗浩特在繁华程度上丝毫也不逊色。[1]

这里的"博罗浩特"（Boro Khoto），根据他介绍的方位，应该就是现在的绿城。不过，"博罗"（boru）一词，在蒙古语里意为"青色""灰褐色"。钱大昕《十驾斋养新录》卷九载："孛罗者，青也。"下注："亦作博罗。"[2]是以，"博罗浩特"即为青色的城。科兹洛夫到底从博罗浩特带走了什么，我们不得而知，但他既然明言"不负所托""补充资料"，就应该有所收获[3]。

20 世纪 60 年代以来，考古部门在绿城地区的庙宇遗址中，先后三次共发掘出 10 多尊造型优美、色彩艳丽的泥塑佛像和西夏文经卷[4]。

根据《西夏文物·内蒙古编》所载金属器、陶瓷器、木印模板、彩绘泥塑菩萨像、彩绘泥塑弥勒像、擦擦的介绍，这些文物大部分是 1987 年从绿城采集，少量则为 1989 年从绿城采集。说明 1987 年、1989 年也先后在绿城地区集中发现并采集了不少文物，这些文物基本上入藏内蒙古博物馆（今内蒙古博物院）。

1991 年，中央电视台拍摄纪录片《望长城》，除发现文物外，应该是西夏文献发现最为集中的一次。

---

①［俄］彼·库·科兹洛夫著，王希隆、丁淑琴译：《蒙古、安多和死城哈喇浩特》，兰州：兰州大学出版社，2011 年，第 357 页。

②钱大昕：《十驾斋养新录》卷九"蒙古语"（国学基本丛书），上海：商务印书馆，1975 年，第 214 页。

③《西夏文物·内蒙古编》在介绍绿城遗址时，提到"1909 年，俄国人科兹洛夫曾盗掘一座塔基，内有坐姿人骨和西夏文物"，似乎是将这座塔看成是绿城之塔。这显然是一个误解，科兹洛夫所言这座塔就是黑水城外距离西城墙四分之一俄里的出土大量西夏文献的那座"著名的"塔，其有明确介绍。参见科兹洛夫上揭著作，第 355 页。

④塔拉、李丽雅主编：《西夏文物·内蒙古编（一）》，天津：天津古籍出版社；北京：中华书局，2014 年；"本编概述"，第 3 页。

　　1993 年，内蒙古博物馆对遗址进行了部分考古发掘，出土泥塑佛像、西夏文经卷、绢质佛画等大量西夏文物，并入藏内蒙古博物馆①。

　　1994 年，文物考古人员又对绿城西夏遗址进行了初步考察，获取了大量资料②。

　　以上是绿城西夏文献文物的发掘过程。就文献而言，除中央电视台拍摄纪录片期间所发现大批文献外，其他几次发掘似乎也出土了西夏文献，但由于缺少相关记载，具体什么时候出土了哪些文献还不甚清楚。

二、文献的收藏地及数量

　　中央电视台拍摄纪录片《望长城》时所发现的西夏文物文献，交由内蒙古自治区博物馆收藏。这批文物文献由史金波及翁善珍两先生撰文作初步介绍和研究，除对两尊彩塑菩萨像重点介绍外，文章大篇幅都是对西夏文刻本经书的介绍。所介绍经书主要有以下几种：《金刚般若波罗蜜多经》5 种、《胜相顶尊总持功能依经录》2 种、《圣观自在大悲心总持功能依经录》1 种、《佛说除一切疾病陀罗尼经》1 种、《慈悲道场忏罪法》封面 2 种③。

　　2006 年，《中国藏西夏文献》第 17 册出版，分内蒙古自治区博物馆藏及额济纳旗文物管理所藏两个部分对绿城出土西夏文献进行刊布，前者编号以 M11 开头，后者以 M31 开头。这次刊布令我们惊奇地发现，新刊布的材料与史先生当初的介绍有很大出入，主要表现在三个方面：一是多种文献的实际面数与史先生介绍的不吻合，数量明显要多一些；二是史先生介绍的一些文献的某些版本没有出现在新刊布的材料之中；三是新发现了部分史先生当初没有介绍的文献，如长达 39 叶的《佛顶放无垢光明入普门观察一切如来心陀罗尼经》，史先生也因此对其进行了补充介绍④。《中国藏西夏文献》的刊布使我们明白，当初文物部门请求史先生整理时并不是全部的材料，绿城出土西夏文献也还有一个收藏地，即额济纳旗文物管理所。

　　此后，《中国藏黑水城民族文字文献》启动整理与出版，甘肃古籍整理研究中心传过来 50 多张西夏文献照片，说是从内蒙古博物馆新发现的，没有馆

---

　　①塔拉、李丽雅主编：《西夏文物·内蒙古编（一）》，天津：天津古籍出版社；北京：中华书局，2014 年；"本编概述"，第 49 页。

　　②同上，"本编概述"，第 4 页。

　　③史金波、翁善珍：《额济纳旗绿城新见西夏文物考》，《文物》1996 年第 10 期，第 72—80 页。

　　④史金波：《中国藏西夏文文献新探》，《西夏学》第二辑，银川：宁夏人民出版社，2007 年，第 14 页。

藏编号，黑水城出土，收藏年代未有记载。经笔者核对，发现其中有 10 多个图版已经在《中国藏西夏文献》中刊布，明显为绿城出土。剔除已刊布的材料，还有 43 个图版为首次所见，主要涉及以下几种文献：《金刚般若波罗蜜多经》《圣观自在大悲心总持功能依经录》《胜相顶尊总持功能依经录》《大方广佛华严经普贤行愿品》《佛说圣佛母般若波罗蜜多经》《十二宫吉祥偈》等。未刊布的图版中，《金刚般若波罗蜜多经》《圣观自在大悲心总持功能依经录》等文献部分图版与已刊者紧密相连，无疑应该是同一批出土文献，即绿城出土。这批材料最终纳入《中国藏黑水城民族文字文献》中全部刊布。

综合这两批刊布的材料，绿城出土西夏文献数量大致如下：

1. 内蒙古博物馆藏（《中国藏西夏文献》刊布）

（1）军抄文书残叶

（2）文书残叶

（3）绘画残叶

（4）《胜相顶尊总持功能依经录》（刻本）2 种

（5）《圣观自在大悲心总持功能依经录》（刻本）

（6）《金刚般若波罗蜜多经》（残刻本，经折装）2 种

（7）《金刚般若波罗蜜多经》（残刻本，蝴蝶装）2 种

（8）《妙法莲华经观世音菩萨普门品》（残刻本）

（9）《瑜伽集要焰口施食仪》（残刻本）

（10）未知佛经刻本残叶

（11）《佛说除一切疾病陀罗尼经》（残写本）

（12）《佛顶放无垢光明入普门观察一切如来心陀罗尼经》卷上（写本）

（13）《佛顶放无垢光明入普门观察一切如来心陀罗尼经》卷下（写本）

（14）《佛说父母恩重经》残叶（写本）

（15）《慈悲道场忏罪法》（写本）第 3 封面

（16）《慈悲道场忏罪法》（写本）第 7 封面

（17）《慈悲道场忏罪法》（写本）第 8 封面

（18）《慈悲道场忏罪法》（写本）第 10 封面

（19）《慈悲道场忏罪法》（写本）封面

（20）未知佛经写本残叶

2. 内蒙古博物馆藏（《中国藏黑水城民族文字文献》刊布）

（1）《大方广佛华严经普贤行愿品》（刻本）残叶

（2）忏悔文

（3）未知佛经刻本残叶

（4）《十二宫吉祥偈》残叶（刻本）

（5）《金刚般若波罗蜜多经》（刻本，蝴蝶装）2 种

（6）《圣观自在大悲心总持功能依经录》残叶（刻本）

（7）《佛说圣佛母般若波罗蜜多经》残叶（刻本）

（8）《胜相顶尊总持功能依经录》残叶（刻本）

（9）《十二宫吉祥偈》残叶（刻本）

（10）《圣曼殊室利之供养偈》

（11）佛名经残件 4 个图版

（12）绢本唐卡残件

（13）佛经版画残件

3. 额济纳旗文物管理所藏

（1）《金刚般若波罗蜜多经》残叶（刻本）

（2）《胜相顶尊总持功能依经录》残叶（刻本）

（3）刻本佛经残叶

除上述文献外，还有一些需要补充。笔者在《中国藏黑水城民族文字文献》整理过程中，除前文所述 50 多张西夏文献照片外，还有几张照片是连同其他一大批民族文字文献一同传过来的，其中的 AE189zhi28 为额济纳旗文物管理所藏品编号，其他还有 4 个残叶收藏地当时并不明确。这 4 个残件中有一件为《新集碎金置掌文》残叶，另一件为草书写本，还有两件未知名残叶，现获知它们皆藏于内蒙古自治区阿拉善博物馆，其中的草书写本登记在册，出土地标注为额济纳旗绿城东；另外 3 件未登记在册，出土地也未标注①。它们极有可能也属于绿城或绿城附近出土。

三、绿城出土西夏文献的研究价值

与俄藏、英藏庞大的数量相比，绿城出土西夏文献数量偏少。但它们同样是出土西夏文献的组成部分，而且亮点不少，又因为材料分置于不同收藏地，公布断断续续，颇值得研究。

---

① 承蒙阿拉善博物馆蔡彤华研究员帮助核查，特此致谢！

　　首先，这批材料中出现了几种其他藏卷中不曾有的孤本文献。孤本文献不但本身极有文献价值，而且也增加了出土西夏文献的目录总量，有助于我们拓展对西夏文献范围的认识。西夏文《佛顶放无垢光明入普门观察一切如来心陀罗尼经》此前从未见有著录，2006 年在编纂《中国藏西夏文献》时首次发现，且为绿城出土。此经为宋朝时北印度僧人施护由梵文译成汉文。其翻译为西夏文，表明与西夏几乎同时期的宋代译经也受到了西夏的关注。西夏文《佛顶无垢总持》没有译者题记，但卷尾经题后有西夏文小字题款 1 行，译文为"亥年二月六日日写竟"；末叶背面又有西夏文题款 2 行，译文为"宝塔匠人及发愿者行善康监富、真智""大宝［捹我］上师之手取敬现也"。发愿写经者为康监富、真智，可能原借自大宝［藏］上师。难能可贵的是，《佛顶无垢总持》这部孤本文献基本完整，且属缝缋装，无论从佛经内容还是装帧形制上，都具有很高的学术价值。《圣曼殊室利之供养偈》也是只出现在绿城的一种文献，这部文献的详细情况还有待继续考证。

　　其次，这批文献材料可以为其他藏卷残本补充残缺的内容。出土西夏文献固然有不少完本、足本文献，但大量文献资料是以残本形式出现的。文献的残缺往往给研究工作带来许多遗憾，所以任何一个可以配补残缺内容的残本、残叶甚至残片的出现都让人惊喜，更何况可以缀合拼接的材料，更是弥足珍贵。而绿城出土文献中，有些材料在这些配补过程中更是起了主要作用。以《圣观自在大悲心总持功能依经录》为例，俄藏虽然公布了 инв.№6881、7054 两件[①]，但合起来只有 20 折的内容；而《中国藏西夏文献》所刊布的 M11·005 号有17 折，《中国藏黑水城出土民族文字文献》则有 6 折，共 23 折，实际内容已超过俄藏所公布的部分，完全可以以此为主，以俄藏或其他藏本进行配补。而《瑜伽集要焰口施食仪》，几乎所有藏卷中出现的材料都是些残叶，首次被学术界注意到的即是绿城出土残叶。

　　再次，这批文献材料还有极高的版本学价值。以《金刚般若波罗蜜多经》为例，这部文献在其他藏卷中也发现不少，但这批材料中一次性出现了数个不同的版本，且以蝴蝶装版本为多，这在其他佛教文献中是比较少见的。此外，《胜相顶尊总持功能依经录》还发现了单刻本与合刻本两种不同的版本类型。合刻本是与《圣观自在大悲心总持功能依经录》一同刊刻，有共同的发愿文，这与黑水城出土的汉文本相似。

---

① 见《俄藏黑水城文献》第 29 册，上海：上海古籍出版社，第 111—123 页。

　　最后，绿城出土西夏文献在缝缋装的装帧方式上，也值得关注。材料中不但出现了缝缋装文献，还可以为其他材料是否使用缝缋装的判断提供佐证。以《十二宫吉祥偈》为例，其中一折的六行文字与山嘴沟 K2：131 的顺序不一致，绿城这一折的前两句对应于 K2：131-1 第三面的最后两行，后四句则对应于 K2：131-2 第四面的前四句。细看山嘴沟西夏石窟出土的这件文献，第一纸四面之间并无断裂痕迹，第二纸两面之间也无断裂痕迹，出现这样的差别，最有可能的情况是山嘴沟西夏石窟出土 K2：131 不是经折装，而是缝缋装。因此，按照散叶后逐叶释读的顺序不是文献实际的顺序。

第二章　绿城出土西夏文献叙录

军钞文书　西夏文写本。1叶。残高13.1厘米，残宽8.6厘米，西夏文草书4行。内蒙古自治区博物馆藏，无馆藏编号。《中国藏西夏文献》刊布图版，编号M11·001。

文书残叶　西夏文写本。2叶。一叶残高15厘米，宽9.7厘米，西夏文草书2行，行8字；另一叶残高15.7厘米，宽9.7厘米，西夏文草书3行，行8字。内蒙古自治区博物馆藏。《中国藏西夏文献》刊布图版，编号M11·002。

胜相顶尊总持功能依经录　西夏文刻本。经折装。高13.2厘米，宽7厘米。上下单栏，栏高10厘米。前有经图2折，卷首有西夏文译梵文经名和西夏文经名，经名后有传、译者题款2行，译文为："西天大波密坦五明国师功德司正授善式沙门嘚也阿难捺传、显密法师功德司副授利益沙门周慧海译。"中、后皆残，存经文15折，折7行，行13字。内蒙古自治区博物馆藏，无馆藏编号。《中国藏西夏文献》刊布图版，编号M11·004。

圣观自在大悲心总持功能依经录　西夏文刻本。经折装。高13.2厘米，宽7厘米。上下单栏，栏高10厘米。卷首有西夏文译梵文经名和西夏文经名，经名后有传、译者题款2行，译文为："西天大波密坦五明国师功德司正授善式沙门嘚也阿难捺传、显密法师功德司副授利益沙门周慧海译。"中、后皆残，存经文17折，折7行，行14字。末页有跋尾7行。内蒙古自治区博物馆藏，无馆藏编号。《中国藏西夏文献》刊布图版，编号M11·005。

金刚般若波罗蜜经　西夏文刻本。经折装。共9折。每折6行，行14字。折面高17厘米，宽8厘米。上下单栏，栏高14厘米。共两部分，前一部分为《金刚经》前仪，存请八金刚、四菩萨及持经梵音、发愿文；后一部分为第五、六、七分。内蒙古自治区博物馆藏，无馆藏编号。《中国藏西夏文献》刊布图版，编号M11·006。

金刚般若波罗蜜经　西夏文刻本。经折装。共3折。每折6行，行15字。

折面高 19.4 厘米，宽 8 厘米。上下单栏，栏高 15.3 厘米。内容为第十三、十四分。内蒙古自治区博物馆藏，无馆藏编号。《中国藏西夏文献》刊布图版，编号 M11·007。史金波、翁善珍《额济纳旗绿城新见西夏文物考》一文有介绍。

金刚般若波罗蜜经 西夏文刻本。蝴蝶装。存 3 叶，另 2 个半叶。半叶高 18.6 厘米，宽 11.8 厘米。上下单栏，栏高 15 厘米。版心白口，下有汉字页码。每半叶 7 行，行 17 字。内蒙古自治区博物馆藏，无馆藏编号。《中国藏西夏文献》刊布图版，编号 M11·008。史金波、翁善珍《额济纳旗绿城新见西夏文物考》一文有介绍。

金刚般若波罗蜜经 西夏文刻本。蝴蝶装。存 8 个半叶。高 14.8 厘米，宽 11.5 厘米。上下单栏，左右双栏。版心白口，上有西夏文经名简称"金刚"，下有汉字页码。每半叶 7 行，行 17 字。内蒙古自治区博物馆藏，无馆藏编号。《中国藏西夏文献》刊布图版，编号 M11·009。

金刚般若波罗蜜经 西夏文刻本。蝴蝶装。残甚。存第 7—13 叶。每叶高 18.5 厘米，长 11.9 厘米左右。四周单栏。无封面、卷首及卷尾，版心有表示卷次的汉字。每半叶 7 行，行 17 字。额济纳旗文物管理所藏，编号 AE188 zhi27。《中国藏西夏文献》刊布图版，编号 M31·001。此与《中国藏西夏文献》所刊布 M11·008 当为同一件文献。

金刚般若波罗蜜经 西夏文刻本。蝴蝶装。存 1 叶面。上下单栏，左右双栏。版心上部有西夏文经名简称"金刚"二字，下部有表示页码的汉字。半叶 7 行，行 17 字。额济纳旗文物管理所藏，编号 AE189 zhi28。《中国藏西夏文献》刊布图版，编号 M31·002。

金刚般若波罗蜜经 西夏文刻本。蝴蝶装。少量叶左右完整，多从版心断开。共 39 个半叶。每半叶残卷高 18.5 厘米，长 11.3 厘米左右。上下单栏，左右双栏。无封面、卷首及卷尾。每半叶 7 行，行 17 字。第 4 叶存汉译本译者鸠摩罗什题记及西夏鲜卑宝源校本题记。内蒙古自治区博物馆藏，无馆藏编号。《中国藏黑水城民族文字文献》刊布图版，编号自 M1·242 至 M1·261、M1·263、M1·265、M1·266。

金刚般若波罗蜜经 西夏文刻本。蝴蝶装。存 2 叶。叶面高 18.6 厘米，长 23.5 厘米左右。上下单栏，左右双栏。每半叶 7 行，行 17 字。较上一本上下栏线偏细，文字笔画偏细、生硬。《中国藏黑水城民族文字文献》刊布图版，编号为 M1·262、M1·264。与《中国藏西夏文献》所刊 M11·009、M31·002 类似，当同一件文献。

妙法莲华经观世音菩萨普门品 西夏文刻本。经折装。高 15.2 厘米,宽 8.5 厘米。上下单栏,栏高 13.4 厘米。存经文 6 面,仅 1 面较完整,其余 5 面上部残。面 6 行,行 13 字。内蒙古自治区博物馆藏,无馆藏编号。《中国藏西夏文献》刊布图版,编号 M11·010。

胜相顶尊总持功能依经录 西夏文刻本。经折装。存 4 折。每折 6 行,行 14 字。折面高 22 厘米,宽 11.5 厘米。上下双栏,栏高 17.7 厘米。内蒙古自治区博物馆藏,无馆藏编号。《中国藏西夏文献》刊布图版,编号 M11·011。

瑜伽集要焰口施食仪 西夏文刻本。经折装。高 20.4 厘米,宽 9.2 厘米。上下单栏,栏高 15.8 厘米。存经文 7 面。面 6 行,行 11 字。内蒙古自治区博物馆藏,无馆藏编号。《中国藏西夏文献》刊布图版,编号 M11·012。

佛经残页 西夏文刻本。经折装。残高 14.8 厘米,宽 16.6 厘米。上单栏,下部残。存经文 2 面。面 6 行,残长行 10 字。内蒙古自治区博物馆藏,无馆藏编号。《中国藏西夏文献》刊布图版,编号 M11·013。

佛说消除一切疾病陀罗尼经 西夏文写本。经折装。高 12.8 厘米,宽 6.5 厘米。上下单栏,栏高 9.7 厘米。卷首有经名 2 行,残;第 19 面有经名 2 行。存经文 14 面。面 4 行,行 9 字。内蒙古自治区博物馆藏,无馆藏编号。《中国藏西夏文献》刊布图版,编号 M11·014。

佛顶放无垢光明入普门观察一切如来心陀罗尼经卷上 西夏文写本。缝缋装。有封面,题签西夏文经题译文为"顶尊无垢总持二卷"。卷首、卷尾各有经题 2 行。高 14 厘米,宽 17 厘米。存经文 18 面,中残 1 面。面 11 行,行 11—23 字。内蒙古自治区博物馆藏,无馆藏编号。《中国藏西夏文献》刊布图版,编号 M11·015。

佛顶放无垢光明入普门观察一切如来心陀罗尼经卷下 西夏文写本。缝缋装。卷首、卷尾各有经题 2 行。高 14 厘米,宽 17 厘米。存经文 19 面,中残 1 面。面 11 行,行 11—15 字。卷尾经题后有西夏文小字题款 1 行,译文为"亥年二月六日写竟"。末页背面有西夏文题款,译为"宝塔匠人及发愿者行善康监富、真智"。内蒙古自治区博物馆藏,无馆藏编号。《中国藏西夏文献》刊布图版,编号 M11·016。

佛说父母恩重经 西夏文写本。三折,右边连有布带。用黄色纸裱褙而成,表层用绢帛裱衬,在表面左上方贴有印刷的西夏文经名纸签,残存 4 字,为"……恩重经契"。背面裱糊西夏文写经残页。高 18 厘米,宽 21.5 厘米。带长 12.5 厘米,宽 1.9 厘米。内蒙古自治区博物馆藏,无馆藏编号。《中国藏西夏文献》刊布图版，编号 M11·017。

慈悲道场忏罪法卷第七封面（正、背面） 西夏文写本。残高 29 厘米，残宽 6.6 厘米。用黄色纸裱褙而成，表层用绢帛裱衬，外边用细木条支撑，表面左上方贴有墨书西夏文经名纸签。残。正面存 6 字，译文为"□□□□忏罪法卷第七"。背面存 6 字，译文为"慈悲道□忏罪□七"。内蒙古自治区博物馆藏，无馆藏编号。《中国藏西夏文献》刊布图版，编号 M11·018。

慈悲道场忏罪法卷第八封面（正、背面） 西夏文写本。残高 28.5 厘米，残宽 6.5 厘米。用黄色纸裱褙而成，表层用绢帛裱衬，外边用细木条支撑，表面左上方贴有墨书西夏文经名纸签。残。正面存 6 字，译文为"慈悲道场忏罪……"背面存 4 字，译文为"□□道□□□第八"。内蒙古自治区博物馆藏，无馆藏编号。《中国藏西夏文献》刊布图版，编号 M11·019。

慈悲道场忏罪法卷第十封面 西夏文写本。残高 28.8 厘米，残宽 8.6 厘米。用黄色纸裱褙而成，表层用绢帛裱衬，外边用细木条支撑，在表面左上方贴有墨书西夏文经名纸签。完整。存 8 字，译文为"慈悲道场忏罪第十"。内蒙古自治区博物馆藏，无馆藏编号。《中国藏西夏文献》刊布图版，编号 M11·020。

慈悲道场忏罪法卷第三封面 西夏文写本。残高 28.8 厘米，残宽 8.6 厘米。用黄色纸裱褙而成，表层用绢帛裱衬，外边用细木条支撑，在表面左上方贴有墨书西夏文经名纸签。残。存 4 字，译文为"慈悲道场忏罪第三"。内蒙古自治区博物馆藏，无馆藏编号。《中国藏西夏文献》刊布图版，编号 M11·021。

慈悲道场忏罪法封面 西夏文写本。残高 12.5 厘米，宽 11.5 厘米。表面西夏文二字，意为"法卷"。内蒙古自治区博物馆藏，无馆藏编号。《中国藏西夏文献》刊布图版，编号 M11·022。

佛经残页 西夏文写本。经折装。残高 9.4 厘米，宽 9.1 厘米。上单栏。存经文 4 面，面 6 行。内蒙古自治区博物馆藏，无馆藏编号。《中国藏西夏文献》刊布图版，编号 M11·023。

胜相顶尊总持功能依经录 西夏文刻本。经折装。残甚。残卷高 22 厘米，长 56.5 厘米。上下双栏。无封面、卷首及卷尾。中存 5 折，每折 6 行，行 14 字[①]。额济纳旗文物管理所藏，馆藏编号 AE187 zhi26。《中国藏西夏文献》刊

---

① 按，《西夏文物》亦收录此件文献图版，编号 M03081·001［AE187］，题"西夏文印本残叶"。指出此件文献："1989 年内蒙古自治区阿拉善盟额济纳旗黑城遗址出土。1989 年入藏内蒙古自治区额济纳旗文物管理所。2004 年定为一级文物。"此言出土地有误。又文献尺寸为长 55.6 厘米，高 21.5 厘米，亦与《中国藏西夏文献》有出入。

布图版，编号 M31·003。

大方广佛华严经普贤行愿品 西夏文刻本。经折装。存 1 折，每折 6 行，行 11 字。上单栏，下残。折面长 8.6 厘米，高 17.4 厘米。原件与《十二宫吉祥偈》误接一起。内蒙古自治区博物馆藏，无馆藏编号。《中国藏黑水城民族文字文献》刊布图版，编号 M1·240。

十二宫吉祥偈 西夏文刻本。经折装。存 3 折，每折 6 行，行 11 字。上单栏，下残。折面长 8.6 厘米，高 17.4 厘米。原件 4 折，误将《大方广佛华严经普贤行愿品》之 1 折接于前。存"十二宫吉祥偈"西夏文偈颂标题，前另有一偈颂之末尾部分，汉译"愿安乐一切大畏怖　竟"。原文当多个偈颂合刊在一起。内蒙古自治区博物馆藏，无馆藏编号。《中国藏黑水城民族文字文献》刊布图版，编号 M1·240。

圣观自在大悲心总持功能依经录 西夏文刻本。经折装。上下单栏。存 6 折，每折 6 行，行 14 字。折面长 9.5 厘米，高 17 厘米左右。内蒙古自治区博物馆藏，无馆藏编号。《中国藏黑水城民族文字文献》刊布图版，编号 M1·268、269、270。

圣曼殊室利之供养偈 西夏文刻本，与《佛说圣佛母般若波罗蜜多经》合刻。经折装。上单栏，下缺。1 折，折面 6 行，行 13 字。前 4 行为此经之末尾，后两行为《佛说圣佛母般若波罗蜜多经》卷首。长 8.9 厘米，高 15.6 厘米。内蒙古自治区博物馆藏，无馆藏编号。《中国藏黑水城民族文字文献》刊布图版，编号 M1·271。

佛说圣佛母般若波罗蜜多经 西夏文刻本，与《圣曼殊室利之供养偈》合刻。经折装。上单栏，下缺。存 3 折，每折 6 行，行 13 字。折面长 8.9 厘米，高 15.6 厘米左右。其 1 折存《圣曼殊室利之供养偈》尾题及《佛说圣佛母般若波罗蜜多经》首题。内蒙古自治区博物馆藏，无馆藏编号。《中国藏黑水城民族文字文献》刊布图版，编号 M1·271、272、273。

胜相顶尊总持功能依经录 西夏文刻本。似经折装。上下双栏。存 4 行，行 13—14 字不等。所存为陀罗尼部分。内蒙古自治区博物馆藏，无馆藏编号。《中国藏黑水城民族文字文献》刊布图版，编号 M1·274。

十二宫吉祥偈 西夏文刻本。经折装。存 3 折，每折 6 行，行 11 字。上单栏，下缺。M1·275，长 8.8 厘米，高 17.86 厘米；M1·276，长 8.67 厘米，高 17 厘米；M1·277，长 8.79 厘米，高 12.9 厘米。内蒙古自治区博物馆藏，无馆藏编号。《中国藏黑水城民族文字文献》刊布图版，编号 M1·275、276、277。

　　佛名经残件　西夏文刻本。存 1 残叶。经折装。2 折，下残。长 17.6 厘米，高 15.3 厘米。上单栏，下缺。每折上刻三佛像，下有"南无"之对应西夏字。内蒙古自治区博物馆藏，无馆藏编号。《中国藏黑水城民族文字文献》刊布图版，编号 M1·278。

　　佛名经残件　西夏文刻本。存 1 残叶。经折装。1 折，下残。长 9.1 厘米，高 12.43 厘米。上单栏，下缺。上刻三佛像，下有"南无"之对应西夏字。内蒙古自治区博物馆藏，无馆藏编号。《中国藏黑水城民族文字文献》刊布图版，编号 M1·279。

　　佛名经残件　西夏文刻本。存 1 残叶。经折装。1 折，下残。长 9 厘米，高 12 厘米。上单栏，下缺。上刻三佛像，下有"南无"之对应西夏字。内蒙古自治区博物馆藏，无馆藏编号。《中国藏黑水城民族文字文献》刊布图版，编号 M1·280。

　　佛名经残件　西夏文刻本。存 1 残叶。似经折装。1 折，下残。长 9.1 厘米，高 13 厘米。上单栏，下缺。上刻三佛像，下有"南无"之对应西夏字。内蒙古自治区博物馆藏，无馆藏编号。《中国藏黑水城民族文字文献》刊布图版，编号 M1·281。

　　佛经绘画残件　绢本唐卡。长 12.15 厘米，高 19.2 厘米。四周撕裂严重，画面残甚。内蒙古自治区博物馆藏，无馆藏编号。《中国藏黑水城民族文字文献》刊布图版，编号 M1·282。

　　佛经绘画残件　刻本。存 1 残叶。似某佛经经前版画，残存右下角。长 11.9 厘米，高 13.4 厘米。下双栏，右单栏。蓝框内刻金刚杵。内蒙古自治区博物馆藏，无馆藏编号。《中国藏黑水城民族文字文献》刊布图版，编号 M1·283。

　　未知草书残叶　写本。1 纸。存 6 行，行 22—23 字不等。长 18.9 厘米，宽 11.6 厘米。上下单栏，行与行之间有栏线。阿拉善博物馆藏，无馆藏编号。《中国藏黑水城民族文字文献》刊布图版，编号 M11·238。

　　新集碎金置掌文　写本。残叶。残存 7 行，行 5 字。长 18.7 厘米，宽 11.1 厘米。楷书手抄，内容分为《碎金》第 9 联至第 12 联。阿拉善博物馆藏，馆藏编号 A679。《中国藏黑水城民族文字文献》刊布图版，编号 M11·235[1]。

---

①此件文献是否绿城出土，待定。参见前文"文献的收藏地及数量"部分之介绍。

第三章　绿城出土西夏文献考证

第一节　西夏文《佛顶无垢经》考论

西夏是一个崇尚佛教的国家，前后翻译了无数佛教作品，这些文献多从汉文或者藏文翻译而来，往往表现出许多特殊现象。例如，同一主题的作品在西夏文文献中可能会存在不同的译本。西夏文《佛顶无垢经》就有这种情况，它在现存西夏文文献中发现有多个不同的文本、两种不同的题法：一为《佛顶放无垢光明入普门观察一切如来心陀罗尼经》，一为《无垢净光总持》。两种不同的题法可能是源于不同的翻译：一自汉文本翻译而来，一从藏文本翻译而来。

一、西夏文《佛顶无垢经》的几个不同文本

（一）绿城出土西夏文《佛顶无垢总持》概说

1991 年，中央电视台拍摄纪录片《望长城》，摄制组在内蒙古额济纳旗绿城北 7 公里左右的一处寺庙遗址内发现了一批西夏文物文献。这批文物文献大部分藏于内蒙古博物馆，少量留藏于额济纳旗文物保管所。

绿城发现的西夏文文献，史金波先生曾作过整理并加以介绍，主要有以下几种佛经：

1.《金刚般若波罗蜜多经》，刻本，蝴蝶装，四周单栏，白口。存 11 页，21 面，面 7 行，足行 17 字。无经名，但保留 9 个分题。此外尚有 4 种不同版本的该佛经残片。

2.《圣观自在大悲心总持功德依经录》，刻本，前残，经折装，上下单栏，存 12 面，每面 7 行，足行 13—14 字。前 11 面为咒语、颂语和经文。第 12 面 1—7 行为跋尾。

3.《胜相顶尊总持功德依经录》两种。（1）刻本，经折装，存 9 面，上下

单栏，有经图、经名及传译者题款经文。面 7 行，行 13 字。（2）木刻本，经折装，存 5 面，上下双栏。面 6 行，行 14 字。经末附发愿文。

4.《佛说除一切疾病陀罗尼经》，写本，存 14 面，经折装，上下单栏。面 4 行，行 9—10 字。第 1 面 1、2 行为经名，第 10 面第 2、3 行为经末经名，第 1—10 面为经文。

5.《慈悲道场忏罪法》封面，有两种。皆以黄色纸裱褙而成，表层有绢帛裱衬，上贴经名纸签。第一个封面纸签仅存半截，译文为"……忏罪第三"，第二个封面西夏文译文为"慈悲道场忏罪第十"。

《中国藏西夏文献》的刊布令我们发现，绿城发现的西夏文献与史先生当初的介绍有很大出入，主要表现在两个方面：一是各种文献的实际面数与史先生介绍的不吻合，数量明显要多一些；二是新发现了部分史先生当初没有介绍的文献。显然，当初文物部门请求史先生整理时有所雪藏，并没有给出全部材料。本文介绍的《佛顶无垢总持》正是一件史先生当初不曾见到的文献。

此经《中国藏西夏文献》分卷上、卷下两个部分刊布，编号 M11·015、M11·016。这里综合该书图版及其叙录对这一文献描述如下：

> 写本，缝缋装，有封面，题签西夏文经题，译文为"佛顶无垢总持二卷"。卷上正文 18 面，面高 14 厘米，宽 17 厘米。面 11 行，行 13—23 字不等。卷首、卷尾各有经题两行，完整题名译文为"佛顶放无垢光明入普门观察一切如来心陀罗尼经卷上"。卷下正文 19 面，幅面同上。面 11 行，行 11—25 字不等，删、增涂改笔迹较多。卷首、卷尾亦各有经题两行，译文为"佛顶放无垢光明入普门观察一切如来心陀罗尼经卷下"。卷尾经题后有西夏文小字题款 1 行，译文为"亥年二月六日写竟"。末页背面西夏文题款 2 行，译文为"宝塔匠人及发愿者行善康监富、真智""大宝［拶我］上师之手取敬现也"[1]。

综合以上信息，此经首尾完整，卷上、卷下连封面合计 38 面。史先生在《中国藏西夏文献》后曾略要对这一文献进行了补充介绍。根据其介绍，这一文献为 39 面，卷上 18 面，卷下 20 面[2]。而现在刊布的图版较史先生的介绍少

---

① 见《中国藏西夏文献》第 17 册，第 84—122 页。
② 史金波：《中国藏西夏文文献新探》，《西夏学》第二辑，银川：宁夏人民出版社，2007 年，第 14 页。

了一面，谁是谁非，笔者只好对图版一一核对，果然发现卷下第5页和第6页连接不上，查汉文本对应的部分，西夏文本缺少的相应内容如下：

> 金刚手大药叉主等。向世尊前合掌恭敬。白世尊言世尊。此摩尼藏无垢天子。宿造何业获得如是极恶果报。受大苦恼忧愁无量。佛言善哉善哉善男子快问斯义。汝当谛听为汝宣说。金刚手过去之世。彼南印度有城名广圆满。有婆罗门名曰无垢。而住彼城为说法师。性识聪敏善能分别诸法之相。色貌端严形仪威肃见者欢喜。有善信者当为说此心明。而复广为利益一切众生故。于此明王陀罗尼。恒常思惟审谛观察。

按每页11行、行13—23字的款式计算，西夏文缺少的正好就是一页，而这一页显然是编辑过程中的疏漏。

（二）居庸关石刻本

关于西夏文《佛顶放无垢光明入普门观察一切如来心陀罗尼经》，学术界此前并不陌生。北京居庸关云台过街塔门洞内的高大石壁上，曾发现有6体文字（西夏文、汉文、梵文、八思巴文、藏文、回鹘文）石刻，其西夏文部分77行，内容之一便是《佛顶放无垢光明入普门观察一切如来心陀罗尼经》。居庸关石刻的发现曾引起了一大批中外学者的广泛关注，A.Wylie（伟烈）、Ed.Chavannes（沙畹）、M.G.Devéria（戴维利亚）、罗福成、村田治郎、藤枝晃、林英津等都或多或少地对这一材料有所涉及或研究。

《佛顶放无垢光明入普门观察一切如来心陀罗尼经》部分位于居庸关石刻的西壁。西夏文部分其陀罗尼共26行，行28字；与陀罗尼同刻一石的经文残缺较多，计13行、行60余字不等，可以读到的西夏文字译文为"善哉，佛成无垢放净光陀罗尼之经"，这当是这一佛经的经题。不过同在西壁的汉文佛经并无此经题，但文中两次出现"佛顶放无垢光明普门观察一切如来心陀罗尼"字样。依其文本内容看，其陀罗尼部分与施护译本除极少数的几处文字差别外，几乎全同，但经文却是《佛顶放无垢光明入普门观察一切如来心陀罗尼经》的一个极为简略的文本。这样一个简略的汉文本极有可能是在石刻制作前从西夏文本翻译而来的。

（三）俄藏《无垢净光总持》的刻本①

西夏文《无垢净光总持》（𘜶𗙴𘑨𗩾𗆧𗅆）的刻本编号为 инв. № 811，经题

---

① 这件刻本的情况介绍主要依据聂鸿音先生《西夏文〈无垢净光总持后序〉考释》一文提供的信息。参见聂鸿音：《西夏文〈无垢净光总持后序〉考释》，《兰州学刊》2009年第7期。

著录首见西田龙雄《西夏文佛经目录》第 305 号，克恰诺夫序录介绍了其详细的版本情况。此经为麻纸经折装，19 厘米 ×8.5 厘米，版框高 13.5 厘米。每折 6 行，行 14 字，有西夏时期装裱。克恰诺夫把西夏经文内容勘同《大正藏》第 1024 号，即唐弥陀山所译汉文本《无垢净光大陀罗尼经》。不过，聂鸿音先生提出，此经陀罗尼更像是宋施护《佛顶放无垢光明入普门观察一切如来心陀罗尼经》中陀罗尼部分的摘译。聂先生还提到，此本西夏文《无垢净光总持》题署"兰山觉慧法师沙门德慧校"（𦒍𦒦𦒦𘜓𗣼𗦸𗙏𘝞𦒦𗥦），原书卷末附录一篇"后序"，残存 18 行。兹将聂先生的译文转引如下：

今闻：《无垢净光总持》者，三世诸佛所生之源，十方贤圣所依之本。恒沙如来，共说摄持，尘数世尊，同传心印。威力难量，神功巨测。施宝周邦，未若抄书一句；舍身千万，不如片刻受持。珠藏天子一番入耳，恶趣惊惶尽数远离；无垢天子一刻得闻，无穷罪业登时除灭。复若有能受持者，则于己身皆消业障，得获安康。诸天佑助，圣善护持，不遭灾难，福寿绵长。化解怨雠，犹如亲友，消除危害，疾病不侵。卓出尔群，为人敬重，当面显圣，得成世间。命终时犹如蛇蜕，无所毁伤，诸佛菩萨、一切善神皆来接引，随意化生十方净土宝莲之中。见佛听法，总持三昧，得获神圣，随即道证无上菩提。如此功效，真经中广为解说……

由于尚未见到原件，这里暂时依据聂先生文中提供的信息介绍到这里。

（四）俄藏《无垢净光总持》的写本

聂先生文中也提到俄藏卷中有一写本，但未作详细介绍，今考克恰诺夫序录，略知一二。此本编号为 инв. №2830，写本，册子装，19.5 厘米 ×9 厘米，存 10 页，每页 5 行，行 14—18 字，亦题署"兰山觉慧法师沙门德慧校"（𦒍𦒦𦒦𘜓𗣼𗦸𗙏𘝞𦒦𗥦）[1]。

考克恰诺夫序录，尚有一件编号为 инв. № 698 的写本不排除也属于这一佛经。其介绍见序录第 434 号，题为《无垢净光总持咒言》（𗣼𗈆𘜓𗙏𗏵𗈶𘝞）。此写本为经折装，20 厘米 ×8.2 厘米，存 9 折面，每折 6 行，行 12—16 字不等，有题记一则，汉译为"天盛丙子八年六月十一日（1156 年）写毕／梁写新成"（𗊵𗊟𗰜𗕣𗆣𗵖𗄼𗆧𗏮𘄴𘄴𘅍／𗧻𗠉𗠝𘋩）[2]。这似乎是《无垢净光总持》

---

① Е.И.Кычанов:*Каталог тангутских буддийских памятников.* Киото:Университет Киото,1999г. стр428.
② 同上，стр504–505.

这一佛经陀罗尼的单行本，当然也不排除原佛经只残存了陀罗尼部分，“[illegible]”就是陀罗尼前的几个字。由于未见原文，还不能对这些问题作出正确的判断，但是有一点可以明确，这里的陀罗尼与《无垢净光总持》的陀罗尼应该一致。因此依据这个版本我们可以判定，《无垢净光总持》的译本就不晚于天盛八年六月十一日。前文提及，инв. №2830 号题署“兰山觉慧法师沙门德慧校”，不排除它的初译本也就是由德慧所译。

二、西夏文《佛顶无垢经》的两个译本

（一）西夏文《佛顶无垢总持》与《无垢净光总持》为两种不同的译本

1. 绿城出土《佛顶无垢总持》与居庸关石刻本为不同的译本

绿城出土的《佛顶无垢总持》卷首、卷尾皆题“佛顶放无垢光明入普门观察一切如来心陀罗尼经”，居庸关石刻汉文本经文中也两次出现同样的题法，这容易给人一种错觉——它们是同一部佛经。然而细加比较，可以发现二者存在很大的不同。不同之处首先表现在居庸关本经文极为简略，不过这种不同还不至于可以认定它们属于不同的译本，因为不排除这个石刻本是对原经文的节略；问题出现在这两个文本的陀罗尼均保存非常完整，却完全不同。兹将二者相应的部分节录一段比较如下：

绿城本	居庸关石刻本	施护汉译本
[illegible]……	[illegible]……	曩莫 萨哩嚩二合 怛他引誐哆引喃引 摩贺引唧哆摩抳 入嚩二合啰曩 娑誐啰 俨鼻罗引 羯哩洒二合野 阿建姹野 阿建姹野 阿欲驮啰 阿欲驮啰 散驮啰 散驮啰 讫数二合拏 讫数二合拏 讫史二合抳 讫史二合抳 萨哩嚩二合 怛他引誐哆 三摩野 底瑟姹二合 底瑟姹二合 努哩誐二合底 摩贺引部嚩曩 娑上引誐哩引 僧输驮野 軨引 婆誐嚩谛 萨哩嚩二合播引波 尾摩捫引 惹野惹野 览尾引 萨普二合吒 萨普二合吒 萨怖二合吒野……

可以看出，绿城本与施护汉译本比较接近。但也有些出入，如汉文本中的“讫数二合拏（kṣuṇṇa）”两次连用，西夏文本则出现一次（[illegible]）。居庸关石刻本与绿城本陀罗尼用字相比几乎完全不同，与施护汉译本也存在较多出入之

处，如汉译本中表示梵语长元音的"引"皆不见西夏文本，西夏文本的"襕"等多处也不见于汉文本。这些差别很难令人想到这两个陀罗尼之间会存在着联系，但是这种联系通过居庸关相应的汉文本与施护译本的比较可以发现的确存在，兹将居庸关汉文本与上文所录施护译本相当的部分移录如下：

囊谟 萨哩嚩 怛他誐多喃 摩贺唧多摩尼 摄啰纳萨誐啰 俨鼻啰 羯哩洒野 阿建娓野 阿建娓野 阿欲驮啰 阿欲驮啰 散怛啰 散怛啰 讫数挐 讫数挐 讫士尼 讫士尼 萨哩嚩 怛他誐哆 三摩野 帝室娓 帝室娓 努哩誐帝 摩贺部嚩衲 娑誐哩 僧输怛野鈐 婆誐嚩帝 萨哩嚩播波 尾摩抠 咂野咂野 览尾 悉普咤 悉普咤 悉普咤野……

居庸关汉文本与施护译本除用字有所差别外，但对音基本一致，只是施护译本中表示梵语长元音的"引"皆不见，这一点与居庸关西夏文本一致，或许这一汉文本就是根据西夏文本翻译过来的。

上述比较可以看出，绿城本、居庸关本都属于《佛顶放无垢光明入普门观察一切如来心陀罗尼经》的西夏文本，但却是两个完全不同的译本。

2. 俄藏《无垢净光总持》应为居庸关石刻本的原本

居庸关西夏文本虽然与绿城本完全不同，但是与俄藏《无垢净光总持》却极为相似，这可以从聂先生文中介绍的一段陀罗尼中可以看出来。此将其转录如下：

［西夏文］

再看居庸关的相应部分：

［西夏文］

这两段陀罗尼也有部分出入，例如俄藏本的"襕"，居庸关本置于陀罗尼之首，相应的位置则出现了"［西夏文］"字；又如居庸关本"［西夏文］（mahācittamani）"中的"［西夏文］"字俄藏本不见，居庸关本的"［西夏文］"俄藏本作"［西夏文］"。尽管如此，我们不难发现二者的陀罗尼用字总体上是一致的，应该为同源同一系统的。

二者构成联系还可以从另一面得到印证，前文所及居庸关本首行文字译文为"善哉，佛成无垢放净光陀罗尼之经"，此与俄藏《无垢净光总持》的经题非常接近。

由此可以判断，俄藏《无垢净光总持》实际上是居庸关石刻本的原本。

（二）西夏文《佛顶无垢总持》据施护汉文本翻译而来

《佛顶无垢经》完整的传世文本主要有两种：

一是保存在汉文大藏经中的汉译本，题《佛顶放无垢光明入普门观察一切如来心陀罗尼经》。此本在北宋初期由西天北印度乌填曩国帝释宫寺三藏传法大师赐紫沙门臣施护译，凡上、下两卷，见大正藏 1025 号。

二是保存在藏文大藏经中的藏译本，题 kun nas sgor 'jug pa'i 'od zer gtsug tor dri ma med par snang bar de bzhin gshegs pa thams cad kyi snying po dang dam tshig la rnam par lta ba zhes bya ba'i gzungs。此经由 jinamitra, zīlendrabodhi, ye shes sde 共同翻译，见德格版 0599 号。

绿城出土的西夏文本没有发现有关译经或校勘的任何记载，只是在卷下末尾有几条抄写发愿者的题款，其一句为"大宝［捵我］上师之手取敬现也"，大概抄写的原本是从"大宝［捵我］上师"手中借过来的。也就是说，在此抄本之前已经有了现成的译本，因此这个多处增删涂改的写本必定不是最初的翻译稿本。

虽然没有关于译经或校勘的任何信息，但是其依据施护汉译本为翻译底本这一点还是很容易判断出来。译自藏文本的西夏文佛经一般情况是，经题首先是西夏文音译的梵文经名，前冠有"𗐯𗙏"；次列西夏文意译经名，前冠有"𗼋𗙏"二字。此文没有这一特点，而是像通常译自汉文的佛经那样，首先直接意译经名、卷号："𘀄𗋕𗙏𗿷𗧓𗼃𗬩𗧀𗵒𘉊𘉋𗧀𗔼𗏴𗗙𗫂𗰗𘈷𗃀𗵜𗦲𗡮𗵒。"次接正文，同卷结尾亦有相同的经名、卷号，卷号末尾还写有一"𗅨"字；下卷情况大抵相同，卷首、卷尾后皆有一"𗅨"字。这些情况与施护汉译本几乎相同。西夏文《佛顶无垢总持》据施护汉译本翻译而来，还可以从文本内容得到印证，下面选取开头一段比较如下：

𗑱𗴁𘗊𗼘𗧓𗤁𗜈𗒂𗵒𗴴𗬩𘎑𗇋𗼩𘌇
thji² sju² mjo¹ŋa² lji¹ dzjij¹ rjur¹ pjụ¹tu¹ śji¹ tow¹ mə¹ mji¹ · u²dźjiij¹
如 是 闻 我 一 时 世 尊 ［睹史多］天 宫 内 在
如是我闻。一时世尊。在睹史天宫。

嵌糩纼繉嵌烷瓷嵇瓷瓷朘傓席烷麤
tha²nia² tsjij² · ji¹lji¹nioow¹rjur¹wji̱¹ dźjwi̱¹ rjur¹ mə¹ xiwã¹njij²no¹ lo¹
大 菩 萨 众 并 诸 亲 属 诸 天 梵 王 [那罗
与大菩萨众并诸眷属及诸天众梵王那罗

髝朘嵌嘉猴朘纏纐朘獅靰嵌繉�
· ja¹mə¹ tha² · jij¹dzju² mə¹zji̱¹ ɣu¹ mə¹zji̱¹ nji² tha² · ji¹ ŋowr²
延]天 大 自 在 天 最 先 天 子 等 大 众一
延天大自在天最先天子等大众

禰 蔍蔍繺愢‖殞夌瓷繝 繝獅麤朆
ŋowr² to²zji² ljwu² dzji̱¹tśhji¹ zjo̱² rjur¹ pju̱¹ tśhjiw¹ po¹ lo¹ bji²
切尽 皆 聚 集 。　尔 时 世 尊 六 波 罗 蜜
皆来集会。尔时世尊依六波罗蜜说法。

瓗� 愮繹 繺瓗 嵌紉纼 刄糀烷殞懨
bju¹tsjiir¹tshjij¹zji¹ mji¹ · jiw¹ bju¹ tha² li̯ou¹ tśhja² tśiow¹ rjir¹ mji¹lhjii¹ lhjwo¹
依 法 说。 布 施随缘 大 福 德 聚 得。 不 退 转
布施果报得大福德聚。得不退转

嘉 繝糀朘竟繺糀烷嘉慌瓷嵌緬
· jij¹dzju² rjir¹ mə¹śja̱¹ lji̱¹ dzju² mji¹ kju̱¹ · jij¹ lja¹rjur¹ tha² lwu²
自 在 得。天 七 宝 雨 不 求 自 来。 诸 大 伏
自在。天雨七宝不求自得。诸大伏

蔍羿缀藮藮繺禨瓗 瓷夊 繸瓥傓朘琉 紩……
· u² thja¹to²thar¹ sej¹ kie¹ tsjiir¹bju¹ ŋwə¹ me̱² mjijr² lhju̱² xiwã¹ mə¹ tśhjaa¹wee¹
藏其 出 现。净 戒 法 依。五 神 通 获 梵 天 上 生……
藏自然出现。说尸波罗蜜。所谓净戒果报。获得五通而生梵天。

将西夏文本和《大正藏》所收施护汉译本比较，除语序因素之外，这段文字惟有第5行的"繺瓗"字面上不能与汉文本的"果报"相对应，余皆完全吻

合，几乎字字相应。毫无疑问，西夏本据施护汉译本为翻译底本无误。

西夏文本与施护汉译本总体上一一对应，但往往也有所变通，表现灵活。例如汉文本中有如下一段文字：

> 复于阎浮提内七族中生，常多苦恼。所谓白癞种族、补羯娑种族、怛嚩啰怛哩迦种族、鞞（切身）嚩种族、魁脍种族、生盲种族。

这里的"所谓白癞种族……"句颇有些唐突，与上下文语义不够连贯。实际上它是对前一句中的"七族"所作的详细说明，类似于古籍中的注解，标点时加上括号就不影响阅读了。西夏文的翻译则直接将它们移到"七族"之前，其文如下：

> 𗷾𘋓𗁾𗧇𗨁𗇐𗪙𗣫𗒘𗏆、𗖰𗟲𘞵𗏆𗒘𗏆、�330𗏆𗓱𗏆𗷳𗟲𗏆𗒘𗏆、𗓱𗒘𗏆、𗴺𗤈𘝵𗏆𗒘𗏆、𗦊𗷳𗏆𗒘��𘃛𗁾、�𗟲𗼮𘜶。
> 复〔阎浮提〕内白癞 有种族、〔补羯娑〕种族、〔怛啰怛哩迦〕种族、〔蛙〕种族、人者之种族、瞽盲种族等七族中生，常苦恼受。

这样就使短句变成了长句，但汉文本语义不连贯的情况也就可以避免了。

有时也出现这样一种情况，汉文本中的某些部分在西夏文本中没有对应的部分，例如施护汉译本有如下一段文字：

> 尔时世尊依六波罗蜜说法。所谓檀波罗蜜，布施果报得大福德聚，得不退转自在，天雨七宝不求自得，诸大伏藏自然出现；说尸波罗蜜，所谓净戒果报，获得五通而生梵天；说羼提波罗蜜，所谓忍辱果报得天色相，妙好庄严一切乐见；说毗梨耶波罗蜜，所谓欲修精进，使彼魔王见者降伏，所得果报超出生死。忽然之间游玩佛刹；说禅波罗蜜，所谓净虑果报获得首楞严三摩地，复得无数百千俱胝那由多三摩地；说般若波罗蜜，所谓智慧果报得大福聚，获彼多闻广大如海。

汉译本中的"说尸波罗蜜""说羼提波罗蜜""说毗梨耶波罗蜜""说禅波罗蜜""说般若波罗蜜"，西夏文本皆缺失，不清楚是当初的翻译底本缺少这些内容，还是翻译者刻意的处理。

西夏文《佛顶无垢总持》由谁翻译、于何时翻译，我们目前还无法确定。不过这部抄写的佛经卷首、卷尾三处同署一"𗢳"字，当属于类似汉文大藏经千字文性质的编号。也就是说，这个编号的使用说明这部佛经的翻译不是个别现象，而是批量进行，因为只有批量进行才需要这样的编号。由此，我们想到这一佛经的翻译也很有可能是同一大批译自汉文的佛经同时进行的。这批佛经的翻译多在惠宗时期由白智光主持翻译的，或许《佛顶无垢总持》也在这批翻译的佛经之中。

（三）西夏文《无垢净光总持》当据藏文本或梵本翻译而来

虽然无法目睹《无垢净光总持》的全貌，但将居庸关石刻本与之同定可以帮助我们了解这部佛经的大概，特别是通过陀罗尼用字的比较我们可以发现一些特点，那就是《无垢净光总持》陀罗尼用字与居庸关石刻的另一部佛经《尊胜经》用字一致，也与笔者此前解读的《圣观自在大悲心总持功能依经录》用字一致。例如《无垢净光总持》中用"𗣼𗙴"对 namah，《尊胜经》《大悲心经》也是如此；再如《无垢净光总持》中用"𗙴𗴟"对 sarva，《尊胜经》《大悲心经》亦同。这些陀罗尼用字与从汉文翻译过来的佛典使用"𗤶𗤶""𗧘𗣼𗣼"完全不同。而此前我们已基本认定，西夏文《尊胜经》《大悲心经》都是据藏文翻译而来，因此，《无垢净光总持》也很有可能就是译自某个藏文本。

前文已及，此经由"兰山觉慧法师沙门德慧"所校，也不排除初译本也是由其翻译的。德慧译经我们并不陌生，聂鸿音先生此前介绍过一例，那就是俄藏黑水城汉文文献中有一件编号为 TK128 的材料，共包括四个部分：一、卷首版画"一切如来般若佛母众会"；二、西夏德慧译《圣佛母般若波罗蜜多心经》；三、德慧译《持诵圣佛母般若多心经要门》；四、西夏仁宗皇帝御制后序。其后序中有："寻命兰山觉行国师沙门德慧，重将梵本，再译微言，乃集《真空观门施食仪轨》附于卷末，连为一轴。"这里提到两个作品正是德慧"重将梵本"翻译而来的[①]。不过这一佛经的西夏文本后序却稍有不同，其言"寻命兰山觉行国师沙门德慧，重将梵、蕃本《圣佛母般若心经》，细细考校，译番、汉本"[②]。这里的"蕃本"无疑是藏文本，所以就西夏文本而言，可能是参照梵、藏两本翻译而成的。德慧还翻译过的作品有夏、汉文本《佛说圣大乘三归依经》及《圣大乘胜意菩萨经》，这两部作品一般也认为是从梵文翻译而

---

① 聂鸿音：《西夏译本〈持诵圣佛母般若多心经要门〉述略》，《宁夏社会科学》2005 年第 2 期。
② 孙伯君：《黑水城出土西夏文〈佛说圣大乘三归依经〉译释》，《兰州学刊》2009 年第 7 期。

来的。综合德慧译经的情况看，它大体上是在从事一项将梵文或藏文作品翻译成汉文和西夏文的工作。

由此，可以初步推断西夏文《无垢净光总持》当据藏文本或梵本翻译而来。

三、西夏文《佛顶无垢经》的研究价值

西夏佛教文献多从汉文或者藏文翻译而来，人所共知。这些文献哪些是从汉文翻译而来、哪些是从藏文翻译而来，我们大多有所判定并在继续深入。但同一主题的作品分别从汉文和藏文翻译过来，这种情况西夏学界此前很少涉及，而展现在这里的《佛顶无垢经》，竟然出现了两个不同来源的译本，这的确富有一定的传奇色彩。类似情况在西夏文献中也许并非就此一例，就笔者所知，西夏文《大悲心经》也存在同样现象，此前笔者一直关注的是一部题为《圣观自在大悲心总持功能依经录》的文献，现已明确，这就是一部依据藏文文献 'phags pa spyan ras gzigs dbang phyug thugs rje chen po'i gzungs phan yon dang bcas pa'mdo ltar bsdus pa 翻译而来的西夏文献。然而在西田龙雄先生的文中，我们却看到他介绍的另一部《大悲心经》，这件文献现藏俄罗斯，编号 инв. № 619。西田龙雄先生虽然并未明确将其与某一部汉文经典同定，但从行文看，显然是倾向于这是一部译自汉文的佛经。最近笔者见到了这部佛经的照片，发现果然与《圣观自在大悲心总持功能依经录》全然不同，其陀罗尼用字恰与汉译佛经用字一致，无疑也应该是一部从汉文翻译过来的经典。这样的情况也许还有许多，只是目前我们所见、所解读的材料还非常有限。同一主题不同来源的西夏译本的发现无疑对西夏学的深入研究具有重要价值。

这首先表现在它极大地丰富了我们对西夏佛教传译史的认识。此前我们知道西夏佛教文献的翻译既有从汉文文献翻译成西夏文献的情况，又有从藏文文献翻译成西夏文的情况；也知道西夏的藏传佛教文献翻译有夏、汉两本同译的现象；如今我们进一步认识到同一主题的作品竟然有从两个不同源头翻译过来的译本。这样诸多复杂的翻译情况在整个中国佛教翻译史上是难得一见的。

其次，两种不同来源的文本也为西夏语的研究丰富了素材。此前我们比较藏传佛典与汉传佛典的语言问题往往是以不同主题的两种文献进行比较的，如今我们有了同一主题的比较材料。而在这些材料中出现了用字完全不同的陀罗尼，这对于我们研究对音现象提出了新的要求，那就是西夏语的对音研究必须区分清楚翻译底本，不能将译自汉文的语言材料与译自藏文的语言材料等同研

究，更不能将译自汉文的语言材料直接与梵文直接比勘。唯有如此，才可以进一步推动西夏语语音的研究。

最后，单就文本本身的解读也可以增添对西夏语文的诸多认知。以西夏语中同汉文“面前”一词相当的词语为例，我们可以看到有几个不同的表达方法。西夏文《佛顶无垢总持》出现了两个不同的表达：

（一）关于西夏语“面前”的几个表达法

本文中与汉语“面前”一词相应的西夏语出现了两个不同的表达：（1）[illegible] nej^1 · ju^2 与；（2）[illegible] mjor^1 · ju^2。第（1）例如下：

[illegible]（331 行）
命终临时 眼前 苦恼 一切不见
乃至命终面前不见一切苦恼。（施护译本）

这里的“[illegible] nej^1 · ju^2”更准确的表达应该是“眼前”。前（2）例如下：

[illegible]（234 行）
又如来一切面前虚空中现
又复获得一切如来，当于面前虚空中现。（施护译本）

此句的西夏语表达似乎缺少一个“[illegible]”或者“[illegible]”字，与汉文“面前”对应的部分应该是“[illegible]”。“[illegible]”常与“[illegible]”组合，与汉文的“容颜”相对，如“[illegible] - 容颜端正（八 184）”，故“[illegible]”字面似可作“容 - 前”。

在西夏文献中还经常出现另外一个表达，即（3）[illegible] · ju^2 rjir^2。这一表达在文献中的频率要比上两个词语高得多，如：

[illegible] / 面前净本写者李长刚（《功德宝》题记）
[illegible] / 常生佛前（《大悲心经》）
[illegible] / 退坐听法（《大悲心经》）

（二）西夏语“[illegible]” gjɨ^{2}we^2 的讨论

“[illegible]” gjɨ^{2}we^2 在本文中三次出现，似乎有某种特定的用法，试看这些用例：

①◻◻◻◻◻◻◻◻◻◻◻，◻◻◻◻◻（079–080）

溷厕中生，猪面有女鬼 一为，恒粪尿饮食

生溷厕中<u>为</u>猪面女鬼，恒食粪尿。

②◻◻◻◻◻◻◻◻（084）

复旷野遍生 龟一为

复生龟中住于旷野。

③◻◻◻◻◻◻◻◻◻◻◻◻◻◻◻

恶业故依 彼 城中水 无处生 鱼大 一为

于彼城生于鱼中其身广大。以业力故堕无水处。

按字面这里取"一为"意未偿不可，但综合三句意思，其取意为"生活于某一类物种中"或者说"成为某一物种"更为妥当。

（三）西夏语的"◻◻◻"

有学者提出"◻……◻◻……"相当于汉语的"何况"，根据本文的材料观察，其正确的表达应该是"◻……◻◻◻……"，而且其前还通常与"◻"一起搭配使用，相当于汉译本中的"尚（亦）……况复（何况）……"，如：◻◻◻◻，◻◻◻◻◻◻◻◻◻◻◻◻/彼旷野中，不闻水名况复其水（084–085）。相同的用法在国土藏《大智度论》残页中也两次出现①。因此，"◻◻◻"应表示"况、何况"之意。又，西夏文《大悲心经》出现"◻◻"一词，对藏文本的 smos ci dgos（意何况），宝源汉译本以"况"对。

展现在这里的《佛顶无垢经》，竟然出现了两个不同来源的译本，这的确富有一定的传奇色彩，也许类似的情况在西夏文献中还有很多。对这样一类文献进行系统梳理、解读，可以极大地丰富我们对西夏佛教史的深刻认识。由于材料限制，暂时只能见到《佛顶无垢总持》这样一个译本，给眼下的研究不免留下了一些遗憾。即便如此，其对西夏语研究还是提供了不少材料。文中出现了大量的音译术语及陀罗尼材料，无疑是很好的对音研究资料，因为时间关系，笔者一时还来不及将其展开；文中还有很多词汇、语法现象一时也未能阐述清楚。因此，这至多只是文本的暂时性展示，有更多的事情需要进一步去完成。

① 彭向前：《中国藏西夏文〈大智度论〉卷第四考补》，《西夏学》（第二辑），银川：宁夏人民出版社，2007年，第110—114页。

第二节　西夏文《胜相顶尊总持功能依经录》再研究[①]
——以绿城出土文献材料为中心

西夏文《胜相顶尊总持功能依经录》是一部很值得关注的佛教作品。它是西夏法律著作《天盛改旧新定律令》所规定的番羌僧人出家必诵的 11 部作品之一，也是目前出土材料中极为罕见的汉、藏及西夏文三种文本并存的西夏文献之一。此佛经的汉译本在俄藏黑水城文献中存有两件（TK164、165），皆与《圣观自在大悲心总持功能依经录》合刻，为西夏诠教法师鲜卑宝源翻译的[②]。其藏文本残卷（XT67）亦现于俄藏黑水城文献中，与《圣观自在大悲心总持功能依经录》合刻[③]。

西夏文本的介绍与研究，克恰诺夫、林英津、松泽博以及笔者皆有所及[④]，综合这些研究，学术界基本上摸清了这一文献在各藏卷中的收藏及版本情况，并对这一文献进行了详细解读[⑤]。而关于绿城本，史金波先生及笔者曾有介绍，但当时所见材料并不全面，也未对其文本与相关藏卷进行比较，所以这里就绿城本作专门的探讨。

一、绿城本《胜相顶尊总持功能依经录》材料介绍

绿城出土《胜相顶尊总持功能依经录》皆为刻本，涉及 4 个编号，分别为 M11·004、M31·003、M31·011、M1·274。史金波先生曾介绍前面两种，

---

① 本文是在笔者《西夏文〈胜相顶尊总持功能依经录〉再研究》《西夏藏传〈尊胜经〉的夏汉藏对勘研究》两文的基础上补充修订而成。原文分别刊于《宁夏社会科学》2008 年第 5 期、《西夏学》第五辑，上海：上海古籍出版社，2010 年。

② 孙伯君博士认为此与传世的尊胜陀罗尼后期本之一——法天译本《佛说一切如来乌瑟腻沙最胜总持经》比较接近。见孙伯君：《西夏宝源译〈胜相顶尊总持功能依经录〉考略》，《西夏学》第 1 辑，银川：宁夏人民出版社，2006 年，第 69—75 页。

③ 沈卫荣先生将 TK164、165 号汉文本与 XT67 号藏文本同定，指出 XT67 号文献正是汉文《尊胜经》的藏译本。见沈卫荣：《重构十一至十四世纪的西域佛教史——基于俄藏黑水城汉文佛教文书的探讨》，《历史研究》2006 年第 5 期，第 27—28 页。

④ 相关的研究参看 1. Е.И.Кычанов.*Каталог тангутских буддийских памятников*, Киото, Университет Киото , 1999г, стр580—581；2. 林英津：《西夏语译〈尊胜经（*Usnīsa Vijaya Dhāranī*）〉释文》，"西夏文明研究展望国际学术研讨会（圣彼得堡，2006）"论文；3. 松泽博：《敦煌出土西夏语佛典研究序说》（4），《东洋史苑》第 70、71 号，龙谷大学东洋史学研究会，2008 年，第 48—52 页；4. 段玉泉：《西夏文〈胜相顶尊总持功能依经录〉再研究》，《宁夏社会科学》2008 年第 5 期；5. 段玉泉：《西夏藏传〈尊胜经〉的夏汉藏对勘研究》，《西夏学》第五辑，上海：上海古籍出版社，2010 年。

⑤ 参见笔者上文。

笔者后来补充了 M31·011，此后《中国藏黑水城民族文字文献》刊布，又增加了 M1·274。下面对这些材料再作逐一介绍。

M11·004 号，现藏内蒙古博物馆。刻本，经折装，面高 13.2 厘米、宽 7 厘米，上下单栏。存 15 折，并非史先生当初介绍的 9 折。其中 1—9 折相连，即史先生当初所见。前 9 折中，第 1、2 折为经图，第 3 折依次为梵语、西夏语经名和佛经的传、译题记，后 6 折为经文。第 10—15 折相连，皆为经文。除中间的陀罗尼部分几乎全部缺失外，佛经经文内容比较完整。从 15 折后残破的痕迹来看，经文之后可能尚残缺一篇题记或发愿文。此经自第 3 折经文开始，每折 7 行，足行并非皆 13 字，偶有 14 字。经首关于周慧海的译经题记较傅图藏本缺"奉敕"二字。所有这些特征表明，M11·004 号当与林英津女士介绍的俄藏 инв.№7592a（4078）号为同一版本。

M31·003，现藏额济纳旗文物管理所。木刻本，经折装，残存 5 折，上下双栏，折 6 行，行 14 字。残损较为严重。与史先生的介绍相对比，图版的排列顺序显然出了差错，误将第 1 个图版排入最后，正确的顺序应该是 M31·003-5P、1P、2P、3P、4P。这 5 折紧密相连，经文内容对应于林英津释文 115—131 行，为《胜相顶尊总持功能依经录》的末尾部分。经文后为发愿文，史先生曾全文翻译，依据此发愿文的内容，可以判定这一刻本是与《圣观自在大悲心总持功能依经录》合刻在一起的。

M11·011，现藏内蒙古博物馆，原题"佛经残叶"，木刻本，经折装，上下双栏。《中国藏西夏文献》按 3 个图版拍摄，实际残存 4 折，折 6 行，行 14 字，偶见 15 字。第 1 折为陀罗尼，2、3、4 折为经文。残损亦较严重，却前后相连。经对其中完整的若干行文字释读，发现这一文献也属于《胜相顶尊总持功能依经录》残本。与林英津释文相核，这 4 折的内容对应于其第 091—114 行，除陀罗尼 6 行文字的排列字数与傅图藏本有出入外，经文每行与傅图藏本完全相同。

细加比较，可以发现内蒙古博物馆藏 M11·011 与额济纳旗文管所藏 M31·003 有很多相似之处，这表现在刻字、上下双栏、残损程度上皆相似。不同点在于 M11·011 号行 14 字，偶见 15 字，考虑到上文介绍的 M11·004 号字数也不相等，看来，以行格字数的多少作为西夏文献的版本特征之一并非行之有效，或者说行格字数的不等正是西夏刻本的一个显著特征。重要的是，M11·011 号最后一行对应林英津释文 114 行，M31·003-5P 开头一行恰对应林英津释文 115 行，内容上正好相连。再将这两纸图版放在一起比对，发现二者断裂的痕迹竟然完全吻合。不难判断，内蒙古博物馆藏 M11·011 与额济纳旗文管所藏 M31·003 原本就是同一件文献而断裂成两个部分，最后又分藏于两个部门，现可以将其缀合起来（见图 2）。因此，我们可以将 M11·011 号与 M31·003 正确地拼接在一起，其拼接顺序为 M11·011-1P、2P、3P +M31·003-5P、1P、2P、3P、4P。

　　M1·274，现藏内蒙古博物馆，经折装，上下双栏，存 4 行，行 13—14 字不等。《中国藏黑水城民族文献》刊布图版。内容为陀罗尼。经与林英津释文相核，这 4 行的内容对应于其第 075—078 行。这是学术界没有提及的一件。此叶与 M11·011、M31·003 应该也属于同件文献，但保存较好。

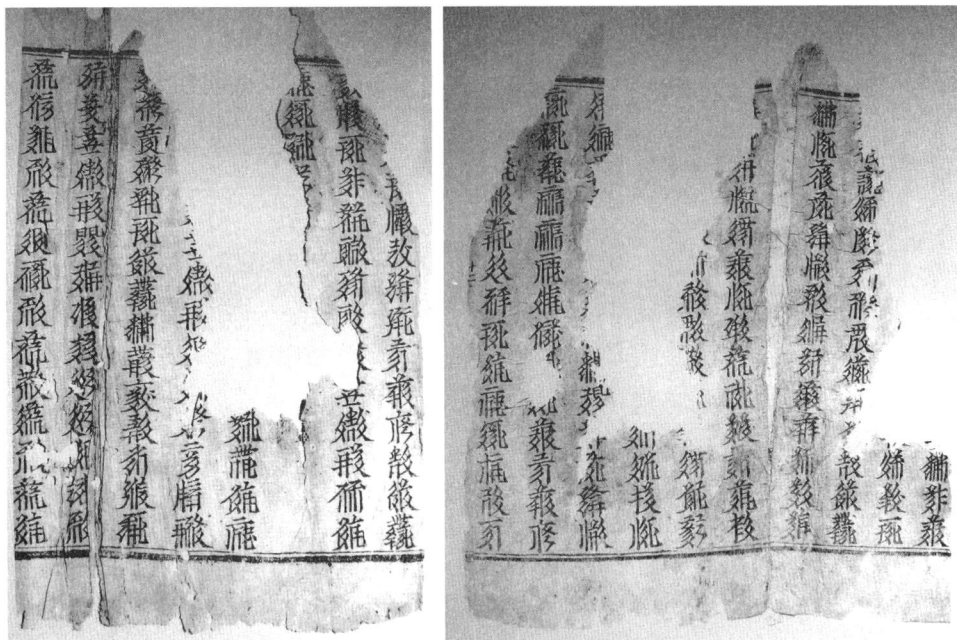

图 2　《胜相顶尊总持功能依经录》缀合（M31·003-5P + M11·011-3P）

二、绿城本《胜相顶尊总持经》的单刻本与合刻本问题

　　关于《胜相顶尊总持功能依经录》的版本，笔者曾有过初步讨论。在梳理出的 20 件材料基础上，将其归纳出 8 个不同的版本，概括为 4 种不同的类型：合刻本、单刻本、写本及石刻本。其中涉及绿城的三件 M11·004、M11·011、M31·003，当时皆归为两种不同版本的合刻本。现在看来，后面的 M11·011、

M31·003 为同一文献，且保存了《自在大悲心》和《胜相顶尊》一起的发愿文，属于合刻本无疑，但 M11·004 的情况还有进一步讨论的必要。

当初将 M11·004《胜相顶尊总持功能依经录》认定为是与 M11·005《圣观自在大悲心总持功能依经录》为合刻本是基于以下几点考虑：一是就文本形制、幅面大小而言，确实非常一致；二是字体也完全相同，定是出自同一人之手；三是周慧海的译经题记较傅图藏本缺"奉敕"二字；四是该文本与俄藏 инв.№7592a（4078）几乎完全相同，应该是同一刻本，而且后者也是两种文献的残叶混为一起。如今，我们继续观察绿城的这两件文献，发现它们为同一批次刊印的文献应该不存在问题，但与俄藏 TK164、165 完全刊刻在一起的合刻本却有所不同。这主要体现在两个方面。

首先，合刻本卷尾的发愿文都会提到两个文献，TK164、165 汉文本的发愿文如此，俄藏 Инв. No. 6821（6796）西夏文本亦是如此。同在绿城出土的残本 M31·003 后面也有一则发愿文，虽然短小，但是同样提到了《自在大悲心》和《胜相顶尊》两部文献，兹将发愿文转录并翻译如下：

𗹙𗾔：𗤁𗥝𗧘𗈋，𘝯𗰔𘋤𘜶；𗾔𗒛𗪙𗄭，/𘄒𗴲𘚶𗴺。𗤁𗾔𗾈𘄒𘔼𗏁，𗾔𗒛𘋞𘏞/𘉒𗣀。𗏝𗄭𗖻𗏼𗿒𗫂𘃛，□𗴺⁽¹⁾𗤒𘓯𗏼/……𗥨𗾺𗴈𘜁。/

……𘒀𗥨�485𘃺，𘎑𗯌/𘏨𘔼⁽²⁾。𗥔𗤓𗪙𗄭，𗫂𘄒□□，𗿒𘟙𗤁𘆡，/𘛁𗱶𗤁𘏞。𘃞𗄭𘕣𘙺𗒘𘃺𗫨，𗥨𘕐𗃛/□□𘋞𗹙。/

𗒛𘒁�022𘄡𗅋𘞐𘔣□□，𘓯𗴴𘋤𘓞，/……𗾈𗄭𘄯𗿒𗍂𗷝，/……𘖑□/𗣗𗯍，𘜶𘉒/𗗌𗹙𘄡。𘒁𗒛𘞐𗤁，𗪩𗴴：𗘂𗗙/

𘘥𗹙，𘝆𘛁⁽³⁾𗥝𘖄𘉆𘏞，𘄯𘚶𘕣𗤶𘄡𗒛/……

译文：

今闻：《大悲咒》者，威力无量；《顶尊总持》，功德无穷。《大悲》有济世之感，《顶尊》具利生之功。受持则必定显灵，□信则如实……入至尘中。

……刹尘众多，亦可计量。惟此《总持》，神功□□，广渡众生，饶益有情。闻音者多获胜因，触影则即成□□。

朕〔睹〕如此殊胜善根，起实信心，……《总持》一千卷，各……七□毕，施于臣民。以兹胜善，伏愿：皇后曹氏，

神识超越三界，了悟一乘真义……①

校注：

（1）𗗙，信。《译注》译作"愿"。

（2）𗰍，肯、可。旧皆译作"难"，误。本句改译为"亦可计量"。

（3）𗁅𗟩，神识。字面作"精识"，《大宝积经》卷一〇九皆对译汉文"神识"，如"𗾟𗦲𗼝𗭴𗁅𗟩𗴤𗱒𗜀"（命终之时，此神识舍身已）、"𗾔𗭆𗼝𗛇𗁅𗟩𗲱𗳒𗆟𗞦𗫡"（其死人神识如种子移）。据此例句，神识当指甚神魂、魂魄。

这则发愿文明确提到《大悲咒》及《顶尊总持》的功能，无疑是《圣观自在大悲心总持功能依经录》与《胜相顶尊总持功能依经录》的合刻本。而后面所附发愿文只提及一个文献的，都是单刻本。中研院史语所傅斯年图书馆所藏《胜相顶尊总持功能依经录》、英藏 Or12380-0323《胜相顶尊总持功能依经录》等单刻本之后的发愿文中都只提及这个总持，而且这几个发愿文几乎都是依据一个模板，只是变换了发愿者的名称以及发愿文的年款。绿城出土 M11·004《胜相顶尊总持功能依经录》后面残缺，是否有发愿文不得而知，但 M11·005《圣观自在大悲心总持功能依经录》后面却保留一则发愿文。相同的发愿文还出现在俄藏 инв.№7592a 刻本中，以往的研究几乎都将这则发愿文看作是合刻本的发愿文，兹将发愿文转录并翻译如下：

> 𗁅𗍳𗟰𗠟𗽃𗘲𗗙，𗘼𗥔⁽¹⁾𗺓𗥔，𗤁𗥪／𗤼𗒦。𗰍⁽²⁾𗤼𗣼𗬧，𗷭𗫭𗫊𗟰，𗰖𗭼𗦐／𗤻，𗽃𗽃𗘛𗘲。𗴧𗭆𗁅𗈥𗫖，𗟩𗤷𗗙／𗭴𗽌𗹬，𗳅𗫽𗤤𗆢𗭴，𗗊𗣼𗆟𗵣𗴧／𗴪𗫭，𗜝𗕾𗰂𗵺𗗊𗱒𗱕𗞱𗬱，𗹬𗫽𗟰𗱒𗭛。𗹬𗫽𗟰⁽³⁾𗤤𗥃𗘲，𗺓𗴪𗥔／𗘼𗟰𗺓𗟰𗛇。／

<small>① 此则发愿文史金波先生、聂鸿音先生皆有翻译，这里略所改动。二者译文转引如下：</small>

<small>今闻大悲者，威力无量，顶尊总持，功德不尽。大悲救世感应，顶尊利众功全。受持时必定显灵，□信则依实□□□□□□□尘中至入，□□□□□□□□国尘众多数算亦难。惟此总持感动□□众生广渡，有情大利。闻音者胜缘多得，遇影则□益速成。朕如此殊胜善根已□□发实信心□□□□□□□□总持一千卷数□□□□□□□七□竟时，施于臣民，以此善根，惟愿曹氏皇后灵魂当渡三界，一乘真义当解。（史金波译：《文物》1996 年第 10 期，第 77—78 页）</small>

<small>今闻：《大悲咒》者，威力无量；《顶尊总持》，功德不尽。《大悲》有利生之感，《顶尊》具救世之功。受持则必定显灵，□愿则如实□□。□□□□□□□入于微尘。□□□□，□□□□，众多国土，难以计量。惟此总持，神功□□，普渡众生，饶益有情。闻音则多获胜因，触影则即成□□。朕见如此殊胜善根，重发愿心，□□□□□□□□总持一千卷□□□□□□□□七日毕，散施臣民。以兹胜善，伏愿：皇后曹氏，精神超升三界，了悟一乘真理……（聂鸿音译：《西夏佛经序跋译注》，第 59—60 页）</small>

译文：

今《大悲心总持》者，威灵叵测，神力无量。若有爱欲，随意满足；如有所愿，悉皆成就。因具如是之功，先后所刊印版，持诵者甚多，印版须臾已烂，故郭善真令复镂新版，以易受持。有受持而求者，于殿前司西端来求。①

校注：

（2）𗏇𗂧：威灵。字面作"威德"，инв. № 6821《御制圣观自在大悲心总持并胜相顶尊总持后序发愿文》有"𗏇𗂧𗏇𗂧，𗏇𗂧𗏇𗂧𗏇𗂧"句，TK164、165 汉文本作"神咒威灵，功被恒沙之界"，即以"𗏇𗂧"对"威灵"。此从之。

（2）𗏇：原图不清。林文作"𗏇"，《遗文录》《译注》作"𗏇"。皆误。按，"𗏇𗏇"与"𗏇𗏇"皆为疑问代词，在骈句中通常相对出现，表示"若有……如有……"的意思。如 инв. № 7589《大白伞盖佛母总持发愿文》有"𗏇𗏇𗏇𗏇，𗏇𗏇𗏇𗏇；𗏇𗏇𗏇𗏇，𗏇𗏇𗏇𗏇"②句，意即"若有所愿，随意获得；如有罪障，无遗消除"。

（3）𗏇，赎、求。该字旧多译作"赎"。此若言"赎经"似不妥当，从字形上看，该字是在"𗏇"（求、寻）字基础上添加构件的会意字，仍保留"求"之部分意义。此译"求经"为妥。

这则发愿文，只出现了《大悲心总持》，只能是《圣观自在大悲心总持功能依经录》的发愿文，所以将其拟题为"《圣观自在大悲心总持》并《胜相顶尊总持》发愿文"或《圣观自在大悲心总持》并《胜相顶尊总持》刻跋"，都不准确，是以正之。M11·004《胜相顶尊总持功能依经录》末尾或许也有一则发愿文，只是因为残缺未能见之。

不仅发愿文可以证实 M11·004《胜相顶尊总持功能依经录》与 M11·005《圣观自在大悲心总持功能依经录》不是合刻本，绿城本 M11·004《胜相顶尊总持功能依经录》经前出现的版画也可以作进一步佐证。

---

① 这则发愿文史金波、聂鸿音、林英津等皆有翻译，这里有几处改动。相关译文参见史金波、翁善珍：《额济纳旗绿城新见西夏文物考》，《文物》1996 年第 10 期，第 77—78 页；林英津：《西夏语译〈尊胜经（Uṣṇīṣa Vijaya Dhāraṇī）〉释文》，《西夏学》第 8 辑，第 57—58 页；聂鸿音：《西夏遗文录》，《西夏学》第 2 辑，银川：宁夏人民出版社，2007 年，第 154 页；聂鸿音：《西夏佛经序跋译注》，上海：上海古籍出版社，2016 年，第 62—63 页。

② 段玉泉：《西夏文〈白伞盖佛母总持发愿文〉考释》，《宁夏社会科学》2016 年第 2 期，第 209—211 页。

俄藏 TK164、165 汉文合刻本文本的排列顺序是《圣观自在大悲心总持功能依经录》《胜相顶尊总持功能依经录》《后序发愿文》，而在正文前面有三幅版画，依次是《释迦牟尼说法图》《胜相顶尊佛母图》《圣观自在菩萨图》，正文中不再出现任何版画。与《胜相顶尊总持功能依经录》相应的胜相顶尊佛母（佛顶尊胜佛母）版画为第二幅（见图3）。

图 3 《圣观自在大悲心总持功能依经录》并《胜相顶尊总持功能依经录》版画之二（合刻本 TK164）

绿城本 M11·004《胜相顶尊总持功能依经录》前也有一幅佛顶尊胜佛母版画，画法相对简单，细节方面也有很多不同，但整体结构基本相同（见图4）。胜相顶尊佛母都安置在大佛塔之内，塔顶两侧云彩上方各有持明童子。同样的一幅版画也见于俄藏 инв. №7592a《胜相顶尊总持功能依经录》之前。

图 4 《胜相顶尊总持功能依经录》版画（绿城 M11·004）

上述文献中出现的版画表明，这些版画都只出现在文献开头。《圣观自在大悲心总持功能依经录》《胜相顶尊总持功能依经录》合刻本中，胜相顶尊佛母版画圣观自在菩萨版画皆出现在合刻本之前，于中间开始的《胜相顶尊总持功能依经录》之前不再另刻版画；而于《胜相顶尊总持功能依经录》卷首出现胜相顶尊佛母版画的只能是单刻本的版画。至此可以认定，绿城本 M11·004《胜相顶尊总持功能依经录》是一个单刻本，M11·005《圣观自在大悲心总持功能依经录》同样也属于单刻本。但它们应该是由相同人员刊刻的同一批次文献，所以在形制上完全相同。也正是因为同一批次，又是相同人所传译，因此也经常同时流通，易于被人误以为合刻本。

三、绿城本《尊胜经》的跨语言对勘[①]

对勘说明：

——对勘解读的西夏文只限于绿城出土的 4 件材料。对勘之汉文采用俄藏

---

① 该文献林英津女士已全文释读，详见《西夏语译〈尊胜经（*Uṣṇīṣa Vijaya Dhāraṇī*）〉释文》，"西夏文明研究展望国际学术研讨会（圣彼得堡，2006）"论文。由于当时还未有这一文献相应藏文本的详细介绍，林女士只是进行了夏汉对勘，本文在其基础上纳入藏文本残存的部分。该藏文本 Michail Piotrovsky、史金波先生在其作品中曾分别刊布了一部分，后又承蒙史先生惠示，一睹全貌，特致谢意！

TK164，对勘之藏文采用俄藏 XT67，以罗马字母转写。夏汉藏俱存部分作夏、汉、藏对勘；藏文残缺部分只作夏、汉对勘。

——对勘依次按夏、汉、藏三个文本（或夏、汉两个文本）的顺序排列，依汉译本段落分段进行。不对西夏文本、藏文本作逐字、逐词对译。

——三个文本如存在字面差异和细微变化，出注说明；特殊的西夏语现象亦出注说明。

M11·004：

（一）经题

夏：〔西夏文〕/〔西夏文〕/〔西夏文〕/

汉：梵言 乌实祢舍 觅嚟夜 捺麻 捺啰祢 啊𪗉六切身 蟾萨萨分怛 须引 嘚囉二合引怛 三吃哩分怛

藏：rGya gar skad du/ uṣṇīṣa-vijaya-nāma-dhāraṇī-anuśaṁsasahita-sūtrāt-saṁgṛhīta①

夏：〔西夏文〕(1)〔西夏文〕(2)〔西夏文〕/

汉：此云《胜相顶尊总持功能依经录》

藏：bod skad du/ gtsug tor rnam par rgyal ma'i gzungs phan yon dang bcas pa'// mdo ltar bsdus pa //②

校注：

（1）〔西夏文〕（番言），汉译本作"此云"，藏文本作 bod skad du（番言）。皆就文本而异。

（2）〔西夏文〕（功德），汉译本作"功能"，藏文本作 phan yon（利益、胜利、功德）。按，此佛经发愿文中，"〔西夏文〕"又与汉译本的"感应"相对，据此知汉语佛教文献中的"功能""感应"二词与"功德"义同，意即"功德、利益"。

（二）传译者

夏：〔西夏文〕(1)〔西夏文〕/〔西夏文〕/

汉：天竺大般弥怛五明国师功德司正嚷乃将沙门嚟也阿难捺 传

① 原文缺，参《圣观自在大悲心总持功能依经录》藏文经题构拟。
② 原文缺，但存尾题，此据尾题补出。

夏：□□□□□□□□⁽²⁾□□□⁽³⁾□□□□□□⁽⁴⁾ /

汉：显密法师功德司副嚷橛利沙门周慧海 译[1]

校注：

（1）□□□ pã¹mjijr¹tja¹，亦作"□□□"。合于宝源汉译本之"般弥怛"，皆梵文 paṇḍita（博通五明之学者）的音译。"般弥怛"汉译文亦作"钵弥怛"，今多译为"班智达"[2]。

（2）□□□□，功德司副。《圣胜慧到彼岸功德宝集偈》西夏文译本（инв.№598）译经题款于周慧海条有"□□□□□"。"□□"（xu¹śiə¹）当汉文"副使"音译，其"□"字常与汉文"府、夫、妇、富"等字对音，"□"常与汉字"始"对音。

（3）□□□ ɣiwej¹ ɣie² lji¹，周慧海的官衔封号。旧译授利益、赐利益等，此音译为"嚷橛利"。俄藏 Инв.No598 号《圣胜慧到彼岸功德宝集偈》译经题款中周慧海官衔封号作"□□□"ɣiwej¹wo²·jiij¹，其合于云居寺汉文本之"嚷卧英"，亦与俄藏 TK164、165 题款中的"嚷卧耶"相对。据西夏文《官阶封号表》，"□□"比"□□"低两级。"□"lji¹ 常与汉字"利""离"等对音，"□"ɣie² 暂未见作对音字用之例，其读音大抵与汉字"橛"相当。故暂将"□□□"音译为"嚷橛利"。林英津文据汉文本对作"嚷卧耶"，误。

（4）□，译。俄藏 инв.№6881 号作"□□□"（奉敕译）。

（三）正文

夏：□□⁽¹⁾□□□□□！ /

汉：敬礼一切如来。

校注：

（1）□□，如来。西夏文字面作"明满"，译自藏文 sangs rgyas，佛十名号之一。鲜卑宝源《圣胜慧到彼岸功德宝集偈》汉译本中，多以"佛""如来""正觉"对译，偶见以"善逝子""胜势子"对译。又，本行原文下有汉文"上"字。

夏：□□□□，□□⁽¹⁾□□□⁽²⁾□□□□□□ / □□□□□□□□。 /

汉：如是我闻，一时世尊在三十三天诸天会处善法堂内。

---

① 此为西夏文本译者题记之译文，无汉文原文。TK164 为汉文本译者题记作"诠教法师番汉三学院兼偏祖提点嚷卧耶沙门鲜卑宝源奉 敕译"。

② 聂鸿音：《俄藏 5130 号西夏文佛经题记研究》，《中国藏学》2002 年第 1 期，第 51 页。

校注：

（1）𗰗𗄊，一时。林文从"𗰗"字短句为"𗥤𗤒𗩨𗰰𗰗"，译作"如是我闻也"。

（2）𗦛𗫂𗂧，出有坏。指佛、世尊。西夏文字面作"坏有出"，译自藏文 bcom ldan'das。本文及《大悲心经》和《功德宝集偈》的汉译本皆以"佛"或者"世尊"对译。

夏：𗰗𗝓，𗠁𗤒𗀔𗫂𗹏𗤧𗫩𗤒𗊪𗰗[1]，𗥦𗤒𗫴／𗰘𗱕𗈜𗋽，�𗣫𗯨𗆮，𗤁𗎬𗤳𗈶，𗤱𗢭／𗂧𗆜。𗏹𗕢𗼨𗗉，𗭪𗭼𗚷𗦎："𗊪𗰗𗰗／𗤺𗉫𗀮𗈜𗤒𗍦𗦱𗰛，𗥦𗋽𗱕／𗄁𗭭𗛧𗤺𗆤𗤓𗎆，𗃛𗥰𗥦𗋽／𗵀𗼙𗈜𗪊，𗃛𗥰𗫴𗆜，𗤁𗤜𗤓𗴜，𗴭／𗀔𗲲𗨶𗤒，𗥤𗤁[2]𗧓𗟲。"𗫂𗊪𗰗𗋽𗥤𗫇／𗫂，�𗴸𗅁𗷟 □[3]，𗲇𗒋 □ 𗫴𗦎𗙴𗰓／𗟲，𗭪𗤒𗦰𗤒，𗍦𗦛𗆜𗤒，𗫴𗗟𗹳𗤒：／"𗯨𗪅𗣫𗤒，𗤒𗕘𗽵𗆿𗫩𗤒？"

汉：尔时，有一天子名曰至坚，住于广大胜妙殿内，天女围绕，共相嬉戏，天乐自娱。于其夜分，空声报言："至坚天子，汝七日内必当命终，生赡部洲，经历七趣，然后堕地狱中，从彼解脱，设生人中，贫穷下贱，生无两目。"至坚天子闻此语已，惊恐毛竖惶怖，<u>速疾</u>往帝释所。稽首顶足，悲啼雨泪，具白前事："唯愿天主，当奈之何？"

校注：

（1）𗊪𗰗，字面作"实坚固"，据下文所存藏文，其对藏文本 shin tu brtan pa 或 rab tu brtan pa，汉译本作"至坚"。按，藏文 brtan pa 意"坚固"，rab tu、shin tu 皆为程度副词，相当于汉语的"极、非常、很"，宝源汉译本意同。

（2）𗤁 njij²，昔、前。于意不合，此通"𗤜" njïi¹（两）。

（3）𗷟 □，竖起。后一字原文于"𗲇"上添加构件"𗿧"组成，未识。

夏：𗰗𗝓𗥤𗒋𗥪𗫴𗦎𗫂𗍦，𗫩𗗟�𗴸，𗃛／𗈛𗍦𗆜，𗤺𗉫𗪺𗤧[1]，𗄑、𗃆、𗵀[2]、𗴭、𗃝、𗫴／𗉟，𗒋𗃛𗤺𗉫𗉥，𗏹𗰗𗉫𗗟，𗵀𗍦𗀕／𗳜𗦎。

汉：尔时天主闻此语已，极生惊怪，作如是念，何谓七趣，默而思惟，观见猪、犬、野干、猕猴、毒虬、鸟、鹫，于尔所趣，皆食不净。

校注：

（1）"𗃛𗈛𗍦𗆜，𗤺𗉫𗪺𗤧"句，意为"瞬时不语，思维七趣"。汉文本作"作如是念，何谓七趣，默而思惟"。

（2）𗵀，狐。汉文本作"野干"。按，《慧琳音义》载："野干，或云射干，射音夜。司马彪及郭璞并云'野干能缘木',《广志》云'巢于危巖高木',故知非野狐也。淮南名曰麻狐,《禅经》又云'见一野狐,又见野干',故知二别,野狐大于野干也。"(《大正藏》第54册,第575页)

夏:䖵䒷䖵䖵䖵䖵䖵,䖵䖵䖵䖵[(1)],䖵䖵/䖵䖵:"䖵䖵䖵䖵,䖵䖵䖵䖵䖵?"䖵䖵/䖵䖵:"䖵䖵䖵䖵䖵䖵䖵䖵䖵,䖵䖵䖵䖵,䖵䖵䖵䖵[(2)]。"/

汉:尔时天主见斯事已,如疮刺心,忧愁不乐,念:"谁能救,是所归投?"复作是念:"唯有如来应正等觉,是所归趣。"

校注:

(1)䖵䖵䖵䖵,心如疮病。林文作"䖵䖵䖵䖵"(心如疮痛),似更合汉本文意。

(2)䖵䖵䖵䖵,必定能救。此句汉本无。

夏:䖵䒷,䖵䖵䖵䖵䖵䖵䖵䖵,䖵䖵䖵䖵/䖵䖵䖵䖵,䖵䖵䖵䖵䖵䖵,䖵䖵䖵/䖵[(1)],䖵䖵䖵䖵,䖵䖵䖵䖵,䖵䖵䖵䖵/䖵䖵䖵䖵[(2)]:"䖵䖵䖵䖵䖵䖵䖵䖵䖵/䖵䖵?"/

汉:尔时,帝释至于晓时,持众花香种种饮食,往世尊所,头面礼足,旋绕七匝,恭敬供养,退坐一面。于世尊所,具白至坚七趣之事,唯愿世尊哀愍救拔,说此语已。

校注:

(1)䖵䖵䖵䖵,顶投于足。汉文本作"头面礼足"。

(2)䖵䖵䖵䖵䖵䖵䖵䖵,乃说至坚七趣之事。西夏文本无汉文本"于世尊所","唯愿"句后亦无"说此语已"句。

夏:䖵䒷,䖵䖵䖵䖵䖵䖵䖵䖵䖵,/䖵䖵䖵䖵,䖵䖵䖵䖵,䖵䖵䖵䖵[(1)],䖵/䖵䖵䖵䖵:"䖵䖵,䖵䖵䖵䖵,䖵䖵《䖵/䖵䖵䖵䖵䖵䖵》䖵,䖵䖵䖵䖵䖵䖵/䖵䖵䖵䖵[(2)]䖵。䖵䖵[(3)]䖵䖵䖵䖵,䖵䖵/䖵䖵,䖵䖵䖵䖵䖵。䖵䖵䖵䖵[(4)],䖵䖵/䖵䖵[(5)]。䖵䖵䖵䖵䖵,䖵䖵䖵䖵,䖵䖵、䖵䖵,䖵䖵、䖵䖵、䖵䖵、䖵䖵䖵䖵,䖵/䖵䖵䖵。䖵䖵䖵䖵䖵䖵䖵䖵,䖵䖵/䖵丑。"䖵䖵䖵䖵䖵䖵䖵䖵:"䖵/䖵䖵/䖵䖵䖵䖵䖵䖵䖵䖵。"/

汉:尔时,世尊于顶髻上放大光明,照十方界,还于口中,现微笑相,告帝释言:"天主当知,有一总持,名曰《胜相顶尊母总持》,能与一切如来,令受灌顶。能护一切有情，净除业障，令趣乐趣。所生之处，能忆宿命。若诵一遍，设寿尽者，现获延寿，一切地狱、饿鬼、傍生、狱主世界，悉皆成空。能开一切佛国天界之门，随愿往生。"帝释天主前白佛言："惟愿世尊演说微妙总持章句。"

校注：

（1）▢▢▢▢，略微而笑。汉文本作"现微笑相"。

（2）▢▢▢▢▢，令受灌顶。按，"▢▢"（顶灌）与"▢▢"主授，皆表示"灌顶"，前者译自汉文，后者直译藏文 dbang bskur。西夏藏传文献中，以"▢▢"表示"灌顶"为多。

（3）▢▢，众生、有情。字面作"行往"，西夏藏传文献中，该词多用于译自藏文 'gro ba 一词。

（4）▢▢▢▢，所生之处。按，"▢"与"▢"通常构成"▢……▢"的固定形式，表达"凡……之处""所……之处"的意思。

（5）▢▢，忆念。▢，指心里的悟念、默念，文献中常见"▢▢"一词，《掌中珠·序》对为"默然"，即默念也。

夏：▢▢，▢▢▢▢▢▢▢▢▢▢▢，▢ / ▢▢▢▢▢ː /

　　▢▢▢▢ː ▢ ▢▢ ▢▢▢▢ /

　　-- bú-rur¹swa¹--xa---

▢▢▢ː /

汉：尔时，世尊受天主请，说此总持曰：

其心咒曰：唵 没噜₍二合₎ 莎诃₍引₎（oṃ bhrūm svāhā. ）

其总持曰：

夏：▢ ▢▢▢ ▢▢▢▢ ▢▢▢▢▢▢……

　　-- nja²mo²bja²gja²wa¹tji²sja¹war¹tj·¹rjijr²lo²kja¹

汉：唵 捺么 末遏斡帝 萨嚩啰吟₍二合₎逻迦

梵：oṃ namo bhagavate. sarva-trailokya

……（以上陀罗尼 M11·004 缺）

M1·274：

▢▢▢　▢▢▢　▢▢▢　▢▢▢　▢▢ / ▢　▢▢▢▢

bji²dzja¹·ja²　sj·²mja¹rjar¹　sj·²mja¹rjar¹　sj·²phja¹rjar¹　sj·²phja¹rjar¹　sj·²phja¹rjar¹·ja²

觅嘇也 斯麻二合啰 斯麻二合啰 斯拔二合啰 斯拔二合啰 斯拔二合啰也

vijaya, smara smara, sphara sphara, spharaya

[illegible]

sjɨ^{2}phja^{1}rjar^{1}·ja^{2} sja^{1}war^{1}boo^{2}tja^{1} ·ja^{1}dji^{1}śjɨ^{1}tha-nja^{1} --·ja^{1}dji^{1}śjɨ^{1}thji^{1}tjij^{1}

斯拔二合啰也 萨嚩目怛 啊嘀实达二合引捺引 啊嘀实提二合矴

spharaya sarva-buddhe adhi-ṣṭhāna adhi-ṣṭhite.

[illegible]

śjuu^{1}djij^{1}śjuu^{1}djij^{1} boo^{2}djij^{1}boo^{2}djij^{1} bja^{2}dzj·^{1}rjijr^{2}bja^{2}dzj·^{1}rjijr^{2}

熟宁熟宁 目宁目宁 末唨呤二合 末唨呤二合

śuddhe śuddhe, buddhe buddhe, vajre vajre,

……（以上陀罗尼 M11・004 缺）

M11・004：

[illegible]

tja^{1}-- rjar^{1}śjɨ^{1}mji^{1} pja^{1}rjir^{1}śjuu^{1} djij^{1}sja^{1}war^{1}tja^{1}tha---gja^{2} tja^{1}·jɨr^{2}rjir^{1}dja^{2}·ja^{2}

［萨满］怛引 啰实弥二合钵哩熟宁 萨嚩 怛达引遏怛 吃哩二合嗏也

samanta raśmi pari-śuddhe. sarva tathāgata hṛdaya

[illegible]

·a-dji^{1}śjɨ^{1}tha-nja^{2} ·a-dji^{1}śjɨ^{1}thji^{1}tjij^{1} mu^{2}djɨ^{2}rjijr^{2} mu^{2}djɨ^{2}rjijr^{2} mja^{2}xa^{2}--mu^{2}djɨ^{2}rjijr^{2}mja^{2}

啊嘀实达二合引捺 啊嘀实提二合矴 么啰呤二合 么啰呤二合 麻诃引么啰呤二合引

adhi-ṣṭhāna adhi- ṣṭhite. mudre mudre mahā-mudre

[illegible]

mja^{2}xa^{2}--mu^{2}djɨ^{2}rjar^{1}ma^{2}tjɨ^{1}rjar^{1}pja^{1}djij^{1}swa^{1}xa^{2}.

麻诃引么啰啰二合 满嘚啰二合 钵宁 莎诃

mahā-mudrā mantra pade svāhā.

夏：[illegible]

𗾧𗡊𗴖𗤒𗦻𘄡𗷀𗍫𘄉𗫡𘄼，𗹙𘄉𗩧𗍫𗆀𗆊𗧽𗄈。𗴂𘓟𗹙𘄉𗳌𗫻𗡊，𗟭𘄺𗎭𘉰𗾧𗧀𗲢𗵗𗴽𗵤𗹙𗹙𗏆𗾥，𗵻𗾟𘄳𘃊、𘄳𘉙、𗴫𘉤、𗌣𘔻𗧀𗫉𗥃，𗗙𗃀𗥃𗷤，𘎵𗾧𘊲𗵧，𘊝𗾟𗃥𗴖𘊬𗾧𗏦𗌛(2)𗧀𗥃。𗴂𘓟𗹙𘄉𘋞𗫡，𘖑𗿒、𗴲𘕤、𗵒𘃁、𗼞𗤬(3)𗫡𗫻，𘃑𗵤𗾨𗃥，𗒹𗆛𗄈𗺊，𘈗𗎭𗄈𗤵𗫉𗥃𗍤。𘓁𗾨𗾟𗥗𘊼𗤒𘘛，𘊝𗾟𗏦𘘛，𘊬𗎭𗷀𗫻。

汉：天主当知，然此总持八十八亿俱胝恒河沙数，诸佛同说、摄授，一切如来智印所印，普益一切短命、薄福、恶趣、迷昧有情故说；为诸天众赡部有情，付嘱于汝。若闻一遍，灭百千劫所积恶业，终不复生地狱、饿鬼、傍生、下趣。所生之处，恒得值佛，生菩萨众及胜族中。若书总持，置于高幢、楼阁、山塔，遇影蒙尘，暂一见者，亦复不生三恶道。一切诸佛共所摄授，授菩提记，令不退转。

校注：

（1）𗏦𘙢𘊼𘓁，字面作"思失谜暗"。汉文本作"迷昧"。

（2）𗏦𗌛，字面作"上种"，汉文本作"胜族"。

（3）𘖑𗿒、𗴲𘕤、𗵒𘃁、𗼞𗤬，幢尖、山顶、楼阁、山塔。汉文本作"高幢、楼阁、山塔"，无"山顶"。

夏：𗴂𘊼𗤬𗲤𗻇𘊼𗽃𘕪𗤬𗹙𘄉𘘛𘚽，𗃥𗾥𗀜𗥗𗄈，𗄈𗭼𘉤𗫻，𘌞𘘲𗼞𗤬𗾧𗺊，𗃥𗥗𘄊𗴂𘕔𗍭𗥮(1)，𗏦𗤬𘊼𘄼(2)，𘘲𗖻𗺟𗐤𗋕，𗤵𗩧𗀔𘊲𗥃，𘓁𗃥𗾧𘊬，𘘛𗲤𗺊𗺊𗺊𘘛𘊬𘘛𗏦𘘛，𗴂𗌔𗴖𘏓(3)𘄡𗎭𘄼，𘄺𘊲𗋎(4)𗫡𘓟𗹙𘄉𘋕𗗙𘃊𗀜𗍮，𘊝𘘛𘎀𘊰𗃥，𘎵𗌔𗴖𘏓𗄈𗤵𗫉𗥃，𗊋𘘛𗃑𘚽，𘗡𘕣𘈗𗊋𗋕𘚺𘊬(5)𘄡𘓟𗹙𘄉𘉤𗌔𘃊。

汉：况复有人礼供诵持？此人即是如来嫡子，大法栋梁，舍利宝塔，现无患苦，命终之后，往极乐国，莲花化生。值诸如来，即能光显一切法藏。若为亡殁，于白芥子加持此咒二十一遍，散骸骨上，便得远离三恶趣苦，得生天界天主。应为至坚天子作如是说。

藏：(49:4)① …… myed cing / shi nas bde bar can (49:5) …… rdzus te skyes nas/ de bzhin (49:6) …… chos kyi sgo mo kun ston par 'gyur (50:1) ba gal te tshe'das pa'i ched du/ yungs kar la gzungs'di (50:2) lan nyi shu rtsa gcig / bton zhing ro la gtor na /

---

① 此前有相应的三行残藏文，其文为 (49:4) …… 'don pa de de bzhin gshegs (49:2) ……chos kyi 'byung khungs nyid du rig (49:3) …… gyi mchod rten du rig par bya'o//，大致能读到以下内容："……诵彼如来……法之所从性……供养明。"此后的藏文皆在正文中与西夏文、汉文对勘而出。其中括号内的数字分别表示页码与行数，文中的"……"符号表示原卷前有残缺。

tshe'das pa ngan^(50:3) song gsum la grol zhing / mtho ris su skye'o // lha'i dbang po / lha'i^(50:4) bu shin tu brtan pa la yang gzungs'di sgrogs shig//

校注：

（1）□□□□□□□（现世于诸病苦无），意即"于现世无诸病苦"，藏文本残，汉译本作"现无患苦"，意合。

（2）□□（后向），藏文本残，汉译本作"后"。按，该词在西夏文献中频率较高，以绿城出土《佛顶放无垢光明入普门观察一切如来心陀罗尼经》计，共出现 10 次，如：A. □□□□□□□□□□□（我后七日必当命终）；B. □□□□（既命终已）；C. □□□□（既惺悟已）。显然，"□□"用于表示某一时间或事件点的终结之后，相当于汉文"后""既……已"。

（3）□□□（身转者），死者。藏文本作 'das pa（死者），汉译本作"亡殁"。

（4）□□□（菜果白），藏文本作 yungs kar（芥子），汉译本作"白芥子"。西夏文字面意思为"菜－果－白"。按，"芥子"即芥菜之种子，梵文作 sarṣapa，西夏文的"□□"，拟音为 na²nja²，此与梵语、藏语音皆不构成对音。从意义上看，"□"常用来与"水果"一类词语的"果"相对，其对"子"亦不成问题，《掌中珠》中与"李子、橘子"对应的西夏词语用的正是"□"字。但"□"则用来表示"蔬菜"类词语"菜"的义素，未见有"芥"义。又《掌中珠》中有"□□"一词，正对汉文中的"芥菜"，这里表示"芥"义素的应该是"□"，而非"□"。故余以为本文中"□"当"□"之误。

（5）□□□（实坚固），此对藏文本 shin tu brtan pa，下文亦对 rab tu brtan pa，汉译本作"至坚"。按，藏文 brtan pa 意"坚固"，rab tu、shin tu 皆为程度副词，相当于汉语的"极、非常、很"。宝源汉译本意同。

夏： □□□□□□□□□⁽¹⁾，□□□□□□□□，□□□□□□□□□□□□⁽²⁾。□□□□，□□□□□，□□□□。

汉： 尔时天主承命，往彼为说总持，如法勤修，经六昼夜。至第七日，脱恶趣难，寿命复增。

藏： de'i tshe lha'i^(50:5) dbang po / bcom ldan'das kyis lung bzhin du gshegs^(50:6) nas / gzungs'di brtsams so// de nas shin tu brtan pa nyin^(51:1) drug mtshan drug du brtson'grus bskye da nas / nyi ma bdun pa la ngan^(51:2) 'gro lam thar tshe yang ring bar gyur /

注释：

（1）□□□□□□□□（天主坏有出之命依），意即"天主承出有坏（佛）之命"，藏文本作 lha'i dbang po / bcom ldan'das kyis lung bzhin du（天主承出有坏之命），同。汉译本作"天主承命"，省略了"命"的发出者"出有坏"。

（2）□□□□□□□□□□□□（续实坚固六昼六夜勇勤乃为），藏文本作 de nas shin tu brtan pa nyin drug mtshan drug du brtson'grus bskye da nas，汉译本作"如法勤修，经六昼夜"。几个要点分说如下：A. □有"次序、续"义，与藏文 de nas 相合；B. □□□（实坚固）即天子至坚，汉译本省略；C. □□（勇勤），藏文本为 brtson'grus，宝源汉译本当为"勤"。按，与藏文 brtson'grus 相应的梵语词是 vīrya，汉译佛经通常译为"精进""勤"等。又《功德宝》中也出现该词两次，藏文本则为 brtson ba，宝源汉译本分别以"勤勇""勤"相对；另用"□□"一词专对藏文本的 brtson'grus，宝源汉译本皆对"精进"。林英津认为"□□"当与宝源汉译本"勤修"相对，恐为不妥；在藏文本中 brtson'grus 后尚有 bskye 一词，该词有"加持、所持、令起、令生"等意思，此与"修"大体相当；西夏文本中相应的部分应是"□□"，其字面表示"乃为、所为"，与藏文本 bskye 比较接近。因此，西夏文本中，与汉文"勤修"相当的部分应该是"□□□□"，而不是"□□"。

夏：□□□□□□□□□□□□⁽¹⁾，□□□□⁽²⁾：□□⁽³⁾，□□⁽⁴⁾！□□，□□⁽⁵⁾！□□，□□⁽⁵⁾！□□，□□□□□□□□□□⁽⁶⁾！□□□□□□□□□□□□□□⁽⁷⁾！

汉：尔时至坚喜不自胜，而作叹言：奇哉，正觉！奇哉，妙法！奇哉，僧伽！奇哉，如是总持救我大难！

藏：de'i tshe shin tu brtan pa ^(51:3)dga'zhing spro ba skyes nas/ yang dang yang du ched du brjod do ^(51:4)a la la^① sangs rgyas a la la chos / a la la dge'dun / ^(51:5)'di lta bu do mtshar che bo gzungs'jig rten du byung nas / bdag ^(51:6)gis'jigs pa las grol ba byas zhes /

校注：

（1）□□□□（喜悦嬉闹），藏文本作 dga'zhing spro ba skyes nas，汉译本

---

① a la la，在藏语中是表示欢乐惊喜的语气词，相当于汉语中的"哎呀呀、啊哈哈"，宝源汉译本以"奇哉"相对。

作"喜不自胜"。

（2）𗣼𗣼𗧭𗧭（反复赞叹），藏文本作 yang dang yang du ched du brjod do，汉译本作"而作叹言"。汉译本相对西夏文本、藏文本缺少"反复"的表述，但赞叹的内容中却明显暗含了"反复"的因素。

（3）𗗙𗫡（少有），此对藏文本的 a la la，汉译本作"奇哉"，文中四次出现。按，藏文中的 a la la 是表示欢乐惊喜的语气词，通常汉译为"哎呀呀、啊哈哈"。三个文本字面上有所差别，但语意上应该是一致的。

（4）𗣼𗰜（明满），此对藏文本的 sangs rgyas，汉译本作"正觉"。按，与藏文 sangs rgyas 相对的梵文原词作 buddhaḥ，意指"觉者""觉悟的人"，汉译佛经常译作"佛""佛陀"，也译作"浮屠"或"浮图"①。西夏译作"𗣼𗰜"，明显参照藏文而来，sangs 有"清晰、明白"义，rgyas 有"圆满、齐备"义。其取意颇值得玩味，无上瑜伽以穷证光明为解脱成佛的秘要，谓自心明体即佛，圆满证得明体，或即"明满"之由来。

（5）𗣼𗰨（大众），此对藏文本的 dge'dun，汉译本作"僧伽"。

（6）𗧭𗫦𗫡𗰨𗗙𗴾𗰨𗣼（如是总持世间已出），藏文本作 'di lta bu do mtshar che bo gzungs'jig rten du byung nas（如是美妙大总持世间出），汉译本作"如是总持"。三者略有差别。

（7）𗫡𗗙𗣼𗀆𗤊𗴾𗰸𗰨𗧭𗫾𗧭𗣼（我之大怖畏中△ 解脱令我谓），藏文本作 bdag gis'jigs pa las grol ba byas zhes（我之怖畏于解脱谓），汉译本作"救我大难"。

夏：𗙻𗤋𗫡𗣲𗥑𗰸𗴾𗣼𗰸𗆫𗤊𗰨⁽¹⁾𗧭𗀆𗫡⁽²⁾，𗫦𗥫𗰨𗴾⁽³⁾，𗗙𗫡𗧭𗫡𗰸𗣼𗥫𗰨𗫾𗣲，𗫡𗥑𗤊𗧭𗰨⁽⁴⁾，𗧭𗙻𗤊𗣼𗧭𗧭，𗫾𗰨𗰸𗴹𗰨𗣼𗰨𗰺⁽⁵⁾。

汉：尔时天主与至坚等无量天众赍诸供养，共诣佛所，广伸供养。绕百千匝，踊跃称叹，退坐听法。

藏：de'i tshe lha'i dbang ⁽⁵²:¹⁾ po dang / shin tu brtan pa lha'i bu dpag tu med pa② dang'drogs③ ⁽⁵²:²⁾ nas / mchod pa'i rdzas rnams bzung zhing / bcom ldan ⁽⁵²:³⁾ 'das

---

① 参见［日］榊 亮三郎：《翻译名义大集》（下），京都大学，1925 年，第 1 页。亦见蓝吉富：《中华佛教百科全书》"佛"条，中华佛教百科文献基金会，1994 年。

② 原作 dpag tu myed pa，当误。

③ 此词有"惊、惊诧"的意思，用在此颇为不解。《大悲经》中有一段西夏文同此的地方，对应的藏文作 'khor gyis bskor。

la mchod pas rgya che ba mchod cing / lan brgya stong ^(52:4) bskor ba bya zhing spro ba skyes nas / ched du brjod ba ched bu brjod nas ^(52:5) chos nyan pa'i ched du / bcom ldan'das kyi mdun du'dug ^(52:6) nas /

校注：

（1）�め𗏁（天众），汉译本正作"天众"，藏文中相应的词语应该是 lha，但此藏文本为 lha'i bu（天子），不知为何。

（2）𗥤𗣼（相随），藏文本对应的词语作 'drogs，该词有"惊诧、惊走"意，用在此令人颇为不解。汉译本对应处省略，补足的意义应该是"俱、相随"，即无量天众与天主相随。

（3）𗫂（持），此对藏文本的 bzung（持），汉译本作"赍"，意即送、持。

（4）𗥚𗏁（右绕），此对藏文本的 bskor ba（围绕），汉译本作"绕"。

（5）𘓄𗏁𗥤𗣼𗗙𗦳𗍅�（为听法故，面前而坐），此对藏文本的 chos nyan pa'i ched du bcom ldan 'das kyi mdun du'dug nas（为听法故，佛之面前而坐）。西夏文本较藏文省略了𗴼𗷝𗪉（佛）三字，汉译本则直接以"退坐听法"表示。

夏：𗾣𗆧𗴼𗷝𗪉𘜶�めて𗗯⁽¹⁾，𗗥𗷦𗭪𗤳𗥤𗄭𗤁𘓄𗵽𗰜，𘔥𗵽𗴜𗫂。

汉：尔时世尊舒金色臂，为至坚天子演说妙法，授菩提记。

藏：de'i tshe bcom ldan'das kyis phyag gser gi kha ^(53:1) dog cin brkyang ste / lha'i bu shin tu brtan pa la / dam ba'i ^(53:2) chos bstan nas / byang chub tu lung bstan no //

校注：

（1）𘜶�めて𗗯（金色手伸），此对藏文本的 phyag gser gi kha dog cin brkyang ste（手金色伸），汉译本作"舒金色臂"。

第三节　西夏文《圣观自在大悲心总持功能依经录》考论①
——以绿城出土文献材料为中心

　　西夏文献中，夏、汉两种文本俱存的文献资料目前所知甚少，而兼具汉、藏及西夏文三种文本的材料殊为罕见。《圣观自在大悲心总持功能依经录》就是

---

① 原文发表于《中国多文字时代的历史文献研究》一书，本文以绿城材料为基础在原文基础上略做修订补充。

这样一部汉、藏及西夏文三种文本并存的西夏佛教文献。其汉文本见《俄藏黑水城文献》第 4 册，有 TK164、165 两个编号，与《胜相顶尊总持功能依经录》合刻，后附西夏仁孝皇帝御制发愿文。这部《大悲心经》由西夏僧人鲜卑宝源重新翻译，不见历代汉文大藏经著录，孙伯君女士研究认为此本与唐代伽梵达摩译《千手千眼观世音菩萨广大圆满无碍大悲心陀罗尼经》最为接近①。其藏文本亦从黑水城出土，现藏俄罗斯科学院东方文献研究所，编号为 XT67，据沈卫荣先生研究，这正是黑水城出土汉文本的藏文原本②。此佛经的西夏文本研究相对滞后，陈炳应先生曾介绍了武威天梯山出土该文献的残片，并首次将其"番译"者的名字汉译为"周慧海"③；史金波先生亦介绍额济纳旗绿城出土有这一文献的残件，并对末尾的施经题记进行了释读④；笔者亦对俄藏的一件御制发愿文进行了探讨⑤；戴忠沛先生则对敦煌研究院藏的一个残片进行了考证⑥。此前零星的研究表明，对此类汉、藏及西夏文本并存的西夏文献展开多语言对勘对西夏学特别是语言研究具有重要意义。遗憾的是，俄藏西夏文佛教文献至今未能完全公布，我们无法得见这一文献的完整版本，暂时只能透过已刊布的《英藏黑水城文献》《中国藏西夏文献》及《法藏敦煌西夏文献》中的一个个残件、残片的梳理开展初步的研究。

一、出土文献材料介绍

俄藏西夏文献的收藏情况可以通过相关目录和已有研究大致反映出来⑦。《西夏文的写本和刊本》一书中提到了 инв.№6841、6881、7054 三件，然克恰

① 孙伯君：《西夏宝源译〈圣观自在大悲心总持功能依经录〉考》，《敦煌学辑刊》2006 年第 2 期，第 34—43 页。

② 沈卫荣：《重构十一至十四世纪的西域佛教史——基于俄藏黑水城汉文佛教文书的探讨》，《历史研究》2006 年第 5 期，第 34—43 页。

③ 陈炳应：《天梯山石窟西夏文佛经译释》，《考古与文物》1983 年第 3 期。

④ 史金波：《额济纳旗绿城新见西夏文物考》，《文物》1996 年第 10 期，第 77—78 页。

⑤ 段玉泉：《西夏文〈自在大悲心〉、〈胜相顶尊〉后序发愿文研究》，《宁夏社会科学》2007 年第 5 期，第 81—85 页。

⑥ 戴忠沛：《莫高窟北区出土西夏文残片补考》，《西夏学》第二辑，银川：宁夏人民出版社，2007 年，第 123—124 页。

⑦ 相关目录及研究主要有：（1）戈尔巴乔娃、克恰诺夫著，白滨译：《西夏文写本和刊本》，载中国社会科学院民族研究所历史研究室资料组编译《民族史译文集》（第 3 辑），1978 年；（2）Е.И.Кычанов. Каталог тангутских буддийских памятников, Киото,Университет Киото,1999г；（3）林英津：《西夏语译〈尊胜经（Uṣnīṣa Vijaya Dhāranī）〉释文》，"西夏文明研究展望国际学术研讨会（圣彼得堡，2006）"论文。按，早期的目录及整理多据西夏文直译而来，各目录中对此经题的翻译皆有差别，如叙录中译为"圣观自主大悲心总持功德经韵集"，实则皆为《圣观自在大悲心总持功能依经录》，这些翻译本身并无问题，只是没有注意俄藏黑水城文献中有对应汉文文本可以参考。

诺夫后出的叙录中只提到了其中的 №6881，不知缘何有这种变化。而通过林英津女士对《尊胜经》的介绍推测，应该还有 №7592a（4078）及 6792（6821）。前者于尾端有"有司赎经"题记，内容与内蒙古绿城出土的 M11·005 全同，应为同一版本；后者则与《尊胜经》合刻，有仁孝皇帝天盛元年（1149 年）的御制发愿文，无疑是与 TK164、165 汉文本同时刊刻的。根据笔者对这一文献在中藏、英藏内各残件的整理情况判断，俄藏目录中的 Tang.328《大悲心总持》条下的 №4763、4770、6760、6796、6821 以及 Tang.329《大悲心陀罗尼经》条下的 №619，也应该都是这一文献的残件。因此，可以初步推定，俄藏西夏文献中至少有 инв.№6881、7592a（4078）、6792（6821）、4763、4770、6760、6796、619 八件。遗憾的是，这些材料中目前所刊布的只有 инв.№6881、7054 两件，共 18 折①，所存内容非常有限。

目前刊布材料中，《圣观自在大悲心总持功能依经录》文本内容保存最多的为绿城出土残本。这里先介绍绿城出土的几个编号，再对《中国藏西夏文献》其他残卷中的残叶以及《英藏黑水城文献》《法藏敦煌西夏文献》中的相关卷号进行考察，以便拼配出一篇完整的文本。下面分别加以介绍。

（一）绿城出土部分

绿城出土西夏文《圣观自在大悲心总持功能依经录》分别刊布于《中国藏西夏文献》及《中国藏黑水城民族文字文献》，共 4 个编号。依次介绍如下：

（1）内蒙古藏 M11·005。刻本，经折装，折面高 13.2 厘米、宽 7 厘米左右，上下单栏。原题"圣观自在大悲心总持功能依经录"。存 17 折，相比史先生当初介绍的 12 折多出了一些。此经每面 7 行，足行 14 字。经首残损，存留经题之一部分及周慧海等传译题记，但较他本缺"奉敕"二字。正文除中间的陀罗尼部分几乎全部缺失外，经文内容几乎接近完整。经文之后附"有司赎经"题记，内容仅涉"大悲心经"，未及"尊胜经"，上节已作解读，属单刻本。所有这些特征表明，M11·004 号当与林英津女士介绍的俄藏 инв.№7592a（4078）号为同一版本。原件藏内蒙古自治区博物馆，《中国藏西夏文献》刊布图版。

（2）内蒙古藏 M1·268。刻本，经折装。存 2 折。折面高 17.5 厘米、宽 7.5 厘米，上下单栏。每面 6 行，足行 14 字。内容为文献正文及偈颂部分。原件藏内蒙古自治区博物馆，《中国藏黑水城民族文字文献》刊布图版。

（3）内蒙古藏 M1·269。刻本，经折装。存 2 折。折面高 17.0 厘米、宽

① 见《俄藏黑水城文献》第 29 册，上海：上海古籍出版社，第 111—112 页。

8.4 厘米，上下单栏。每面 6 行，足行 14 字。内容为陀罗尼部分。原件藏内蒙古自治区博物馆，《中国藏黑水城民族文字文献》刊布图版。

（4）内蒙古藏 M1·270。刻本，经折装。存 2 折。折面高 17.0 厘米、宽 8.4 厘米，上下单栏。每面 6 行，足行 14 字。内容为文献正文及偈颂部分。原件藏内蒙古自治区博物馆，《中国藏黑水城民族文字文献》刊布图版。

（2）（3）（4）三件为同一文献，与《中国藏西夏文献》所刊 M11·005 为不同版本。

（二）国内其他藏卷材料

在国内藏西夏文献中，除绿城出土材料外，其他藏卷中的这件文献残件多为甘肃等地出土，分藏于甘肃博物馆、敦煌研究院，图版皆由《中国藏西夏文献》刊布。主要有：

（1）甘博藏 G21·040［T25］。刻本残片，原题"圣观自在大悲心总持功能依经录残页"。存 2 片，有不完整的传译者题记。此即陈炳应先生介绍过的两件残片。

（2）G21·054［T2］。刻本，经折装的 1 折，存 6 行，行 9 字。译文对应于宝源汉译本"清凉偈"部分。

（3）G11·057［464:58（正）］。出土于莫高窟北区石窟，现藏敦煌研究院。刻本，残存 1 面，6 行，行 14 字，上、下双栏。左两行偏中残。文献背面为蒙文佛教文献。内容对应于宝源汉译本开头部分，与 Or12380–2986V 大体相当。

（4）G11·120［464:50］。出土于莫高窟北区石窟，现藏敦煌研究院。泥金字写本，存 4 片，第 1 片对应宝源汉译本的"誓愿"部分，余皆涉经文。

（5）G21·060［20480］。出土于武威张义修行洞遗址，现藏甘肃博物馆。写本，正反两面，每面 12 行，行内字数不等。其中的 G21·060［20480］–2p 应该是此页佛经的正面，G21·060［20480］–1p 则为反面，正反两面的经文内容正好相连。内容对应于宝源汉译本开头部分，与 Or.12380–2986RV 大体相当。

（三）英藏黑水城出土材料

英藏部分的材料编号数量较多，但多为残叶、残片。《英藏黑水城文献》所刊布材料作出正确定名者很少，经学术界共同研究，目前已经辨别出来的编号达 60 个之多，此前我们已作过全面梳理，这里将所辨识出的全部编号列表转引如下[1]。

---

①惠宏、段玉泉：《英藏西夏文献研究》，上海：上海古籍出版社，待出版。

编号目次	原题	备注
0242（K.K.Ⅱ.0284.bb）	陀罗尼	
0288（K.K.Ⅱ.0284.rrr）	陀罗尼	
0290（K.K.Ⅱ.0284.uuu）	佛经	
0318.1（K.K.Ⅱ.0285）	佛经	
0320.2（K.K.Ⅱ.0285）	佛经	
0389（K.K.Ⅱ.0285.ooo）	陀罗尼	
0476（K.K.）	残片	
0595（K.K.）	佛经	
0657（K.K.Ⅱ.0276.ee.）	陀罗尼	
0665（K.K.Ⅱ.0232.r）	佛经	
0666（K.K.Ⅱ.0235.ooo）	陀罗尼	
0667（K.K.Ⅱ.0232.a.xii）	陀罗尼	
0680（K.K.Ⅱ.0267.u）	陀罗尼	
0681（K.K.Ⅱ.0267.b）	陀罗尼	
0683（K.K.）	佛经	圣观自在大悲心总持并胜相顶尊总持后序愿文
0684（K.K.）	佛经	
0684V（K.K.）	陀罗尼	
0742（K.K.Ⅱ.0275.fff）	陀罗尼	胡进杉2014
0744（K.K.Ⅱ.0275.mmm）	圣观自在大悲心总持功德经韵集	史金波2010
0745（K.K.Ⅱ.0275.ttt）	陀罗尼	胡进杉2014
0747（*K.K.Ⅱ.0275.a.xviii38？）	陀罗尼	胡进杉2014
0748（*K.K.Ⅱ.0275.a.xviii37？）	陀罗尼	胡进杉2014
0759（K.K.）	佛经	
0765（K.K.Ⅱ.0274.yyy）	陀罗尼	段玉泉2010
0834（K.K.）	陀罗尼	
1397（K.K.0121.b）	佛经	
1416（K.K.Ⅱ.0279.ccc）	佛经	
1417（K.K.Ⅱ.0279.rr）	残片	
1454（K.K.）	陀罗尼	
1857（K.K.）	佛经	
2424（K.K.）	残片	
2458.1（K.K.）	陀罗尼	
2558（K.K.Ⅱ.0279.g）	大悲心总持咒	段玉泉2010
2631（K.K.Ⅱ.0270.b）	经颂	段玉泉2010
2887（K.K.）	佛经	段玉泉2010
2941（K.K.Ⅱ.0274.p）	圣观自在大悲心总持功德依经录	
2950（K.K.）	陀罗尼	段玉泉2010
2951（K.K.Ⅱ.0275.uu）	陀罗尼	段玉泉2010
2957（K.K.Ⅱ.0295.u）	观音启请	史金波2010，段玉泉2010

续表

编号目次	原题	备注
2960V（K.K.II.0235.e）	佛经	史金波 2010
2986（K.K.II.0235.e）	佛经	段玉泉 2010
2997RV（K.K.II.0255.t）	佛经	史金波 2010
3000（K.K.）	佛经	史金波 2010
3008（K.K.II.0255.u）	佛经	
3488（K.K.）	大悲心总持咒	段玉泉 2010
3549.5（K.K.III.021.a）	陀罗尼	段玉泉 2010
3650（K.K.）	佛经	御制《圣观自在大悲心总持》并《顶尊胜相总持》之后序愿文
3690.5（K.K. III.021.e）	圣观自在大悲心总持功德经韵集	史金波 2010
3690.7–34（K.K. III.021.g–hh）	圣观自在大悲心总持功德经韵集	史金波 2010
3690.35（K.K. III.021.ii）	圣观自在大悲心总持功德经韵集	史金波 2010
3704b（K.K.II.0281.a.xxxvi）	佛经	段玉泉 2009
3707（K.K.II.0285.uuu）	陀罗尼	
3728（K.K.II.0267.I）	陀罗尼	
3729RV（K.K.II.0256.d）	佛经	
3740（K.K.II.0250.g）	陀罗尼	
3749（K.K.II.0232.bb）	圣观自在大悲心总持功德经韵集	
3756（K.K.II.0243.j）	番语圣观自在大悲心总持功德经韵集	
3775.1–2（K.K.II.0270.tt.viii）	陀罗尼	
3915.6（K.K.）	佛经	
3932（K.K.）	佛经	

（四）法藏敦煌北区出土材料

法藏敦煌北区出土西夏文献，是指伯希和 1908 年从敦煌莫高窟北区发现并带走的一批西夏文献，目前所见有 2 件。

（1）Pelliot Xixia 924（Grotte181）072 号。泥金字写本。题"千手千眼观世音菩萨大圆满无碍大悲心陀罗尼咒"。存 1 片，此片可与敦煌研究藏 G11·120［464:50］中的第 3 片拼合，属于同一版本。《法藏敦煌西夏文文献》刊布图版。

（2）Pelliot Xixia 924 号。经折装，1 折，6 行、行 14 字。前两行中间略有残缺，背面有回鹘式蒙古文行。法国国家图书馆在其官网（http://gallica.bnf.fr）

刊布图版，笔者曾在文中稍有提及①。

　　经过对各藏卷的梳理，西夏文《圣观自在大悲心总持功能依经录》目前至少存在 8 个不同的版本，它们是 инв.№6792（6821）、7592a（4078，M11·005）、Or.1380-2941、2631、2986、3690，G21·060 及泥金字写本②。这些版本可以归纳为四个类型：合刻本、单刻本、写本及泥金字写本。合刻本通常是与《胜相顶尊总持功能依经录》合刻在一起的，并附施经发愿文。既有蝴蝶装的，如俄藏 инв.№6821 号；又有经折装的，如俄藏 инв.№7592a、内蒙古藏 M11·005。这些刻本中，不排除有活字本，陈炳应先生认为 G21·040 就是活字本③。写本数量很多，英藏中 2631、2986、3690 皆是写本，2631 有丝栏，2986 则无，二者字迹也不一致；3690 号则每行 9—10 字，属于短小本。足见同在一地出土的这三件写本分属不同的本子。这些残件数量虽然很多，但文本内容重复者不少。尽管如此，以绿城本为基础，综合上述各种残叶、残片，我们几乎可以拼配出接近完整的一部西夏文《圣观自在大悲心总持功能依经录》。

二、西夏文《圣观自在大悲心总持功能依经录》拼合

　　说明：1. 佛经正文陀罗尼以外的部分，以内蒙古藏绿城本为底本录文，其他各残卷配补；陀罗尼部分有刻本者以刻本残叶为基础，若无则以英藏 Or.1380—3690 写本为底本录文，其他各残卷配补。陀罗尼部分因底本排列错乱，录文皆出注说明。各残卷行格字数差别较大，录文不反映每一文献原貌。

　　2. 各残卷无，依汉藏文本、上下文例、《尊胜经》可以复原，确有把握处，给予复原或构拟；无把握处，以"□"符号表示，每个方框表示一字，字数不确定处以"……"表示。

　　3. 各残卷有异文、衍文、脱文，皆出注示明。

　　𗇁𗵯：𗟲𗠁𗺌𗴒𗣼𗣴　𗾓𗟲𗏹𗣴④𗏹𗴈𗴒𗣼𗭼　𗼺𗵯⑤𗿒𗵯𗣼　𗏹𗰖𗥾𗵆𗤋　𗤋𗣁𗷟　𗷟𗣃𗖻𗵯𗤋　𗤋𗐯𗋽𗣁𗣷𗤋

　　① 段玉泉、马万梅：《新见法藏敦煌出土西夏文献考释》，《敦煌研究》2021 年第 4 期，第 42—49 页。

　　② 这只是一个初步的判断，就刻本而言，本文有把握区分的只有三种，这么多残页因残存的信息不是很明朗而不敢妄下结论。期待着俄藏文献早日公布，定会有更多的发现。

　　③ 陈炳应：《西夏人对活字印刷术的杰出贡献》，《西夏学》（第一辑），银川：宁夏人民出版社，2006 年，第 2 页。

　　④ 首十二字绿城本残缺，据英藏 Or12380-0765 号残片补。其"𗟲"字英藏残片亦缺，据绿城本残存左半构件，当"𗟲"为是。

　　⑤ 此上七字及下文"𗏹𗰖𗥾"3 字绿城本缺，据 Or.12380—2941 号残页补。

[illegible]：[illegible]

[illegible]

[illegible][1][illegible]

[illegible]！

[illegible]，[illegible]，[illegible][2]。[illegible]，[illegible]，[illegible]，[illegible]：“[illegible]，[illegible]，[illegible]、[illegible]、[illegible]、[illegible]，[illegible]，[illegible]。”[illegible]：“[illegible]，[illegible]，[illegible]，[illegible]，[illegible]。”[illegible]：“[illegible]、[illegible]、[illegible]，[illegible]，[illegible]，[illegible]。”[3]

[illegible]，[illegible]！

[illegible]，[illegible]！

[illegible]，[illegible]！

[illegible]，[illegible]！

[illegible]，[illegible]！

[illegible]，[illegible]！[4]

[illegible]，[illegible]□□□□□□□□！

[illegible]，[illegible]□□□□□□□□！

[illegible]，[illegible]□□□□□□□□！[5]

[illegible]，[illegible]□！

[illegible]，[illegible][6][illegible]。

[illegible]，[illegible]。

[illegible]，[illegible]。

---

① 一本无“[illegible]（奉敕）”二字，如俄藏 инв.№7592a 及中藏 M11 · 005 等。西夏文《尊胜经》亦有类似情况，инв.№6821 号有“[illegible]（奉敕）”二字，инв.№4078 号则无。

② 本句绿城本残甚。首五字“[illegible]，[illegible]”参英藏 Or12380—3756.1 残片补；其“[illegible]”五字据甘藏 G21 · 040［T25—1］—1p 残叶补；末尾“[illegible]”二字据甘藏 G21 · 060［20480］—2p 残叶补。

③ 本段绿城本保存尚好，个别残缺处皆依甘藏 G21 · 060［20480］—2p、G11 · 057［第 464:58（正）］等本补。其“[illegible]，[illegible]”之“[illegible]”，G11 · 057［第 464:58（正）］本作“[illegible]”。

④ 此上六句绿城本仅存前二句，且有残损。此据 G21 · 060［20480］、Or12380—2986、2957 配补。第二句“[illegible]”（智眼），英藏 Or12380—2986 作“[illegible]”（智慧）。

⑤ 此上三句诸本皆缺。“[illegible]，[illegible]”参汉文本依上文例拟。

⑥ [illegible]，俄藏 инв.№ 6790 本作“[illegible]”。

［本页正文为西夏文（党项文），此处无法逐字转写。］

---

① 自"𗼻𗟲𘀄𘝢𘕺𗫂𘞌"至此，依俄藏 Инв.№6790 录，残缺处据 Or.12380—2558，3690，3729 补。

② 此上二十五字，各种残件皆缺，此依汉文本并参照《胜相顶尊经》及本佛典下文的对音字拟出。其"心咒曰"一行与汉文"吽"相对的"𗎫"依《掌中珠》拟。

③ 从"𘝢𗎫 𗎮𘅆𗫂"至此 162 字，据 Or.12380—3740.3 录。

④ 自"𗼻𘅆"至此 47 字依 Or.12380—3690.dd 录。原件共 5 行。

⑤ 自"𗫂𗆍𗹎𗏁"至此 40 字依 Or.12380—3690.cc 前 4 行录。原件 6 行，左上角残。录文中方框内的字参汉文本并据上下文补。

𗙈𗽠𗾔 𗏇𗣫𗽠 𗤋𗦜𗄡𗀔𗽠 𘋀𗿒𗾔𗣫𗄡𗾳𗠁 𗎊𗣫𗠁𗾳𗠁 𗫂𗠁𗾳�1① 𗏇𗜓𗾔𗄡𗈈

𗄡𗜗𗾛𗹬𗣫 𗠁𗾳�1�3 𗏇𗜓�3�1�3 �1�3𗏇�3 𗏇𗜓𗏇�3 𗘊�3𗘊�3 𗏇𗜓𗘊�3 𗄡𗄡

𗄡𗖐𗳇𗹬𗄡𘋀 𗄡𗄡𗖐𗳇 𗽙𘞐𗳅 𗄡𗄡𗖐𗳇 𗹬𗙚𗽠𗳇𘋀𗽠𗳇 𗥝𗹬𗈈𗏇𗜓𗾫𗽠 𗙈𗭼

𘞐𗣫𗘊𘋀𗾛 𗄡𗄡𗳅𗣫 𗄡𗄡𗖐𗳅 𗄡�4𗹬 𗄡𗄡𗽠�4 𗎊𗾲𗹬𗴴𗾛𗽠 𗪐𗥝𗪐𗥝 𗽙𗣫

𗾛𗈈𗳇𗳗𗄡�4𗣫 𗈈𗈈𗹬𗾳𗣫 𗜓𗾛𗣫�4�3 �1�3𗪐𗹬𗴴𘋀 𗈈�4𗄡𗽙�3𗄡�4 𗄡�4

𗏇𗈈�4�3�4�3 �4�4�4�4𘋀② 𗹬𗾫�4𗹬𗽿 �4�4𗹬𗾫

𗽙𗹬 𗈈�4�4𗹬𗽿𗹬 �4�4𗈈 𗄡𗣫𗹬 𗜗�'𗜗�' 𗹬𘞐𗹬𘞐 �3�'�3�' �4�4𗈛

�4𗈛 �³�'𗈛 �³�'𗈛�³ 𗽠�'�'�' �4�'�4�' �1𗹬�1𗹬 𗁨�'𗁨�' 𗁨�'�'

𗁨�' 𗁨�'𗁨 𘞠�4�4�4�⁣

(further continues in uncertain script)

① 自"𗙈𗏇�3"至此 155 字, 依新见绿城出土《大悲总持》录。原件藏内蒙古博物馆, 图版见《中国藏黑水城出土民族文字文献》M1·268、269、270。其"𗫽𘋀𗾔𘋀"之"𘋀", Or.12380—3690.cc 作"�4"。

② 自"𗏇𗜓�4�4𗹬"至此 156 字, 据天理图书馆断简 39—30c、39—31a 录。其"𗏇𗜓�4𗄡�3", 英藏 Or.12380—3728 无"�4"小字; 其"�4𗈛𘞐"后, Or.12380—3690.g 有"�4"小字; 其"𗄡�3𗈛𗴴𘞚𘋀"之"𗄡", Or.12380—3728、3707 作"�"; 其"𗈈�4�", Or.12380—3690.t 作"𗈈𘞐"。

③ 自"𗹬𗾔�4𗹬"至此 496 字, 据俄藏 Инв.№4078 录。

④ 自"𘞠�4�4�4"至结尾, 据绿城 M11·005 第 7、8 页录。

𗀔𗾭𗤋𗣼𗍳𗓰𗄟𗒅𗋽，𗅲𗃗𗭪𗴭𗴮𗉆𗸐𗥗。
𗀓𗣗𗤋𗍊𗌽𗒀𗯨𗒅𗓰，𗇁𗏾𗵽𗤋𗄭𗫔𗏕𗄟𗤋。
𗀔𗐽𗵽𗤱𗒑𗤳𗅲𗍳𗤳，𗅲𗃗𗏾𗫔𗍳𗤱𗣠𗨩𗤋𗩴。
𗀓𗣗𗇉𗬯𗒑𗏱𗤋𗉆𗹭，𗭪𗖀𗉆𗸐𗢺𗤱𗲲𗵮𗁅。
𗏀𗣗𗤋𗤳𗴭𗾭𗐽𗍳𗔆，𗏴𗤋𗮅𗣗�=𗏾𗰖𗘌𗤋。
𗀓𗣗𗀞𗏾𗾭𗓰𗄟𗒅𗓰，𗂅𗴂𗉆𗊝𗄭𗤱𗌽𗡔𗩴。
𗏀𗣗𗤋𗤳𗴭𗾭𗐽𗍳𗔆，𗀞𗏾𗤳𗣗𗊝𗤋𗮅𗁅𗤑。
𗀓𗣗𗀔𗤳𗏾𗭮𗌽𗒀𗓰，𗴫𗤱𗏾�𗤋𗾭𗸕𗉆𗤋。
𗏀𗣗𗤋𗤳𗴭𗾭𗐽𗍳𗔆，𗏾�𗴫𗤱𗢂𗤋𗞂𗓂𗫝。
𗴈𗣗𗈪𗤱𗤋𗾭𗁅𗹭𗗌，𗁀𗤿𗏾𗛁𗅲𗺎𗤋𗩴𗤱。
𗏀𗣗𗤋𗤳𗴭𗾭𗐽𗍳𗔆，𗁀𗤿𗀔𗤳𗣠𗨩𗁅𗹭𗤋。
𗏾𗏾𗉆𗸐𗴭𗇁𗢺𗤋，𗳜𗳜𗁀𗤋𗛁𗅲𗁅𗤋𗩴。
𗏀𗣗𗤋𗤳𗴭𗾭𗐽𗍳𗔆，𗙇𗳜𗅲𗍳𗤱𗴂𗞉𗤱𗤋。
𗏾𗀔𗤳𗴫𗏾𗁅𗗌𗩴，𗊨𗤋𗰖𗊭𗰖𗈑𗤱𗥉𗩴。
𗏀𗣗𗤋𗤳𗴭𗾭�½𗍳𗔆，𗤋𗁅𗋼𗀵𗤱𗟛𗴃𗁅𗗅。
𗴈𗤱𗁐𗈑𗍄𗤋𗴂𗟠𗤋，𗀔𗤱𗄟𗤳𗄭𗢿𗏾𗁅𗩴。
𗏀𗣗𗤋𗤳𗴭𗾭�½𗍳𗔆，𗏾𗢺�㐀𗀔𗤳𗆜𗁅𗴃。
𗤳𗤋𗳜𗈑𗤎𗤳𗲲𗵮𗩴，𗛟𗠝𗣴𗩐𗏾𗺎𗀵𗾳𗸩。
𗁖𗴉𗣠𗊉𗤋𗴊𗯨𗈑，𗳜𗟜𗤱𗩴𗙦𗀔�½𗣮𗤋。
𗏀𗣗𗤋𗤳𗴭𗾭�½𗍳𗔆，𗤱𗠝�½𗱰𗯨𗤋𗤳�▮𗤋。
𗈑𗅲𗤋𗾭𗤋𗰦𗤱𗏟𗔆，𗏀𗙂𗏟𗾳𗤱𗴮𗅲𗌇𗤋。
𗀓𗅲𗤋𗏾𗣗𗤋𗾭𗸕𗾭𗔆，𗴨𗤱𗔆𗤳𗴭𗱰𗓰，𗄑𗛢𗣠𗊉𗏾�×𗾳𗉆𗴈𗅲𗤋。𗁀𗒅𗀓𗵽、𗁖𗴉𗡔𗡔，𗴭𗴭𗗅𗢖。𗒅𗡔𗁀𗾤，𗴭𗡔𗘌𗵎𗴂。𗔳𗾳𗾳𗏾𗄟𗴂�³,�×�³𗤋�³𗉆𗴈𗴉𗴭𗄟𗴂？𗅲𗏾𗸕��，𗀓𗏴𗌽𗁀，𗴮𗤋𗒅𗄟，𗇉𗤌𗴈𗁀𗏀�³𗴨，�×�³�½�±𗈑𗡔𗡔�³𗴬�³𗴬，𗁖𗊝𗏾𗸐�》𗏀�³𗴃，𗀞𗓀�▮𗅲𗴂𗩕，𗏴�³�±�»𗉆�×𗍳�³�³𗈑𗘌𗴫�±𗄟𗟛𗙦𗴀。
𗁉�¹𗄫�±𗤋�³𗆜�³𗴬𗴀①

①陀罗尼后的内容皆依绿城本录，原本后尚有 7 行印施题记，此未录。

三、西夏文《圣观自在大悲心总持功能依经录》释读举例①
——以夏、汉、藏对勘为中心

俄藏 TK164、165 号汉文本《圣观自在大悲心总持功能依经录》的传译者题款显示，这一佛经由天竺僧人嚩也阿难捺传、诠教法师鲜卑宝源奉敕翻译；绿城出土西夏文本传者同样是嚩也阿难捺，只是其翻译由周慧海完成。两种文本佛经名称相同，又同由一人所传，足见它们具有同源性。沈卫荣先生也提出了 XT67 号藏文本正是黑水城出土汉文本的藏文原本。有两种不同文本的同源文献存在，这于西夏文本的解读是最理想不过的事情。因此，本文理所当然要选择这两种文本作为西夏文本的对勘材料。限于篇幅，这里仅选取此佛经的第一部分举例进行。这里的释读先录西夏文；随后给出对译；为方便比较，再附上宝源的汉译本、藏文大藏经中的藏文本；最后给出注释。

西夏文：

㣽㹖：㣽薮㿟㹼㽱㐾 㦊㣽㞆㿲[(1)] 㞆㽅㹼㽱㿳 㢑㹖 藬㣤㽱 㞆㿚䖱䗌㽳 㽳㣖㽳 㦊㐟㣤㽳 㽳㧽㾳㣖㽳

㦖㹖：㐟㿱㣅㣖㦤㹋㢝㿚㽺㣖䋈[(2)] 㾏䑝㦊

㿹䐻㦤㣅㿲㽺[(3)] 㿟㿦㦖㣤㿲㽺㡼㣤䐟㾏㽺㟬㿢㦊㣖㦊㿉㽱 㣅

䗎㿬㾏㣤㿲㽺㡼㾻[(4)] 䐟䐣㥅[(5)] 㟬㿢㿉䜌㿙㾶䑝䋈

㐟㿱㣅㣖㦤㹋㢝㾜㾉[(6)] 㿒㿲㧽！

㿠㿹䗎㽺，㣖㿬㾛㿳㹼[(7)] 㾙㽺㣒㦵㐟㿱㣅㣖㿒㿦㾳，㧽㦟㣖㿌㾙㣖㿌㿹㿙[(8)] 㣖㾳。

㐟㿬，㐟㿱㣤㣖㦤㿬㟤㿉，㿲䐣㣒㽼，㾛㿳㹼㿒㣤㣖㿌："㿚㣖㿢㿦㽺，㿬㽺㦤㣒㣒㿉，㿦㧽㿳㿒㿦㽺、㿚㐢、㿉㿌、㿌㿔㿉㿉㿚㣤㿒㿲，㿉㽺㿉㿉㿚㦤㿲㿌，㿕㽺㣒㿳㿒㿬㣖㿙㿏㦊。"㣒㿳㿒㣤："㿉㿉㿉，㦌㿬㣖㿌㿒㣒㿚㿚㣖，㿉㣖㾛㹖，㿉㿌㿉㿑，㽺㿬㿒㣒㿬㣖，㿲㿌㿚㣖㿚㿏㿚㽱。"㐟㿱㣤㣖㿉㧽㿌㧽㦵㣖㿳㿒㿒㿠㿹㣖㿌："㣖㿉㿚㿉㿉㿉㿚㾖[(9)]、㿉㿉㿉㿉㿉㿉㾖[(10)]、㿌㿉㿌㿲，㣖㿉㿲㣖㿉㣖㿉，㿦㧽㣖㿌㣤㣖㿌㿚，㿲㿲㿠㿹㿙㿳㿚㿲。"

---

① 因在笔者博士论文中已作全文对勘解读，这里只作举例释读。

对译：

梵言［麻诃₍引₎ 葛喼祢葛　捺□啊呤□　阿翰浪鸡帝　说呤　嗦呤祢　啊戟₍切身₎蟾萨萨兮怛　须₍引₎嗰啰₍二合引₎怛三吃哩兮怛］

梵言圣观自在大悲心总持功德经依录

西天大［般弥怛］五明国师功德司正嚖乃将沙门嘥也阿难捺 传

显密法师功德司副［嚖橄利］沙门周慧海译

圣观自在大悲心有者之敬礼！

是如闻我，一时坏有出波怛嚩山圣观自在宫内，无量数无菩提勇识与惧。

尔时，圣观自在大众中起，掌合恭敬，坏有出之言曰：总持一有我，名曰大悲心言，诸情有之不善罪重、魔障、畏□一切皆除灭令，求所一切皆满取令，故说我坏有出演说许求续坏有出言：善男子，汝今大悲心以总持说欲，当者时如若是，速演说当，我与诸如来们亦皆随喜当。圣观自在菩提勇识坏有出之如此言曰：若善行及善行女、善近及善近女、童男童女，读诵受持欲者，诸情有于，大悲心起，先始是如誓愿起须。

汉文本：

梵言：麻诃₍引₎ 葛喼祢葛　捺□啊呤□　阿翰浪鸡帝　说呤　嗦呤祢　啊戟₍切身₎蟾萨萨兮怛　须₍引₎嗰啰₍二合引₎怛三吃哩兮怛

此云圣观自在大悲心总持功能依经录

诠教法师番汉三学院兼偏袒提点嚖卧耶沙门鲜卑宝源奉 敕译

天竺大般弥怛五明显密国师在家功德司正嚖乃将沙门嘥也阿难捺 传

敬礼圣大悲心观自在！

如是我闻，一时佛在波怛嚩山圣观自在宫，与无量无数大菩萨俱。尔时，圣观自在菩萨于大众中起，合掌恭敬，白世尊言：我有大悲心总持，为诸有情，令灭重罪、不善魔障、一切怖畏，令满一切所求，故愿许听说。佛言：善男子，汝以大悲，欲说咒者，今正是时，宜应速说，我与诸佛，皆作随喜。圣观自在菩萨白世尊言：若有苾刍、苾刍尼、优婆塞、优婆夷、童男、童女，受持读诵者，于诸有情，应起悲心，先须如是发誓愿言①。

---

① 此依俄藏 TK164 录文。

藏文本：

rGya gar skad du/ mahākāruṇika-nāma-āryāvalokiteśvara-dhāraṇi-anuśaṃsāhitasūtrāt saṃgṛhīta/

bod skad du/ ’phags pa spyan ras gzigs dbang phyug thugs rje chen po’i gzungs phan yon mdor bsdus pa zhes bya ba/ la phyag ’tshal lo//

’phags pa spyan ras gzigs dbang phyug thugs rje chen po la phyag ’tshal lo//

’di skad bdad gis thos pa dus gcig na/bcom ldan（40a）’das ri bo po ta la spyan ras gzigs dbang phyug gi gnas na byang chub sems dpa’ grangs med dpag tu med pa’i ’khor gyis bskor nas/ de’i tshe ’phags pa spyan ras gzigs dbang phyug stan las langs nas thal mo sbyar zhing bcom ldan ’das la ’di skad ces gsol to//nga la ’di lta bu’i gzungs yod ming ni thugs rje chen po zhes zer sems can kun gyi mi dge ba’i sdig pa shin tu lci ba’i sgrib pa bdud dang sgrib pa ’jigs pa thams cad zhi bar byed pa ’dod pa thams cad rab tu tshim par byed pa’i phyir ngas bshad do// bcom ldan ’das la bshad pa’i gnang pa zhus nas de nas bcom ldan ’das kyis rigs kyi bu khyod kyis thugs rje chen po’i sgo nas b［g!］zungs bshad bar ’dod pa’i dus la bab po//myur bar bshad du gsol// nga dang sangs rgyas thams cad kyis kyang rjes su yi rang ngo//byang chub sems dpa’’phags pa spyan ras gzigs dbang phyug gis bcom ldan ’das la ’di skad ces gsol to//gal te dge slong ngam/ dge slong ma ’am/ dge bsnyen nam/ dge bsnyen ma ’am/khye’u ’am bu mo ’don pa dang/ ’chang bar ’don bas sems can thams cad kyi ched du thugs rje chen po’i sgo nas thog mar ’di lta bu yi sems bskyed par bya’o//①

注释：

（1）以上诸字它本皆缺，此依 Or.1380—0765 号录。其第 8 字“[illegible]”，音 kjɨ[1]，似乎与汉文本中相应的“葛”、梵文 mahākāruṇika 中的 ka 皆对应不够理想，依本文陀罗尼与汉文本的对音规律，“[illegible]”与汉文“屹”对。

（2）[illegible]，字面意思为“功德”，汉文本作“功能”，在此佛经发愿文中，该词亦与汉文本的“感应”相对。藏文本中与“[illegible]”对应的词语为“phan yon”，此词通常可译为汉语的“利益、胜利、功德”，与西夏本甚合。据此，可知汉语佛教文献中的“功能”“感应”二词同义，有“功德、利益”的意思。

① 此依沈卫荣转写移录。原文见《汉、藏文版〈圣观自在大悲心总持功能依经录〉之比较研究——以俄藏黑水城汉文 TK164、165 号、藏文 X67 号文书为中心》，第五届中华国际佛学会议论文（台北，2006）。这里无与汉文本、西夏文本传译款提对应的部分。

（3）□□□ pã^{1}mjijr^{1}tja^{1}，西夏文献中又见“□□□”①，皆与汉文本的“般弥怛”相对。“般弥怛”汉文本亦作“钵弥怛”，皆对藏文中的 pandita，今译班智达。

（4）□□□□，功德司副。俄藏 инв.No598 号《圣胜慧到彼岸功德宝集偈》题款中于周慧海译经题款条作“□□□□□”，“□□”xu^{1}śiə^{1} 于义无法理解，二字通常作对音字使用，前者常与“富、府、夫、扶、妇”等字相对，后者常与“始”相对。因此，题款中的“□□”当依汉文的“副使”音译而来。

（5）□□□，此依 TK164 汉文本例音译为“嚷檄利”。俄藏 инв.No598 号《圣胜慧到彼岸功德宝集偈》题款中于周慧海译经条作“□□□”，其音正与云居寺汉文本中的“嚷卧英”相对，也应该与上引汉文本中鲜卑宝源题款的“嚷卧耶”相对。查西夏文《官衔封号表》，“□□”比“□□”高两级。作为对音字，“□”lji^{1} 常用来对汉字的“利”“离”等字，“□”ɣie^{2} 字目前未见有作对音字用的现象，其读音大抵与汉字“檄”相当。因此，这里将“□□□”音译为“嚷檄利”。

（6）□□，字面意思“有者”，汉文本、藏文本都找不到对应的部分。

（7）□□□，字面意思“坏有出”，可译为“出有坏”。此段文字中，该词五次出现，汉文本两次以“佛”对、两次以“世尊”对，一次无对。藏文本中对应的词皆为 bcom ldan'das，其中 bcom 意为“摧毁”，ldan 意为“具有”，'das 意为“超出”，字面意思是“坏有出”，正与西夏文本相合。三个文本对比，足见，“出有坏”指涉“佛”“世尊”，据藏文翻译而来。

（8）□□□□，菩提勇识。宝源汉译本作“（大）菩萨”，此为汉语通常的表示法，是梵文 bodhisattva 音译词“菩提萨埵”的简省。藏文本对应词为 byang chub sems dpa'。藏文的 byang chub 表示“菩提”，sems dpa' 有“勇情”意，采用的是意译，西夏文本恰与藏文本合。

（9）□□、□□□，字面意思“善起、善起女”，可译为“起善、起善女”。宝源汉译本作“苾刍、苾刍尼”，汉文佛典通常也作比丘、比丘尼，皆为梵语 bhiksu、bhiksuni 的音译。藏文本对应的词语分别为 dge slong 与 dge slong ma，其中 dge 意为“善”，slong 意为“乞化”，ma 意为“女”。西夏文本正与藏文本相合。

（10）□□、□□□，字面意思“善近、善近女”，可译为“近善、近善

① 聂鸿音：《俄藏 5130 号西夏文佛经题记研究》，《中国藏学》2002 年第 1 期，第 51 页。

女"。宝源汉译本"优婆塞、优婆夷",其梵文作 upasaka、upasika,意即男、女居士。藏文本相应的词语分别为 dge bsnyen 与 dge bsnyenma,其 dge、ma 皆同上,bsnyen 意为"修念"。西夏文本也正与藏文本相合。

四、西夏文《圣观自在大悲心》并《胜相顶尊》的翻译来源

西夏文《圣观自在大悲心总持功能依经录》《胜相顶尊总持功能依经录》这两部文献是由天竺僧人嚩也阿难捺所传,西夏显密法师周慧海翻译而成。由于这两部文献有着共同的传译题记,且经常一同出现,所以这里纳入一起讨论。关于嚩也阿难捺和周慧海的生平,笔者在《西夏〈功德宝集偈〉跨语言对勘研究》书中曾分别加以介绍①,目前未有更进一步的材料,兹不重复。

（一）西夏文《圣观自在大悲心》并《胜相顶尊》的翻译底本

综合传世的藏文文献及出土西夏文献,不难发现嚩也阿难捺前往西夏传法过程中,通常是与藏文译师贡噶扎（kun-dga'-grags）和朵德拔（mdo-sde-'bar）两人一同合作的。他可能在精通母语梵语之外也通藏语,但其藏语的熟练程度还不足以直接著书立说,因此需要精通藏文的学者一同合作将其翻译为藏文,所以即便到了西夏,他创作的 dbu ma la'jug pa'i'grel bshad ces bya ba（《入中论注疏》）也是先由梵文写成,再由他和贡噶扎（Kun-dga'-grags）合作翻译为藏文。署名嚩也阿难捺所传、周慧海翻译的《圣观自在大悲心总持功能依经录》《胜相顶尊总持功能依经录》到底是如何传译的呢?是如《入中论注疏》那样先译成了藏文传与周慧海,还是直接将梵文本传与了周慧海呢?同样,鲜卑宝源的汉译本又是如何而来的呢?

上述这些问题学术界有多种不同看法。就西夏文译本而言,一种观点认为这两部佛经译自汉文②,另一种观点则认为西夏译本并非译自哪个汉文本,而是与宝源汉译本同步由别本翻译而来的③。就鲜卑宝源汉译本而言,有的认为其从藏文翻译而来,有的认为从梵文翻译而来④。由于此前相关材料残缺,特别是西夏文本未经全面梳理,大家在提出相关观点时也表现出了相当的谨慎。

---

① 段玉泉:《西夏〈功德宝集偈〉跨语言对勘研究》,上海:上海古籍出版社,2014 年,第 56—65 页。
② 西田龙雄:《西夏文华严经》(Ⅲ),京都:京都大学文学部,1977 年。
③ 林英津:《西夏语译〈尊胜经（Usnīsa Vijaya Dhāranī）〉释文》,《西夏学》(第八辑),第 23—61 页。
④ 沈卫荣:《汉、藏文版〈圣观自在大悲心总持功能依经录〉之比较研究——以俄藏黑水城汉文 TK164、165 号、藏文 X67 号文书为中心》,《第五届中华国际佛学会议论文集——观世音菩萨与现代社会》,第 307—347 页;孙伯君:《西夏宝源译〈胜相顶尊总持功能依经录〉考略》,《西夏学》(第一辑),第 73—74 页。

例如在论及宝源汉译本似据梵文本翻译而来时，亦指出其有藏式风格，可能参考了藏文本，等等。

尽管大家观点有所不同，但至少解决了两个关键性问题。一是认可了西夏文译本不是从某个汉文本翻译而来，而是与宝源汉译本一同由别本同步翻译而成。二是从黑水城出土文献中发现了 XT67 藏文残本，并将其与宝源汉译本实现了同定。

既然认可了 XT67 号藏文残本与宝源汉译本可以同定，那么同步翻译过来的西夏文译本自然也可与该藏文本同定。先前大家感觉出汉文本有藏式的因素，但汉文本是否从藏文本译出还颇为犹疑。如今，对周慧海西夏文译本的梳理及对勘可以发现，西夏文译本中的藏式因素要比宝源汉译本高得多。这里从两部文献中挑选夏、汉两个译本差别较大的几个句子比较如下：

（1）

藏文本：ngas bshad do bcom ldan'das la bshad pa'i gnang pa zhus nas de nas//

对　译：　我说　　　坏有出　　于演说　　准许　请求　依次

慧海译：𮚋𗏵𗤁𗢳𗧊𗤻𘄴𗣼𗪚

对　译：说我坏有出演说许求续

宝源译：愿许听说　　　　　　　（《圣观自在大悲心总持功能依经录》）

与藏文本比较，除 do、la 两虚词外，西夏文译本与之一一对应，宝源汉译本仅以"愿许听说"四字译出。"愿许听说"是一典型的祈使句，用于征询对方意见，句中省略了说话主体者"我"、说话对象"出有坏"、说话的状态"续，依次"，等等，这与汉语祈使句的表达方式完全相同。祈使句中说话的主体、说话对象、说话状态等在西夏文译本全部保留，与藏文本完全吻合。

（2）

藏文本：de nas shin tu brtan pa nyin drug mtshan drug du brtson'grus bskye da nas//

对　译：续　　实坚固　昼　六　夜　六　勤（精进）令生

慧海译：𗒘𗉈𗤁𗥃𗤻𗦀𗤻𗽿𗧎𘃵𗤻𗇋

对　译：续实坚固六昼六夜勇勤△为

宝源译：如法勤修，经六昼夜。　　　（《胜相顶尊总持功能依经录》）

与藏文本比较，西夏译本缺藏文本中最后的 da nas，余皆一一对应。其中，"𗄊"对藏文 de nas，有"次序、续"义；"𗙌𗄊𗄨"（实坚固）对藏文 shin tu brtan pa，此即至坚天子；"𗼖𗽺𗼖𗰜"（六昼六夜）对藏文 nyin drug mtshan drug，即六昼夜；"𗽻𗆍"（勇勤）对藏文 brtson'grus，意即"精进""勤"；"𗼦𗄊"（△为）对藏文 bskye，有"加持、所持、令起、令生"等意思，此与汉译本"修"相当。汉译本更为简省，甚至连动作的发出者"至坚天子"也作省略。

（3）

藏文本：chos nyan pa'i ched du / bcom ldan'das kyi mdun du'dug nas //

对　译：法　听　　因为　　<u>坏有度</u>　　之　现前　坐

慧海译：𗾔𗸯𗄊𗰜𗫋𗾸𗸲𗣼𗄊

对　译：法听故则面前△坐

宝源译：退坐听法　　　　　　　　（《胜相顶尊总持功能依经录》）

这一句子藏文的意思是"为听法故，坐于佛前"，宝源译为"退坐听法"，意思虽然相同，但藏文中表目的"为……故"的成分以及说法的"佛"等皆没有直接表现出来，而且句子的结构或者说表达顺序也正好相反。西夏译本句子结构与藏文一致，表目的成分的"𗰜"也与藏文一致，唯有说法的"佛"没有直接译出。

以上是周慧海西夏文译本同宝源汉译本差别较大的几个句子，宝源汉译本较藏、夏两本要简短得多，但意思并没有很大差别，不影响意义的理解。西夏文译本第一句几乎逐字与藏文本相同，后面两句也皆有省略，但相比汉文，西夏文与藏文本要紧密得多。事实上，单就西夏文译本与藏文本比较而言，绝大多数句子都与上述前两个句子类似，与藏文几乎一一对应，即便有所差别，也如同后一个句子，稍有省略。

非但句子如此，西夏文译本中的佛教术语更表现出与藏文本的紧密结合。试看下列佛教术语词（第1—5例见《圣观自在大悲心总持功能依经录》，第6—8例见《胜相顶尊总持功能依经录》）。

	西夏文本	汉文本	藏文本
1	𗼃𗊱𗈗（坏有出）	世尊、佛	bcom ldan'das（坏有出）
2	𗾖𗼕（善生）	苾刍	dge slong（善行）
3	𗾖𗼕𗸟（善生女）	苾刍尼	dge slong ma（善行女）
4	𗾖𗜶（善近）	优婆塞	dge bsnyen（善近）
5	𗾖𗜶𗸟（善近女）	优婆夷	dge bsnyen ma（善近女）
6	𗼑𗰭（明满）	正觉／如来（佛）	sangs rgyas（明满）
7	𗾙𗼃（行往）	有情	'gro ba（行、游）
8	𗫂𗒟𗾞（实坚固）	至坚	shin tu brtan pa（非常坚固）

不难发现，除第 7 例外，其他术语西夏文译本与藏文本逐字对应，第 8 例藏文 shin tu brtan pa 中的程度副词亦与程度副词"𗫂"相对。

《圣观自在大悲心总持功能依经录》中有一座山名也颇值得关注。这座山位于印度南海岸，梵言 Potalaka，伽梵达摩译为"补陀落迦"。然在本文讨论的周慧海译本中，该词作"𗫂𗴿𗄈"（po¹ tja¹ lja²）；鲜卑宝源汉译本中，该词作"波怛嘽"；再核藏文本，该词作 po ta la。与梵文原词及伽梵达摩译本中同为四音节词相比较，这里的夏、汉、藏三个文本出奇地一致，皆为三音节，没有了与梵文"–ka"这一音节对应的部分。这一现象再次证明，此夏、汉、藏三个文本属于同一系统。

以上从多个角度的跨文本比较，可以认定，《圣观自在大悲心总持功能依经录》《胜相顶尊总持功能依经录》的西夏文译本不大可能从梵文直接翻译而来。既然它不是从汉文翻译而来，又不是从梵文翻译而来，而且又与藏文对应程度很高，可以考虑是从藏文本翻译而来。

周慧海西夏译本与藏文本对应程度很高，可以勘同，那么有没有可能藏文本是从西夏文译本翻译过来的呢？学术界的确有过这样的看法①。不过从目前的多文本跨语言对勘来看，这一看法不大可能成立。前面比较的几个句子中，有一共同特点，那就是夏、汉、藏三个文本中，藏文本总是表达最长的；西夏文译本或与藏文逐字对应，或稍有省略；而汉译本则省略最多。夏、汉两本省略得多是藏文本中的虚字或是可以承前省略、不影响理解的内容。这给人一感觉，有省略的夏、汉两本应该是在藏文本基础上形成的。此外，佛教术语的翻

① 杨富学、陈爱峰：《西夏与丝绸之路的关系——以黑水城出土文献为中心》，《黑水城人文与环境研究》，北京：中国人民大学出版社，2007 年，第 479 页。

译更能说明二者孰前孰后。以"𗾔𗗂𗣼"（出有坏）为例，该词是循藏文 bcom ldan'das（出有坏）亦步亦趋翻译而来，而非相反。因为与俄藏 XT67 号藏文本几乎相同的 'phags pa spyan ras gzigs dbang phyug thugs rje chen po'i gzungs phan yon mdor bsdus pa zhes bya ba 文中就有 bcom ldan'das（出有坏）一词，后一藏文本是由卓弥大译师释智（'brog mi śākya ye shes，992/993—1043？/1072）翻译而成，它早在西夏文字形成之前就已经存在。非但如此，bcom ldan'das（出有坏）这类词语在更早的公元 8 世纪翻译完成的 'phags pa shes rab kyi pha rol tu phyin pa sdud pa tshigs su bcad pa 等书中同样早已存在。换言之，是先有藏文的 bcom ldan'das（出有坏），后有西夏文的"𗾔𗗂𗣼"（出有坏），不是相反。

概言之，周慧海译西夏文《圣观自在大悲心总持功能依经录》《胜相顶尊总持功能依经录》是以藏文本为底本翻译而来的。

（二）周慧海译本依据的藏文母本为西夏重新译出

明确了周慧海所译西夏文《圣观自在大悲心总持功能依经录》及《胜相顶尊总持功能依经录》是依据藏文本翻译而来的观点之后，有必要对其藏译本继续做些考察。

此前，笔者曾对同由周慧海翻译的《圣胜慧到彼岸功德宝集偈》的藏文母本进行过详细讨论，指出北京房山云居寺藏汉合璧本《圣胜慧到彼岸功德宝集偈》之藏文文献 'phags pa shes rab kyi pha rol tu phyin pa yon tan rin po che bsdud pa tshigs su bcad pa，与《西藏大藏经》中入藏的公元 8 世纪后期印度僧人 Vidyākarasiṁha 及西藏译师 Dpal-brtsegs（吉祥积）共同翻译的 'phags pa shes rab kyi pha rol tu phyin pa sdud pa tshigs su bcad pa 存在差别，二者不是同一译本，而是同一部佛教经典的异译本。并经考证，明确此藏文本是由嘭也阿难捺"执梵本证义"，遏啊难捺吃哩底据其证义翻译为藏文本的。也就是说，周慧海西夏文《圣胜慧到彼岸功德宝集偈》所依据的藏文底本为西夏时期重新译出，翻译者即是演义法师、路赞讹、嘬赏则沙门遏啊难捺吃哩底，这是他与嘭也阿难捺的又一次合作[1]。但必须指出，这一翻译在很大程度上是在 Dpal-brtsegs（吉祥积）译本的基础上进行的。

关于《圣观自在大悲心总持功能依经录》《胜相顶尊总持功能依经录》的翻译底本，必须要提及的是，俄藏黑水城文献中有这两种文献的合刻藏文本 XT67 号。

---

① 段玉泉：《西夏〈功德宝集偈〉跨语言对勘研究》，上海：上海古籍出版社，2014 年，第 74—76 页。

在俄藏黑水城文献中还有一批藏文文献，其中就有《圣观自在大悲心总持功能依经录》《胜相顶尊总持功能依经录》的藏文本，两者合刻在一起，编号为XT67。这件藏文文献最初由俄国学者萨维茨基（Lev Savitsky）关注，并指出其中之一可能与佛顶尊胜母崇拜有关[1]。此后，白井聪子、史金波先生、沈卫荣先生相继对这一文献投入关注并作介绍。这里依据此上诸位前辈的介绍并参照图版[2]对这件文献再做些描述。

XT67 号藏文文献，原本蝴蝶装，左右横排。版心无经题，有页码。纸面高 13.0 厘米，宽 17.5 厘米；版框高 9.4 厘米，宽 15.8 厘米。存 31 页，其中 15 页完整，计 30 面；余皆半页，16 面，共 46 面。全部页面保存如下：

2 页右	3 页全	4 页全	5 页全	6 页左	9 页右	10 页全	11 页全
12 页全	13 页左	23 页全	24 页全	25 页右	26 页全	27 页全	34 页右
35 页左	37 页右	38 页左	49 页右	50 页全	51 页全	52 页全	53 页全
54 页左	56 页右	57 页全	58 页全	59 页左	60 页右	61 页左	

与黑水城文献中常见的汉文本、西夏文本蝴蝶装采用竖排不同，XT67 藏文本采用了横排刻印。且不是按照自右往左，而是自左至右的阅读顺序排列，中间虽有版心隔开，但蝴蝶装左面一行文字与右面的同行文字文本内容却是相连的。这样刻印实际上保留了藏文的传统阅读和书写方式，而以另一种书版形式表现出来[3]。

关于 XT67 藏文文献的文本内容，日本学者白井聪子认为包括三部佛经，并将其中一件与《西藏大藏经》中的 'phags pa spyan ras gzigs dbang phyug thugs rje chen po'i gzungs phan yon mdor bsdus pa zhes bya ba 同定[4]，其即《圣观自在大悲心总持功能依经录》。黄明信先生则判定另一件为《顶髻尊胜佛母陀罗尼

① L. Savitsky, "Ancient Tibetan documents of the 11th-12th centuries from Khara Khotto in the collection of the Institute of Oriental Studies of the Russian Academy of science, St. Peters burg", Lost Empire of the Silk Road—Buddhist Art from Khara Khoto（X-XIIth Century）, Millan: Elcta, 1993, pp. 278.《俄罗斯科学院东方研究所收藏的黑水城出土的十一、十二世纪古西藏文件》，许洋主翻译，见《丝路上消失的王国——西夏黑水城的佛教艺术》，台北：台北国立历史博物馆，1996 年，第 278 页。

② 此文献图版影印件蒙史金波先生惠赐，特致谢意！

③ 史金波：《最早的藏文木刻本考略》，《中国藏学》2005 年第 4 期，第 75—76 页。

④ 白井聪子：《ロシア藏チベット语袖珍本について》（1），《京都大学言语学研究》第 23 卷，2004 年，第 167—190 页。

功德依经摄略》①，其即《胜相顶尊总持功能依经录》。沈卫荣先生进一步明确了此藏文文献与俄藏黑水城汉文文献 TK164、165 之间的对应关系，并指出其中第三部分非佛经，而是一篇《御制后序发愿文》②。

XT67 三个部分涉及的页面如下：

《圣观自在大悲心总持功能依经录》包括：2 页右、3 页、4 页、5 页、6 页左、9 页右、10 页、12 页、13 页左、23 页、24 页、25 页右、26 页、27 页左。

《胜相顶尊总持功能依经录》包括：34 页右、35 页左、37 页右、38 页左、49 页右、50 页、51 页、52 页、53 页。

《御制后序发愿文》包括：54 页左、56 页右、57 页全、58 页全、59 页左、60 页右、61 页左。

虽然学术界已将此藏文本与宝源汉译本同定，然而有一种观点认为，俄藏 XT67 号藏文本中的《圣观自在大悲心总持功能依经录》与《西藏大藏经》中卓弥大师释智所译 'phags pa spyan ras gzigs dbang phyug thugs rje chen po'i gzungs phan yon mdor bsdus pa zhes bya ba 为同一译本。这一观点是否成立，可能还需要进一步探讨。

首先，《圣观自在大悲心总持功能依经录》两个藏文本经题应有所不同。俄藏 XT67 号所存《圣观自在大悲心总持功能依经录》藏文本虽然残缺了经题部分，但借助有关材料不难对其作出复原。这里先探讨一下它的梵语经题。

XT67 号《圣观自在大悲心总持功能依经录》藏文本虽无梵语经题，然夏、汉两种文本皆存留了两种文字转写的梵语经题，兹移录如下：

<blockquote>
（西夏文经题）

麻诃_引葛喥祢葛 捺哫 啊吟拽 阿斡浪鸡帝说吟 嗦吟祢 啊_{八切身}蟾萨 萨令怛 须_引嘚啰_{二合引}怛 三吃哩令怛
</blockquote>

两种文本音译的梵语经题基本一致，唯"（西夏文）"之"（西夏字）"对梵文 saṁgrhīta 之"saṁ"稍有不合。然《胜相顶尊总持功能依经录》西夏译本中，

① 史金波：《最早的藏文木刻本考略》，《中国藏学》2005 年第 4 期，第 75—76 页。
② 沈卫荣：《汉、藏文版〈圣观自在大悲心总持功能依经录〉之比较研究——以俄藏黑水城汉文 TK164、165 号、藏文 X67 号文书为中心》，载黄绎勋、William Magee 主编：《第五届中华国际佛学会议论文集——观世音菩萨与现代社会》，台北：法鼓文化，2007 年，第 307—347 页。

"𗼑𗥤𗁡𗏁𘃪" 作 "𗼑𘈩𗥤𗁡𗏁𘃪"，这里以 "𗼑𘈩" 对 saṁ，二音甚合，故疑此 "𗼑" 后有脱文。依据夏、汉两种文字音译的梵语经题，可以对原梵文经题作出复原，这里将复原后的经题（以拉丁体转写）与《西藏大藏经》卓弥大师译本所载梵文经题对照如下：

mahākāruṇika-nāma-ārya-avalokiteśvaradhāraṇī-anuśaṁsasahitasūtrāt saṁgṛhīta.

mahākāruṇika-nāma-ārya-avalokiteśvaradhāraṇī-anuśaṁsāhitasūtrāt saṁgṛhīta.

比较一下，两者稍有不同，卓弥大师译本中的 anuśaṁsāhita，夏、汉两种译本分别作 "𗽱𗂸𗾖𘈩𗼑 𗏁𘃪""啊宁六切身蟾萨 萨兮怛"，对应的梵文则为 anuśaṁsasahita。既然夏、汉文本自 XT67 号藏文本翻译而来，即可推知 XT67 中残缺的《圣观自在大悲心总持功能依经录》梵语经题为 mahākāruṇika-nāma-ārya-avalokiteśvaradhāraṇī-anuśaṁsasahitasūtrāt saṁgṛhīta。

下面再探讨它的藏文经题。

XT67 号中另一部陀罗尼经《胜相顶尊总持功能依经录》存留下了尾题，其文为 gtsug tor rnam par rgyal ma'i gzungs phan yon dang bcas pa'mdo ltar bsdus pa。比较《圣观自在大悲心总持功能依经录》与《胜相顶尊总持功能依经录》两部文献经题，其汉译本的汉文经题中有相同的部分 "总持功能依经录"，梵语经题中亦有相同的部分 "嗦呤祢 啊𗋂切身蟾萨 萨兮怛 须引嘚啰二合引怛 三吃哩兮怛"；其西夏文译本西夏语经题中有相同的部分 "𗼖𗤒𘃪𗤻𘄴𘃪𗖰"，梵语经题中亦有相同的部分 "𘜶𗴂𘕿 𗽱𗂸𗾖𘈩𗼑 𗏁𘃪 𘇺𗥤𘕿𘃪 𗼑𘈩𗥤𗁡𗏁𘃪"。既然如此，《圣观自在大悲心总持功能依经录》与《胜相顶尊总持功能依经录》的藏文本中必然也有相同的一部分内容，这部分即是 gzungs phan yon dang bcas pa' mdo ltar bsdus pa（总持功能依经录），而余下的与 "圣观自在大悲心" 相对应的部分可通过卓弥大师译本补出，即是 'phags pa spyan ras gzigs dbang phyug thugs rje chen po。这样，就可以将 XT67 号《圣观自在大悲心总持功能依经录》藏文本经题完整地复原出来，即 'phags pa spyan ras gzigs dbang phyug thugs rje chen po'i gzungs phan yon dang bcas pa'mdo ltar bsdus pa。

这与卓弥大师译本 'phags pa spyan ras gzigs dbang phyug thugs rje chen po'i gzungs phan yon mdor bsdus pa zhes bya ba 有所差别，非是同名佛经。

其次，如同房山云居寺《圣胜慧到彼岸功德宝集偈》之藏文本与《西藏大藏经》中吉祥积藏文本内容几乎接近，XT67号《圣观自在大悲心总持功能依经录》藏文本亦与《西藏大藏经》中卓弥大师译本内容非常接近。二者内容虽然非常接近，但是不能说 XT67 号《圣观自在大悲心总持功能依经录》藏文本就是卓弥大师译本，它们应该属于同一部佛教文献的两个异译本。事实上，两者间的一些细微差别恰恰可以表明 XT67 号藏文本与周慧海西夏文译本更为紧密。例如，汉文的"大悲咒"，藏文本中北京版作 thugs rje chen po'i rig sngags，XT67 号藏文本作 thugs rje chen po'i rigs sngags，西夏文译本作"𗣼𗣼𗣼𗣼𗣼"，其中"𗣼𗣼"（种咒）正是对藏文 rigs sngags 逐字的翻译。再如，汉文的"变其毒食成甘露"句，藏文本北京版作 dug ni zil dngar zas skom nyid du'gyur，XT67 号藏文本作 dug ni zas skom zil dngar nyid du'gyur，西夏文译本作"𗣼𗣼𗣼𗣼𗣼𗣼𗣼𗣼"（毒有食水变以露甘成），从句子内部顺序看，西夏文译本更与 XT67 号藏文本接近。通过与西夏文译本对勘，不难发现 XT67 号藏文本与卓弥大师译本还是有所差别，尽管这些差别在数量上有限，但却与西夏文译本更为接近。

概言之，俄藏 XT67 号《圣观自在大悲心总持功能依经录》藏文本与《西藏大藏经》中卓弥大师译本不仅经题不同，文本内容也表现出细微的差别，二者不是同一译本，而是同一部佛教文献的异译本。二者差别不大，可能是后出者在旧译基础上做了适当的参考。那么俄藏 XT67 号 *'phags pa spyan ras gzigs dbang phyug thugs rje chen po'i gzungs phan yon dang bcas pa'mdo ltar bsdus pa* 究竟是谁翻译而来的呢？

藏文文献通常将译经题记放在文章末尾，XT67 号两部陀罗尼经之后、施经发愿文之前，亦残存半页内容的译经题记，兹将这段文字转录如下：

54:1 rig pa'i gnas lnga la mkhas– [   ]
54:2 bghe ne ga dzi dzha ya an na ta– [   ]
54:3 // //sgyur byed kyi lo tsa ba– [   ]
54:4   gse blbu/ 'gang– [   ]
54:5 spya nga lung gis bsgyur– [   ]

由于只保留了半页，只能从中读出零零散散的一些信息。其中前两行所指当是五明显密国师嚺也阿难捺，其第一行 rig pa'i gnas lnga（五明处），mkhas（智）或与"五明般弥怛"相关联；第二行的 bghe ne ga 似与"嚫乃将"音合，

dzha ya an na ta 即与"嘮也阿难捺"音合。第三行出现了 lo tsa ba 一词，这是藏语中对"译师"的一个专门称呼，通常也音译作"路赞讹"。在藏文史料中，通常与嘮也阿难捺合作者有朵德拔（mdo-rde-'bar）和贡噶扎（kun-dga'-grags）；在西夏文献中，与嘮也阿难捺合作并获有"路赞讹"称号者只有贡噶扎（Kun-dga'-grags）。贡噶扎在西夏文献中又被称为"演义法师"，上述题记的第三行首词 sgyur 有"转"义，此或即与"演义法师"之"演"相关联。因此，这里的"路赞讹"很有可能是演义法师贡噶扎。

根据以上材料，本文倾向于俄藏 XT67 号藏文文献是由五明显密国师嘮也阿难捺与某位"路赞讹"师合作完成的，这位"路赞讹"师极有可能就是演义法师。题记中的 bghe ne ga（嚎乃将）是西夏设立的官阶封号之一，故 XT67 号藏文本无疑是在西夏时期重新翻译而成的。

（三）周慧海西夏文译本与宝源汉译本的关系

在讨论《圣胜慧到彼岸功德宝集偈》的夏、汉两种文本的关系时，我们已经提出，夏、汉两本皆据藏文本同步各自翻译的观点。这里就《圣观自在大悲心总持功能依经录》《胜相顶尊总持功能依经录》作进一步阐述。

林英津老师曾明确《胜相顶尊总持功能依经录》的夏、汉两本不构成互译关系，而是据别本同步翻译而来，现在可以明确这一别本正是 XT67 号藏文本 *gtsug tor rnam par rgyal ma'i gzungs phan yon dang bcas pa'mdo ltar bsdus pa*。既然《胜相顶尊总持功能依经录》夏、汉两本是依据藏文同步翻译而来，那么由相同人员翻译的《圣观自在大悲心总持功能依经录》《圣胜慧到彼岸功德宝集偈》也应该如此。这可以从它们的译经题记显示出来，以《圣观自在大悲心总持功能依经录》为例，其夏、汉两本传译的题记表述如下：

汉文译本：

诠教法师番汉三学院兼偏袒提点嚎卧耶沙门鲜卑宝源奉 敕译

天竺大般弥怛五明显密国师在家功德司正嚎乃将沙门嘮也阿难捺 传

西夏文译本：

𗙟𗰖𗏵𗗚𘂣𗟲𗖻𗥹𗆧𗦲𗥔𗄈𗹦𗖵𗚩𘃨𘝤𗥃𗱠𘟙𘄡𗹦𗅲𗙱

𘕘𗤂𗼻𗥔𗆧𗥹𘆖𗥃𘂣𘄡𗥔𗱠𘟙𘇚𗙟𗰗𘒏 𘛽①

_____

① 此依克恰诺夫叙录对 инв.№6881 号题记录文转录，见 Е.И.Кычанов: *Каталог тангутских буддийских памятников*, p481，一本无"𘝤𘛽"（奉敕）二字，如绿城本。

汉译文为：

西天大般弥怛五明国师功德司正嚷乃将沙门嘜也阿难捺 传

显密法师功德司副嚷檄利沙门周慧海奉 敕译

这两种文本同由嘜也阿难捺所传，又经周慧海和鲜卑宝源各自翻译成西夏文和汉文，这样同据一人所传而分别翻译成的夏、汉两本，无疑应该是同步翻译而成的。

此外，在编号为 Инв.№6821（6796）的俄藏西夏文《圣观自在大悲心总持依经录》与《胜相顶尊总持功能依经录》合刻本中，附有一篇仁孝皇帝的《御制后序发愿文》，这与俄藏 TK164、165 汉文合刻本后面的《御制后序发愿文》颇为相应。经笔者全文解读，这一后序发愿文夏、汉两本的语言风格与前面两篇经文差别很大。后序发愿文同署名仁孝皇帝所作，夏、汉两本文字大多能字与字对应，应该属于互为译本之间的关系，不大可能皇帝一人同时写出两种文本的发愿文。至于是先有汉文、再翻译成西夏文，还是先有西夏文、后翻译成汉文，暂时还不得而知。两部经文夏、汉两本之间叙述情节、句与句之间的意思都能吻合，但每句之间字与字对应者不会很多，宝源译本经常表现出比西夏文译本更为简省，而且有些佛教术语表述也不一致，西夏译本中有很多藏式词，宝源译本有不少遵循了汉译佛典翻译的传统，如"出有坏"，宝源译为"世尊""佛"等。这正可以说明，它们之间不可能相互译出，而只能是据他本同步翻译而成，这一他本即是藏文本。

尽管周慧海与鲜卑宝源的夏、汉两种文本是依藏文本同步各自译出，但也不是完全独立的翻译，两者之间时时可见思路一致，当有相互参考和借鉴。试看以下一些例子。

《胜相顶尊总持功能依经录》藏文本有 lha'i bu（天子）一词，然而西夏文译本翻译成"䏍䏍"（天众），宝源汉译本也一致译为"天众"。

再如，西夏文《圣胜慧到彼岸功德宝集偈》第 08/01/2 句中有"䄈䄈䄈䄈"（一切智智）四字，其对应藏文 thams cad mkhyen nyid，相应的梵语词作 sarvajñata，其通常翻译为"一切智智""一切智"，宝源汉译本亦与西夏译本同，翻译为"一切智智"。然依藏文表达及西夏语通常忠实于原文的翻译，其西夏文当译为"䄈䄈䄈䏍"（一切智性）。显然在这一词语的翻译上，夏、汉两本一致地忠实了梵文，或者说遵循汉文旧译，而非藏文。这可能是嘜也阿难捺证义的结果，也更是周慧海与鲜卑宝源意见达成一致的结果。

正因为是据嚩也阿难捹所传或证义而同步翻译，周慧海与鲜卑宝源不可能完全没有交集，可能在很多地方都会有相互讨论和借鉴。因此，夏、汉两种文本相合而与藏文稍有差别应该是正常的。

第四节　绿城出土《金刚经》考论

绿城出土《金刚般若波罗蜜多经》（本节以下简称"《金刚经》"）最早由史金波、翁善珍先生介绍[①]。文中提到的这部文献有多个不同的版本，其中蝴蝶装刻本 1 种、经折装刻本 3 种、经折装写本 1 种。2006 年《中国藏西夏文献》（内蒙卷）刊布，绿城出土《金刚经》分两部分刊布，其中内蒙古自治区博物馆藏 4 种，包括经折装刻本 2 种、蝴蝶装刻本 2 种；额济纳旗文管所藏 2 种，皆蝴蝶装刻本。不过，经初步判断，额济纳旗文管所收藏的 2 种，与内蒙古博物馆藏两种蝴蝶装可以归并，其中 M31·001 与 M11·008 为同一版本文献、M31·002 与 M11·009 为同一版本文献。所以，《中国藏西夏文献》所刊布的材料共 6 件，归属于 4 种不同的版本，与史先生等当初介绍的 5 种版本有所出入。此后，笔者参与《中国藏黑水城民族文字文献》整理工作，再次见到了一批《金刚经》的材料，这些照片中有少量已在《中国藏西夏文献》刊布，有些与之前所见应为同一版本，有些则是完全不同的版本。此外，《中国藏黑水城民族文字文献》最终刊布的图版与笔者当初提交的排列顺序又稍有出入，而且有些是全新的材料，有些又与之前所刊布的材料存在瓜葛。所以，尽管这部文献其他藏卷的辨识与解读已经比较完备[②]，但就绿城出土材料的刊布整理而言，还有进一步讨论的必要。

一、绿城新见《金刚经》材料讨论

这里所及新见的《金刚经》材料，是指《中国藏黑水城民族文字文献》所刊布的一批《金刚经》材料，共 26 个编号，全部来自内蒙古自治区博物馆。除 M1·267 为经折装外，从 M1·242 至 M1·266 全部为蝴蝶装，基本上一叶或半

---

① 史金波、翁善珍：《额济纳旗绿城新见西夏文物考》，《文物》1996 年第 10 期，第 73—74 页。
② 相关研究成果不少，最主要、全面的研究由荒川慎太郎所作，主要成果见荒川慎太郎：《西夏文〈金刚经〉の研究——言语学的研究·校订テキスト·译注》，京都大学博士论文，2002 年；《西夏文金刚经の研究》，日本京都：松香堂，2014 年。

叶一个编号。这批材料最初由笔者进行整理编排，但最终刊布的图版，其蝴蝶装部分还有进一步厘清之必要。这批蝴蝶装图版大部分属于同一文献，另有几个例外。先介绍其中的 M1·242 至 M1·261，以及 M1·266、263、265。

这批蝴蝶装版本的主要特征是，每半叶 7 行，足行 17 字。上下单栏，左右双栏。版心白口，上刻书名，下刻汉文页码。史金波先生曾介绍的一个蝴蝶装版本也是每半叶 7 行，足行 17 字，但四周单栏，明显是不同的一种版本。《中国藏黑水城民族文字文献》刊布的顺序大体上还是准确的，不妥者主要涉及 M1·242 与 M1·266。

图版 M1·242 包括两个部分，左边半叶则为经前仪轨之发愿文部分，属于这一刻本所存内容的开头部分；右边半叶存分题 "𗼨𗾔𗫨𘕿𗣀𗦗𗄺𗣀𘂀"（无法可得分第二十二），明显是将两个不相连的半叶放置在一个图版刊出，不过并没有把它们拼接在一起，中间留有很大空白。经核查，这右边半叶是该版本的二十四叶。

图版 M1·266 除版心中上部以及下边左右角残损外，基本上属于完整的第九叶，刊布时将其排在最后。

下面是依据原书页码次序对这一组材料的排列，共分两组。

第一组：三叶（M1·242，缺右半叶）、四叶（M1·243，全）、五叶（M1·244，缺左半叶）；

第二组：九叶（M1·266，全）、十叶（M1·246[①]+M1·245[②]）、十一叶（M1·247，全）、十二叶（M1·248，全）、十三叶（M1·249，全）、十四叶（M1·250，全）、十五叶（M1·251，全）、十六叶（M1·252，全）、十七叶（M1·253，全）、十八叶（M1·254，缺左半叶）、十九叶（M1·254，缺右半叶）、二十叶（M1·256，全）、二十一叶（M1·257，全）、二十二叶（M1·258，全）、二十三叶（M1·259，全）、二十四叶（M1·242，缺左半叶）、二十五叶（M1·260，缺右半叶）、二十六叶（M1·261 左，缺左半叶）。

另外还有两个编号，即 M1·263 与 M1·265，前者属于第二十九叶，后者属于第二十八叶。极有可能与上面所述为同一本文献，但又有所特别，先看 M1·263（见图 5）。

---

① 原图为左半叶。
② 原图为右半叶。

图 5　M1·263 金刚般若波罗蜜经

　　初看该叶，每半叶为 6 行，这一特点显示其与上述诸叶形制不同，而且字迹笔画相较前述诸叶扁平粗厚一些，似为不同版本。然这一叶相对他叶残损较多，尤其是在近版心部分，左右半叶都有残损掉一行文字的痕迹。

　　比较文本内容，可以发现有些比较特别的地方。首先，右边叶存留了"𗀛𗀛𗀛𗀛𗀛𗀛𗀛𗀛"（应化非真分第三十二）。这是《金刚经》的最后一份，也应该是倒数第二叶。但是这个小标题的位置非常奇怪，它没有单独立一行，而是与上一分正文结尾同立一行，且字体偏小。第三十二的开头一段文字据俄藏 Инв.№101 转录如下：

　　　𗀛𗀛𗀛，𗀛𗀛𗀛𗀛𗀛𗀛𗀛𗀛𗀛𗀛𗀛𗀛𗀛𗀛，𗀛𗀛𗀛𗀛，𗀛𗀛𗀛𗀛、𗀛
　　𗀛𗀛……
　　　须菩提，若人无量阿僧祇诸世界内七宝纯满，彼以布施，若善男子、善女人……

对照上述图版，第三十二分标题左边一行仍可见"𗈼𗥦𗑠𗈼𗏹"等字，按每行 17 字计算，接下来的左半叶第一行应该是"𗈼𗥴𗝾𗼨，𗤶𗫼𗈼𗨁、𗫼𗵽𗏹"。然而图版左半叶在"𗈼𗥴𗝾𗼨，𗤶𗫼𗈼𗨁、𗫼𗵽𗏹"之前似乎还有一行字，但墨迹似乎又要浅一些。也就是说，其右半叶确实为 7 行，其左半叶从残存字迹看也应是 7 行，但文本内容与右半叶相差 1 行。缘何出现这一情况，我们暂时还不能解决。

图版 M1·265 则是完整的第二十八叶，也是每半叶 7 行、行 17 字。但字迹与 M1·263 类似，印刷质量很差，而且这批图版有明显的缩放标识，不清楚这里显示的文字差别是图版处理造成的，还是原本就如此。

所以，M1·263 与 M1·265 这两叶与上述诸叶是否为同一版本，笔者尚存疑虑。但考虑它们同出一地，又同批次被收藏单位拿出，也有部分相同的特征，极有可能与前述诸叶为同一本文献。若果真如此，那么这应该是保留接近完整的一部蝴蝶装《金刚经》。我们把这一蝴蝶装称之为第三种蝴蝶装，以区别于《中国藏西夏文献》中先行刊出的两种。

这组蝴蝶装《金刚经》前面虽然缺少了请八金刚、四菩萨及云何梵等内容，但于第四叶经题之下保留题款两条，兹转录并翻译如下：

　　　𗖠𗏵𘝾𗅫𗤒𗤋𗀄𗒘𗋺𗢳𗥃𗍳

　　　𗪊𗾟𘃡𗵅𗵅𘅣𗫼𗤶𘞌𗅫𗉗𗤒𗤋𗄋𗊢𗉵𘐔𗑱𘜶𘍣

汉译：

　　　姚秦三藏法师鸠摩罗什 译

　　　大白高国大度民寺诠教法师鲜卑宝源 重校

这里的"鸠摩罗什"为大家所熟知，为后秦时期汉文本的翻译者，并非西夏文本的译者。第二条中的鲜卑宝源，笔者曾重点做过考证[①]。此人曾在《圣观自在大悲心总持功能依经录》等西夏译汉文佛教文献中反复出现，其全称是"诠教法师、番汉三学院兼偏袒提点、嚷卧耶沙门鲜卑宝源"。在俄藏西夏文献中有一《鲜卑国师劝世集》和《贤智集》，其上有一幅《鲜卑国师说法图》，图

---

① 详见段玉泉：《西夏〈功德宝集偈〉跨语言对勘研究》，上海：上海古籍出版社，2014 年，第 65—69 页。

正中间侧坐一高僧，身穿宽袖僧袍，头戴翻边高帽；两侧有小僧站侍两旁；身后立一留须侍从，手持大伞盖；座前有几个善男信女跪拜听法。图版左侧偏上有四个大字，汉译为"鲜卑国师"；听众上方有三个小字，汉译为"听法众"①。《贤智集》前有一篇署名比丘和尚杨慧广所作、皇城检视司承旨成嵬德进撰的序文②，重点赞扬已故鲜卑显法国师，其西夏文为"𗾚𗗙𗩴𗄁𗿒𗙻"。这里的"𗩴𗄁"二字字面作"法显"，实则可与汉文本中"诠教"对应。因为其前一字也可以翻译成"教"，如西夏文《华严经》中就用该字对汉文"教轮"之"教"（华Ⅲ 123）；其后一字通常与汉文的"显、明、宣、达"相对，汉文中的"诠"表示的是"详细解释、阐明"的意思，以其对西夏文的"𗄁"应该可行。所以笔者曾改"法显"为"诠教"，为与汉文记载取得一致。本文《金刚经》题款中的"𗾚𗗙𗨳𗄈"人名的出现与汉文"鲜卑宝源"取得一致，进一步证实了《贤智集》中的"𗩴𗄁𗿒𗙻"即"诠教国师"，《鲜卑国师说法图》中"𗾚𗗙𗿒𗙻"即鲜卑宝源。

二、绿城出土《金刚经》图版误拼补正

绿城出土《金刚经》所刊图版有多处拼接错误，无论是《中国藏西夏文献》还是《中国藏民族文字文献》，其中尤以蝴蝶装两个半叶的错误拼接最为严重。《中国藏西夏文献》中的图版虽然是每半叶刊布一个图版，但每个图版都保留了同一叶的另半叶之最后一行或开始一行，因此版心前后两次出现。不过，这些版心前后两个半叶之间的内容往往并不连接，存在多处错误拼接，这里一一正之。

1.M11·008

此本文献为蝴蝶装刻本，上下左右皆为单栏，每半叶7行，足行17字。从文献特征看，这一版本即是史金波等先生文中所介绍的唯一一个蝴蝶装刻本（这里将其称为第一种蝴蝶装）。然而史先生文中提到该文献存11叶，共21面，涉及第6—20个分题。然而，《中国藏西夏文献》所刊布图版只有8个，其中前2个图版残损严重，意味着这一版本《金刚经》的大部分内容并未刊布出来。而刊出部分相对完整的图版只有6个，每个图版都是蝴蝶装一叶中的半叶，原书将其拼接成三叶，但是这三叶的拼接存在很大问题。

---

① 史金波：《西夏社会》，上海：上海人民出版社，2008年，第587—588页。
② 聂鸿音：《西夏文〈贤智集〉考释》，《固原师专学报》2003年第5期，第46—48页。

先看第（8—3）与（8—4）两个半叶，版心显示为"二十"，但中间有空隙，说明左右两叶是拼接而成。第（8—3）个图版为蝴蝶装一叶之右半叶，最后一行上部残缺，存有"𗓽𗆐𗰖𗥃"（第十八分）之标题，以完整的俄藏 инв.№ 101[①]内容来核对，"第十八分"的开头一句西夏文及相应汉文应为如下之句：

𗼇𗟲𗼻！𗿒𗤋𗣼𗆟？𗤎𗤙𗤻𗥾𗫻𗏹𗫡𗈥𗗿？

须菩提！于意云何？如来有肉眼不？

然而，和（8—3）拼接一起的（8—4）图版，其首行文字并非此上句子，二者内容并不相连。是以，（8—3）与（8—4）不属于蝴蝶装一叶之两个半叶。翻检后面的图版，发现上述原本应出现在（8—4）位置的句子却出现在图版（8—6）的第一行。显然（8—3）与（8—6）应该属于同一叶，分别为右、左两个半叶，这完整的一叶根据版心残存的页码，应为第二十一叶。类似误接还有几处，下面是对这一刻本图版拼接及次序的重新排列，其中第二十页缺右半叶、第二十三缺左半叶。

页码	二十三		二十二		二十一		二十	
	左	右	左	右	左	右	左	右
图版序号	缺	8—7	8—8	8—5	8—6	8—3	8—4	缺

2. M11·009

这件材料同样是刻本，蝴蝶装，上下单栏，左右双栏。每半叶7行，足行17字。文字笔画偏细。这是史金波先生等文中未曾提到的一个版本（这里将其称为第二种蝴蝶装）。《中国藏西夏文献》刊布的图版共8个，每个图版同样是蝴蝶装的半叶，图版拼接及排列顺序基本正确，最主要的问题是（8—6）版心左边所接一行字"𗖰𗼇𗟲𗼻𗤙𗱀𗴂𗟲𗼻……"（佛告须菩提："诸菩萨摩诃萨……"）实际是图版（8—3）之首行，重复误置于此，其后连接的（8—7）是正确的，两个半叶正好可拼接为一叶；（8—7）版心右边所接一行字，实际是图版（8—8）所在叶右半叶最后一行重复误置于此；而图版（8—8）版心左边所接一行字，实际是图版（8—7）所在叶左半叶第一行字重复误置于此。

---

① 荒川慎太郎：《西夏文金刚经の研究》，第Ⅲ部 图版编，日本京都：松香堂，2014年第XXX页。

3. M31・002 与 M1・262

中国藏 M31・002 初刊布于《中国藏西夏文献》，为额济纳旗文管所收藏，文管所编号为 AE189zh128M31・002；后又重刊于《中国藏黑水城民族文字文献》，编号为 M1・234。M1・262 则为《中国藏黑水城民族文字文献》首次刊布，为内蒙古自治区博物馆收藏。将这两个编号放在一起讨论，是因为它们左右半叶的文字笔画特征明显不同（见图6、图7）。

图6　M31・002金刚般若波罗蜜经

图 7　M1·262 金刚般若波罗蜜经

　　M31·002 右半叶字体笔画偏细，呆板一些；左半叶字体笔画偏粗，圆润一些。M1·262 正好相反，左半叶字体笔画偏粗，右半叶字体笔画偏细。不但字体笔画存在差别，两个图版左右半叶的高度也不一致，其中 M31·002 左半叶短一些，M1·262 右半叶短一些。基于以上两点，可以看出这两个图版的左右半叶属于不同版本的半叶误接在一起，其中 M31·002 的右半叶与 M1·262 的左半叶属于同一版本，M31·002 的左半叶与 M1·262 的右半叶为同一版本。下面再看文本内容，M31·002 右半叶的最后一句及相应汉文分别是：

　　　　𗣼𗬼𗫴𗴟𗵘𗾝𗉞𗏇𗡮𗣿，𗾈𘋩𗦻𘒵，𘄡𗴦𘊵，𗵐𗵐／
　　　　若菩萨心法于不住布施行则，如人目有，日光照，种种。
　　　　若菩萨心不住法而行布施，如人有目，日光明照，［见］种种［色］。

　　再看 M31·002 左半叶首行一句西夏文及其对应汉文：

　　　　𘋬𗴾𗾴，𗒹𘒶𘊴、𘋥𘊴、𗬼𘒵𘊴、𗫴𗬰𘊴𘋝𗦻𗡮，𗤺𗫶𗦘𗤗。

舍离为，时我相、人相、众生相、命者相虽有则，愤欲生应。

[我于往昔节节]支解，时若有我相、人相、众生相、寿者相，应生瞋恨。

M31·002 右半叶的最后一句属于"离相寂灭第十四分"的内容，参照俄藏 инв.№ 101，"糁糁"所接内容是"纅䓡锹"（色见如）[1]，这才是一个完整句子，与汉文"见种种色"相合。然其左半叶以"纃䶆彩"（舍离为）开始，内容并不连接。继而考察此左半叶前面的内容，同样参照 инв.№ 101[2]，知其为"纀靰凯窳蕊觞"（我往昔枝节△），此六字正好是上图 M1·262 右半叶最后一行最末尾的六字。也就是说，M1·262 的右半叶应该与 M31·002 的左半叶拼接在一起，成为蝴蝶装完整的一叶，根据版心残存汉字页码，这应该是第十五叶。这样，就可以把上两个图版中右半叶和左半叶重新拼接（见图 8）。

M31·002（左）　　　　　　M1·262（右）

图 8　金刚般若波罗蜜经（再拼接）

① 荒川慎太郎：《西夏文金剛経の研究》，第Ⅲ部 図版編，日本京都：松香堂，2014 年，第 ⅩⅩⅢ 页。
② 同上，第 ⅩⅫ 页。

重新拼接出的这个第十五叶形制上与前一部分介绍的新见蝴蝶装非常相似，但它们并非同一版本。前述材料恰好也保留第十五叶，编号 M1·251 其右半叶第 5 行有一"㤉"字，其左边构件有明显的朝左带钩的一笔；M1·262（右）虽然也有带钩的一笔，但力度不如前者明显（见图 9）。

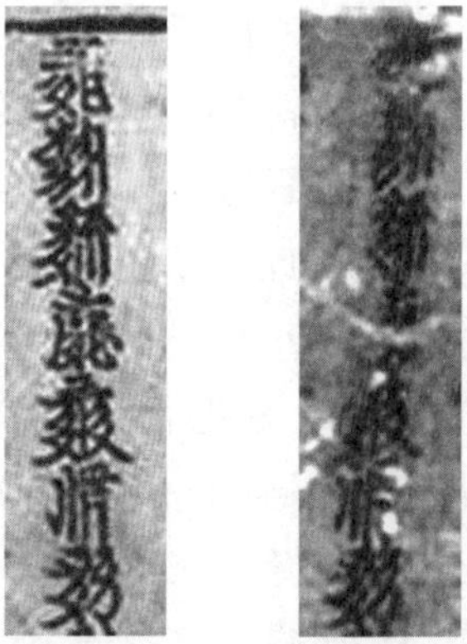

M1·251　　M1·262（右）

图 9　文字笔画比较

这样，我们从绿城出土《金刚经》材料中又区分出一种蝴蝶装版本，而且是有别于前述三种，这里将其称之为第四种。

至于 M1·262 左半叶的内容，其首行开头的文字及对应汉文如下：

䖝䕅䖞䖁䗁䖼䕭㤉䖽䖞䖾䗦䕸䖁䗁䗉䖲。

世尊此实相者相非是此故如来实相是说。

世尊！是实相者，则是非相，是故如来说名实相。

这段文字同样是"离相寂灭第十四分"的内容，且接近开头部分，而同版本的 M31·002 右半叶则为"离相寂灭第十四分"接近靠后的一部分，核对俄藏 инв.№ 101 文本，中间刚好少一叶，所缺内容恰好是前述不同版本的 M1·262 右半叶与 M31·002 左半叶拼接在一起的第十五叶的内容。因此，可以推定，M1·262 左半叶为此细体字刻本的第十四页左半叶，M31·002 右半叶则为第十六叶的右半叶。也就是说，原所刊布图版虽然将两个不同的蝴蝶装刻本误接在一起，但是文本内容上却前后相连。M1·262 左半叶与 M31·002

右半叶两个半叶中间虽相差一叶，但尖细偏呆板的刻字笔画，一眼就能看出属于同一种版本。非但如此，它们与前述第二种蝴蝶装，即《中国藏西夏文献》中所刊 M11·009 也有着相同的刻字和性质，属于同一版本。

至此，可以初步认定，绿城出土《金刚经》的蝴蝶装文献就有四种不同版本。至于经折装，史先生曾经提到 4 种，其中刻本 3 种、写本 1 种。在《中国藏西夏文献》中所刊布的两个编号中，M11·009 与史先生介绍的第一种面 7 行、行 1 字的吻合，其他全不吻合。这意味着绿城出土材料极有可能并没有刊布齐全。

第五节　西夏文《十二宫吉祥偈》考论

绿城出土《十二宫吉祥偈》笔者之前已作过简要介绍，当时重点介绍了其中的一件，并利用这一材料解决了山嘴沟出土 K2:131 的定名问题，指出其为缝缋装写本①。此后，高山杉撰文指出，此文献与俄藏 TK75 号汉文文献《文殊菩萨修行仪轨（拟）》中的《成道吉祥偈》内容颇合，是用偈颂的形式描写了佛陀从入胎、降生到成道、传法、降服外道等过程，汉文本的出现有助于西夏文本的理解，并对汉文进行了录文②。其说甚是，为我们进一步解读西夏文本提供了重要线索和帮助。这里以俄藏 TK75 号为参照，并与山嘴沟写本作进一步比较，对《十二宫吉祥偈》再作探讨。

绿城出土《十二宫吉祥偈》的全部材料刊布于《中国藏黑水城民族文字文献》，共 4 个编号，分别为 M1·240、M1·275、M1·276、M1·277。其中 M1·240 共 4 折，但第一折与后三折内容并不相连，且纸张泛黄程度更深，上栏线也明显错位，似乎是将不同材料误接于前。经核查，这一折内容来自《大方广佛华严经普贤行愿品》。本文讨论时，将这一折分离出去，只讨论属于《十二宫吉祥偈》的三折。

一、与山嘴沟写本的比较

绿城出土《十二宫吉祥偈》，于 M1·240 第二折第一行有一句"𘚢𘚢𘝶𘝶

---

① 段玉泉：《一批新见的额济纳旗绿城出土西夏文献》，《西夏学》第十辑，上海：上海古籍出版社，2010 年，第 73—74 页。

② 参见高山杉 2015 年 1 月 1 日豆瓣网网评。

𗏵𘈩𗼓𗴺𗵘 𘉂"（一切大畏怖中愿安乐 竟），这应该是前一部分的结尾。此句之后第二行才出现 "𗼓𘂀𗂀𗸆𗗙𘄴"（十二宫吉祥偈）的标题。显然，原文献不只是《十二宫吉祥偈》一则偈颂，更应该是一组材料的合集。至于前面这个材料到底属于什么，尚不得而知。

另外三件 M1·275、M1·276、M1·277 实际上每折一个编号，共 3 折。与 M1·240 相似的是，这几折材料下面皆有残缺，其中 M1·277 残缺更为严重，其折面大小分别为 8.8 厘米 ×17.86 厘米、8.67 厘米 ×17 厘米、长 8.79 厘米 ×12.9 厘米。M1·240 图版原 4 折，幅面 34.3 厘米 ×17.4 厘米，折合下来，每折面长 8.6 厘米、高 17.4 厘米，与残缺较少的 M1·275、M1·276 每折幅面大小相当。考虑以上因素，再加上它们同为上单栏，纸张墨色、字体皆一致，又出土同一地，可以认定它们是同一文献断裂而成的不同部分。

这六件材料并没有囊括《十二宫吉祥偈》的全本文本，参照 TK75《成道吉祥偈》之汉文本，所缺内容还不少。而山嘴沟出土《十二宫吉祥偈》写本，内容则相对多些，全文除缺少开头部分，结尾只缺少一句，将二者结合以来，基本上可以拼配出一个完整的西夏文《十二宫吉祥偈》。将两个材料比较一下，发现二者还存在不小差别：一是之前所说的装帧形式不同，二是两者存在不少异文。

先看两种文本的异文，兹依次罗列如下：

序号	绿城本	山嘴沟本	绿城本例句
（1）	𗥤 pju¹（尊）	𗳒 pju²（殿）	𗪊𗥤𗷛𗚠𗒹 / 为无屈尊职位
（2）	𗶁 tji¹（食）	𗴴 tji¹（愿）	𗯿𘂀𗶁𗑗𗕰 / 城邑净饭子 𗶁𗑗𗖏𗷛𗕰 / 净饭王子
（3）	𗼟 mjij¹（寂）	𗑱 mjij¹（无）	𗓁𗼟𗤻 / 无忧树
（4）	𗤜 lju²	𗗙 lju²	𗤜𗦮𗾺 lju²bjii²bo¹ / 留毘林、流弥林
（5）	𗼓 zji²（皆）	𗃝 thju²（此）	𗏵𗼓𗼓𗴺𗵴 / 今皆得安乐
（6）	𗫕𗫕𗜃（来绀色）	𗫕𗹱𗜃（绀青色）	𗫕𗫕𗜃 / 坏色

这里前 4 例两种文本用字间的差别，都属于读音相同或相近之字。第（1）（2）例绿城本都用了本字，山嘴沟本则为借字；第（3）例山嘴沟本为本字，绿城本为借字；第（4）例属于译音现象，分别用了音近的两个字，翻译藏文 lum ba'i tshal 之 lum。

第（5）例的情况有所特别，从例句来看，绿城本用副词 "𗼓"（皆）与 TK75《成道吉祥偈》汉文本之 "今皆得安乐" 是完全一致的，但山嘴沟本用

“[illegible]” $thju^2$（此），意思是“今此得安乐”，表达也不存在问题，但意思全然不同。

第（6）例也比较特殊，两种文本与汉文本之“坏色”字面上都不合。不过，绿城本“[illegible][illegible][illegible]”之“[illegible]” $ljij^2$（来）字与“[illegible]” $ljiij^2$（坏）读音相近，把它看成是“[illegible]” $ljiij^2$（坏）之通假未尝不可，如此表示的“坏绀色”与汉文的“坏色”大致可以对上；山嘴沟本作“[illegible][illegible][illegible]”（绀青色），而其上第二句汉文本作“为超三界剃除绀青琉璃发”，西夏文两本皆作“如琉璃色”，而未译出“绀青”一词。但似不当将前面第二句的内容挪移到两句之后。

另外，绿城本残缺而山嘴沟本保存的部分有“[illegible][illegible]”一词，汉文作“伎艺”。其“[illegible]” wji^1（化）字与“伎”字毫不相关，本字必然是同音之“[illegible]” wji^1（伎、技）字，或许绿城本就作“[illegible]”。

再讨论两本装帧形式之差别。虽然此前已有讨论，但只是文字上的简单描述，这里结合图版及汉文本作进一步的介绍。

比较两者图版，可以看出，山嘴沟写本中与绿城本 M1・240 中 3 折相对应的是 K2:131–3。其所存内容是从绿城本第二折第三行开始的，前面的内容皆缺；而绿城本 M1・240 中最后一句“[illegible][illegible][illegible][illegible][illegible][illegible][illegible][illegible]……”则位于山嘴沟本 K2:131–3 左半叶倒数第三句。两个图版基本上对应。最大问题出在绿城本 M1・275（见图 10）与山嘴沟本 K2:131–1（见图 11）两个图版上。

图 10　M1・275　十二宫吉祥偈（绿城）

图 11　K2:131-1 左　十二宫吉祥偈（山嘴沟）

绿城本 M1·275 的开头两行即山嘴沟上图 K2:131-1（左）之右半最后两行，后四句则与 K2:131-1（左）之左半开头四行并不相同，而是对应于 K2:131-2 左面的前四句（见图 12、13）。

图 12　K2:131-2 十二宫吉祥偈（山嘴沟）

图 13　M1·276 十二宫吉祥偈（绿城）

再看绿城本 M1·276 的开头两行即山嘴沟本上图 K2:131-2 左版面最后 2 行，而其后 4 行则与 K2:131-2 左半面开头 4 行相同。也就是说，图版中 K2:131-2 的右半面看似是左半面的前面，但实际内容却在左半面之后。

这样有悖常理的顺序，无论是在经折装还是蝴蝶装，都是不可能的，唯一的可能就是，山嘴沟西夏石窟出土 K2: 131 既不是经折装，也不是蝴蝶装，而是缝缀装。因此，按照散叶后逐叶释读的顺序不是文献实际的顺序，其实际排列依次是：K2:131-3，K2:131-1 第 2、3 面，K2:131-2 左面，K2:131-2 右面，K2:131-1 第 4 面，K2:131-1 第 1 面。

二、《十二宫吉祥偈》与《成道吉祥偈》之关系

俄藏 TK75 号汉文文献《文殊菩萨修行仪轨（拟）》中的《成道吉祥偈》内容上确与西夏文《十二宫吉祥偈》颇合，于西夏文本的解读有很大帮助，但两者还存在差别，属于存在紧密联系的两种偈颂。为方便比较，兹先将《成道吉祥偈》在高山杉录文基础上再录于此（暂未能辨识之字以□表示，原文讹误或不确定之录文出校说明）。

成道吉祥偈

吉祥最上护命①知足胜妙圣宫内，

为无屈尊职位微妙受灌顶，

骤骑白色大象生于瞻部洲，

吉祥如是微妙今皆得安乐。

吉祥王舍城中微妙宫殿梵子，

母是无过离欲谄曲名妙天，

受胎十月智惠圆满释迦种。

吉祥蔺弥林间称意寂净无忧树，

攀枝降时净梵帝释亲观察，

空中游行四方足下生莲花。

吉祥无比妙严殿内将到仙人前，

占相毕后说为三界教摄师，

释种采女圆绕悉皆挂璎珞。

吉祥少年强力伎艺文章能□□②，

于中毕竟超过一切人天上，

生释种内采女圆绕去邪思。

吉祥出世王宫观世生老病死苦，

宫人皆睡诸天迎请腾空去，

为超三界剃除绀青琉璃发。

吉祥诸天神力布施坏色□□衣③，

捺罗拶你池边难行无遗毕，

牟尼从三昧起吉祥受乳糜。

吉祥从莲花生最胜菩提树王下，

结跏趺坐入不动定降诸魔，

超升不变甘露具足成正觉。

吉祥钵罗捺西国内世尊转轮法，

---

① 护命，当"护明"之误。参西夏文本。

② 二字未能辨识，似为"射在"。存疑。

③ 此三字未能辨识，据西夏本，此处当为"衣服"。

与五俱轮演说集等圣①归依，

天龙非天人非人等四谛法。

吉祥我慢贡高外道六师尽归服，

调御天授所放极恶暴醉象，

于最上仙猿②王恭敬施蜂密③。

吉祥犹如莲花孺童相好释迦种，

转轮圣王种族净饭帝王子，

从降生至娑罗林中誓愿毕。

吉祥以慈悲力一切众生能救度，

无边有情上乐道中令安住，

胜地城邑之侧微妙誓愿竟。

　　这一偈颂除第1偈为4句之外，余下11偈皆3句为1偈，每偈首偈增"吉祥"二字，全文共12偈。佛陀一生经历八个阶段，通常以佛陀八相来概括，即降兜率相、托胎相、降生相、出家相、降魔相、成道相、说法相、涅槃相。《成道吉祥偈》大致也反映了这样一个过程，但重在成道。其在降生1偈之后、出家1偈之前，用两偈来颂其求学及颂其才能和拒诱惑；又在说法1偈后，列外道归伏1偈，最后两偈颂其从降生至涅槃，完成度众生之誓愿。

　　西夏文《十二宫吉祥颂》的主体内容与《成道吉祥偈》完全一致，但形式上有所不同。首先，是在篇首增加了一部分类似敬礼语的内容：

　　𗁾𗙼𗀔𗄈𗂅𗆧𗒘𗜟𗰖𗡸𗆔𗾮，/𗭼𗄊𗤋𗜟𗰚！/

　　𗕤𗡖𗢤𗂅𗆧𗒘□□□□□，/𗭼𗄊𗤋𗜟𗰚！/

　　𗗙𗃛𗙼𗂅𗆧𗒘𗜟□□□□，/𗭼𗄊𗤋𗜟𗰚！/

译文：

敬礼无上导师人天供养处佛！

今皆得安乐。

---

　　① 此暂据高山杉录文作"圣"，原文或为"叁"。西夏本相对应处当下句的"可敬礼"，此处则为"四谛法"。

　　② 猿，原文作"猱"。

　　③ 密，当为"蜜"。

离寂灭乐人天供养□□□！

今皆得安乐。

诸聚之上人天供养处□□□！

今皆得安乐。

后面两句下部虽然残缺，但依据句子结构和形式，残缺部分也应该是表示敬礼的"𗱷𗫶𗫽"等字。这部分内容是《成道吉祥偈》所没有的。

其次，同样是 12 偈，《十二宫吉祥颂》每偈皆为 4 句，且皆以"𗾊𗉺𗯼𗫂𘜍𗉖𗢳𗠁𗥃𗭴"（吉祥如是微妙今皆得安乐）句结尾，形式上更为整齐划一。《成道吉祥偈》后 11 偈不但没有"吉祥如是微妙今皆得安乐"这一句，且将"吉祥"置于每偈之首。考虑《成道吉祥偈》第 1 偈之后有"吉祥如是微妙今皆得安乐"这一句，不排除原文本身每偈之后也有这一句，只是这个写本作了简化处理，将"吉祥"置于每偈之首，从而节省篇幅。

再次，部分词语表达存在差别。西夏文《十二宫吉祥颂》大量词语有明显的藏式风格，例如：

𗥃𗫽 / 灌顶　"𗥃𗫽"一词，字面意思为"主受"，明显是直译藏文 dbang bskur（灌顶）。

𗭴𗫽 / 众生、有情　"𗭴𗫽"一词，字面作"行往"，是译自藏文 'gro ba 而来的一个词语。

𗼃𗏇 / 等　西夏语中，单纯表达"等"通常只需用"等"即可，只有在译自藏文的文献时，遇见藏文 la sogs 或 la sogs pa 等词，西夏译者将其译作"𗼃𗏇"，其在"𗏇"（等）字之前加上一虚词"𗼃"乃是逐字模仿藏文 la 所为[1]。

以上几个词语明显有藏式风格，通常只有在译自藏文的西夏文文献中可见，这表明西夏文《十二宫吉祥颂》定然是以藏文为母本而翻译过来的，不大可能译自汉文。事实上，《成道吉祥偈》同样也应该是译自藏文，只是翻译者把上述有关的藏语词语改成符合汉语通常表达的方式。

比较来看，《十二宫吉祥偈》应该是以《成道吉祥偈》为基础，通过增加敬礼语，统一偈颂结构而晚出的一种文献。"十二宫"无疑是贴合这 12 个偈颂而改换来的名称。在已有文献上增加部分内容，在西夏文献中是常见的现象，

---

[1] 段玉泉：《西夏语文献阅读札记》，《西夏学》第十二辑，兰州：甘肃文化出版社，2016 年，第 329—330 页。

增加的内容多是些仪式性的仪轨、真言、咒语以及敬礼语，等等。大多数情况下增加内容并不改变文献的名称，特别是经典。但像《心经》，西夏人将部分颂置入经文之下，而改称《夹颂心经》。本篇非是经典，而是偈颂，而且主要是改变了原偈颂的结构，可能为了突出这篇偈颂是由 12 个偈子组成的，故称之为《十二宫吉祥偈》。所以，这一变化极有可能是在西夏时期完成。

三、西夏文《十二宫吉祥偈》文本拼配及译释

以下是对西夏文《十二宫吉祥偈》全文的录文及翻译。西夏文录文以绿城本为基础，以山嘴沟写本配补；译文参照俄藏 TK75 号汉文文献中的《成道吉祥偈》作出，只在有特别出入的地方做些调准，且与西夏文同行排列；录文及翻译之下另出校注。

西夏文	汉译
（西夏文）	十二宫吉祥偈
（西夏文）	敬礼无上导师人天供养处佛！
（西夏文）[1]。	今皆得安乐
（西夏文）□□□□□	离寂灭乐人天供养□□□□□
（西夏文）。	今皆得安乐
（西夏文）□□□□	诸聚之上人天供养处□□□□
（西夏文）	今皆得安乐
（西夏文）[2]（西夏文）[3]（西夏文），	无上护明知足圣妙宫殿内
（西夏文）[4]（西夏文），	为无屈尊职位微妙受灌顶
（西夏文）[5]（西夏文），	以白色大象相而生赡部洲
（西夏文）[6]（西夏文）[7]（西夏文）。	吉祥如是微妙今皆得安乐
（西夏文）[8]，	王舍城中最妙城邑净饭子
（西夏文），	母是无过离欲谄曲名妙天
（西夏文），	受胎十月智慧圆满释迦种
（西夏文）。	吉祥如是微妙今皆得安乐
（西夏文）[9]（西夏文）[10]，	流弥林间称意寂净无忧树
（西夏文）[11]，	攀枝降时净梵释帝皆敬仰
（西夏文）[12]（西夏文），	空中游行四方足下生莲花

吉祥如是微妙今皆得安乐
无比妙严殿内将到仙人前
占相毕后说为三界教揿师
释种采女围绕悉皆挂璎珞
吉祥如是微妙今皆得安乐
少年强力伎艺文章算术强
于中毕竟超过一切人天上
生释种内彩女围绕去邪思
吉祥如是微妙今皆得安乐
出王宫门观世间生老病死
宫人皆睡诸天迎请腾空去
为超三界剃除琉璃色头发
吉祥如是微妙今皆得安乐
以诸天神力施绀青色衣帔
捺罗捺你池边难行无遗毕
牟尼从三昧起吉祥受乳糜
吉祥如是微妙今皆得安乐
从莲花生最胜菩提树王下
结跏趺坐入不动定除诸魔
超升不变甘露具足成正觉
吉祥如是微妙今皆得安乐
钵罗捺西国内世尊转法轮
与五俱轮演说集法等四谛
天龙非天人非人等可敬礼
吉祥如是微妙今皆得安乐
我慢贡高外道六师尽归服
调御天授所放极恶暴醉象
于上释帝匡王恭敬施蜂蜜
吉祥如是微妙今皆得安乐

---

① 此上 12 行据山嘴沟本录，绿城本缺。
② 此上 6 行据山嘴沟本录，绿城本缺。

西夏文	汉文
𗧍𗢳𗣼𗱽𗧃𗤁𗧿𗧙𗤽𗩱𗖵，	犹如莲花孺童相好释迦种
𗣼𗋽𗁮𗥤𗼄𗫴𗆧𗣼𗁅𗴟𗧛，	转轮圣王种族净饭帝王子
𗧍𗩾𗧁𗩱𗤁𗦫□□□□□，	从降生至娑罗林中誓愿毕
𗧍𗨶𗲠𗢳𗩱𗥤𗧍𗧓𗣼𗴢𗧈。	吉祥如是微妙今皆得安乐
𗥾𗥝𗧒𗠨𗩰𗷾(24) 𗧓𗩱𗧤𗥇𗷋，	以慈悲力众生悉皆令解脱
𗩢𗧍𗐯𗷇𗫴𗱽𗧓𗂧𗩱𗯪𗷾，	无边有情上乐道中令安住
𗫴𗧿𗘦𗱪(25) �-𗧁𗩱𗣷(26) 𗤐𗩅𗐯，	于上释帝宫侧微妙誓愿竟
𗧍𗨶𗲠𗢳𗩱𗥤𗧍𗧓𗣼𗴢𗧈。①	吉祥如是微妙今皆得安乐

校注：

（1）"𗩱𗣼𗴢𗧈"，今皆得安乐。西夏文字面作"今皆△安乐"，下文"𗧍𗨶𗲠𗢳𗩱𗥤𗧍𗧓𗣼𗴢𗧈"句中有此5字，汉文本《成道吉祥偈》作"今皆得安乐"，此从。

（2）"𗗚𗤁"，护明。释迦在兜率天之名。依《佛本行经》，释迦本名护明菩萨，为化众生，住兜率天。汉文本作"护命"，当误。

（3）"𗧍𗱽"，知足。即兜率。

（4）"𗱽𗤽𗤁𗤒𗥤𗧛"，为无屈尊职位。"𗱽𗤽"，字面作"不败"，汉文本作"无屈"；"𗤁" pju¹，山嘴沟本作"𗤖" pju²；"𗥤𗧛"，位续，对应汉文之"职位"。

（5）"𗧃𗨶𗥝𗁅𗧿𗤁"，以白色大象相。汉文本作"乘骑白色大象"。

（6）"𗤁𗰣"，微妙。西夏字书《同音》有"𗤁𗰣"一词，旧多释为"因缘"。此依汉文本。

（7）"𗩱" zji²，山嘴沟本作"𗫴" thju²（此）。下每偈尾句皆同。

（8）"𗧈𗱪𗆧𗼄𗧛"，城邑净饭子。汉文本作"宫殿梵子"。"𗆧" tji¹，山嘴沟本作"𗤐" tji¹（愿）。二字音同。

（9）"𗥁𗱽𗧛" lju² bjii² bo¹，留毘林、流弥林。当译自藏文 lum ba'i tshal，"𗥁𗱽" lju² bjii² bo¹，音译自 lum ba，"𗧛"（林）意译自 tshal（林）。留毘林，梵文 Lumbinī，常译作"蓝尼林"，为摩耶夫人生释迦处，在今尼泊尔境内。汉文本作"萳弥林"，首字当读为"圆"。《玄应音义》卷十九曰："岚毘，或言流毘尼……此云盐，即上古受园婢名也，因以名园。"（《中华大藏经》第57册，第

41 页）。又，"�" lju² 字，山嘴沟本作"𦨶" lju²，音近。

（10）𦨶𥘶𦨶，忧寂树。汉文本作"无忧树"，不合。按，"𥘶" mjij¹，山嘴沟本作"𦨶" mjij¹（无），二字音同。"𥘶"当通"𦨶"（无）。

（11）𦨶𦨶𦨶，字面作"皆敬写"。汉文本作"亲观察"。"𦨶"疑为"𦨶"（敬）之误。

（12）𦨶𦨶𦨶𦨶，字面作"四方众逝"，汉文本作"四方足下"。

（13）𦨶𦨶，字面作"吉宣"，似当对汉文本的"教摄"。

（14）𦨶𦨶，伎艺。字面作"化艺"。𦨶 wji¹，当通"𦨶" wji¹（伎、技）。

（15）𦨶𦨶𦨶𦨶𦨶，文章算术强。字面作"文字算次强"。𦨶𦨶，计算、算术。汉文本稍模糊，似作"能射在"。

（16）𦨶𦨶𦨶𦨶，字面意思是"令诸人昏"。汉文本作"宫人皆睡"。

（17）𦨶𦨶𦨶𦨶，如琉璃色。汉文本作"绀青琉璃"。

（18）𦨶𦨶𦨶，字面作"来绀色"。汉文本作"坏色"。𦨶 ljij²，当通"𦨶" ljiij²（坏）。山嘴沟本作"𦨶𦨶𦨶"（绀青色）。又，"𦨶"原文右边构件作"𣥂"。

（19）𦨶𦨶𦨶𦨶𦨶，捺罗捺你池。池名。待考。

（20）𦨶𦨶𦨶𦨶，晨晓不死。汉文本作"超升不变"。𦨶，原文作"𦨶"（鬘），形近之误。径改。

（21）𦨶𦨶𦨶𦨶𦨶，钵罗捺西国。𦨶𦨶𦨶𦨶 pja¹rjar¹nja²sji¹，梵文 Vāraṇasi，通常译作"波罗奈""波罗奈斯"。中印度古王国名，《大唐西域记》卷七有载。

（22）𦨶𦨶𦨶，五俱轮。又作"五俱伦""五拘邻""五俱邻"。即佛陀成道之初，于鹿野苑最先度化之五比丘。𦨶𦨶 kju¹ljwɨ¹，俱轮。五比丘之第一，即阿若憍陈如（Ājñata-kauṇḍinya）。

（23）𦨶𦨶，字面作"匿王"。"𦨶"，图版作"𦨶"，当为此字，其有"隐""匿""伏"等义。汉文本作"𤟭王"，"𤟭"当为"猿"之俗写。

（24）𦨶𦨶，众生、有情。当译自藏文 'gro ba。

（25）𦨶𦨶𦨶𦨶，上释帝宫。汉文本作"胜地城邑"。

（26）𦨶𦨶，字面作"皆妙"，汉文本作"微妙"。𦨶 zji¹，当通"𦨶" zji¹，"𦨶𦨶"即"微妙"。

第六节　西夏文《佛说除一切疾病陀罗尼经》考释

绿城出土《佛说除一切疾病陀罗尼经》最早由史金波、翁善珍先生介绍。据其文可知，该文献为写本，经折装，计 14 面，每面高 12.8 厘米，宽 6.5 厘米，上下单栏，栏高 9.7—10.4 厘米。面 4 行，行 9—10 字。首题残缺，尾题保存完整，尾题之后另有一段诵持法。并指出此经在国内为首次发现，为西夏佛经增添了新的品类[①]。此后，《中国藏西夏文献》第 17 卷出版，全部图版得以刊布，编号 M11·14，史金波先生又在《中国藏西夏文献综述》文中[②]、牛达生先生在《西夏遗迹》书中[③]再次对这件文献作了简要提及。2015 年，王龙发表《中国藏西夏文〈佛说除一切疾病陀罗尼经〉译释》一文，对西夏文全文进行了录文和解读[④]。事实上，这件文献并非仅仅出土于绿城，松泽博指出，英藏黑水城文献 Or.12380/2246aRV、2246b 及内蒙古文物考古研究所藏 M21·079 [F6:W7] 也属于这一文献[⑤]。不过，松泽博所及 M21·079[F6:W7] 并非该文献残叶，而在英藏黑水城文献中，也远不止 Or.12380/2246aRV、2246b 三个残叶。此外，西夏文本经文之后增加了诵持法的内容。新见的文本以及增加的内容，使得这部西夏文献还有进一步讨论的空间。

一、与英藏残刻本的比较

与绿城本西夏文《佛说除一切疾病陀罗尼经》为写本不同，英藏残本皆为刻本。除松泽博所及 Or.12380/2246 外，还有 Or.12380/3163。下面先对这些残片进行介绍，以便与绿城残本进行比较并补其残缺。

Or.12380/2246，出土编号 K.K.II.0281.a.xx?。《英藏黑水城文献》仅刊出 aRV、b 三片。今据敦煌 IDP 数据库，Or.12380/2246 有 A、B、C、D、E、F、G、H，共 8 片，其 2246aR 对应 IDP 库中 2246H、2246aV 对应 IDP 库中

①　史金波、翁善珍：《额济纳旗绿城新见西夏文物考》，《文物》1996 年第 10 期，第 73—74 页。

②　史金波等：《中国藏西夏文献综述》，载《西夏学》（第 2 辑），2007 年 7 月，第 55 页、57 页。

③　牛达生：《西夏遗迹》，北京：文物出版社，2007 年，第 71 页。

④　王龙：《中国藏西夏文〈佛说消除一切疾病陀罗尼经〉译释》，《西夏学》第 11 辑，上海：上海古籍出版社，2015 年，第 83—88 页。

⑤　松泽博：《スタイン将来黑水城出土西夏文献に就いて》，"西夏语文与华北宗教文化"国际学术研讨会论文，台北，2009 年，第 322 页。

2246A、2246b 对应 IDP 库中 2246F。其他诸片《英藏》皆漏刊。下面列表逐一介绍：

IDP 编号	《英藏》编号	文献特征	所存内容
2246A	2246a	8.9×9.8 厘米。2 折，每折残存 3 行。上双栏，下残缺。共 28 字，与绿城本有异文。	经文
2246B	缺	8.8×6.5 厘米。某折之左上角。存 14 字，与绿城本全同。	持诵法
2246C	缺	10×9.2 厘米，存 1 折中间部分，上下皆残。存 26 字，与绿城本全同。	经文
2246D	缺	8×5.5 厘米，存 3 行，下残。存 14 字，与绿城本全同。	经文
2246E	缺	7.5×5.3 厘米，存 3 行（含尾题），下残。存 13 字，与绿城本全同。	经文
2246F	2246b	13×9 厘米，存 3 行（含尾题），上下残，与上两片缀合。存 17 字，与绿城本全同。	经文
2246G	缺	9.8×9 厘米，存 4 行，上下左右皆残。存 17 字，绿城本无。	持诵法
2246H	2246a	9.8×9 厘米，存 3 行，上双栏，下残。存 12 字，绿城本无。	持诵法

Or.12380/3163，出土编号 K.K.II.0282.iii。图版见《英藏黑水城文献》第四册，刻本，上残、下双栏。经折装，RV 两折面。一面 5 行，一面 6 行，每行存 3—11 字不等。经考，实际每折 6 行，每行 14 字。正文中有三行陀罗尼，其中"□□□豼羅 祇莊懇骸"等字为绿城本所缺，余为所治疾病之介绍，与绿城本皆同。从形制上看，此残叶与 Or.12380/2246 为同一刻本。

与英藏残刻本比较，绿城本最大的差别有两处，一是经文邻近结尾处，绿城本中的"豼薇"英藏本 Or.12380/2246A 增加了小字，作"豼羅薇羅"；二是英藏本 Or.12380/2246G、H 两个残片内容，为绿城本所无。兹将这两个残片据图版（见图 14）录文并略作对译如下：

Or.12380/2246G	Or.12380/2246H
……豼豼羅……［……灯炬……］	莈薇散豼……［文依三宝依……］
……须骹豼骐骸……［……咒诵则了知……］	绊豼緻骹……［佛名号诵……］
……豼骸绊豼豼……［……南无佛之依……］	豼［消］
……豼骸豼……［……南无僧……］	

从内容上看，这里依然还是讲诵咒、三归依以及诵佛名号等内容，考虑残

片文本特征与前面诸残片相同，又是同一编号，它们应该属于同一件文献。如此看来，绿城写本的诵持法并未结束，后面应该残缺了一部分内容。

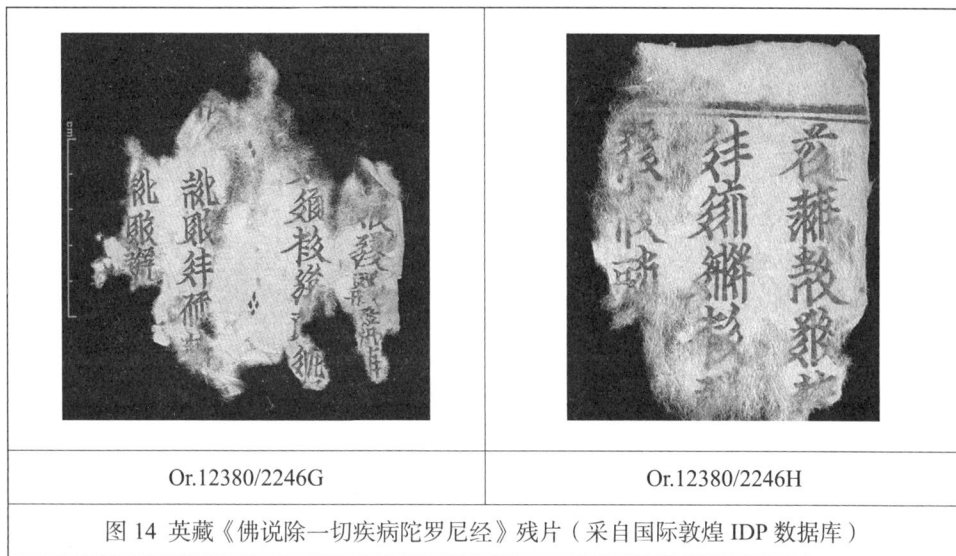

| Or.12380/2246G | Or.12380/2246H |

图 14 英藏《佛说除一切疾病陀罗尼经》残片（采自国际敦煌 IDP 数据库）

二、与不空汉译本的比较

毋庸讳言，学界倾向于西夏文《佛说除一切疾病陀罗尼经》是据唐不空汉译本翻译而来。但需注意的是，西夏文本与不空本存在一个显著的不同，即在陀罗尼经之后还多出不少内容。兹将绿城本所存的这段文字翻译如下：

> 若人不能全读诵此经，亦先说神咒及诵持以下三种归依、佛名等，亦能除一切疾病障难。诵依归佛名法者：弟子某甲等，南无归依佛！南无归依法！南无归依僧！南无广大最深智慧雷鸣音王如来！南无药师瑠璃光王佛！
>
> 于一切时，专心念诵，则消除疾病、灭绝障难、无有所疑；又诵四十二手观音成就法中宝钵手印咒，则能除腹肚中一切疾病。诵咒曰：
>
> 唵 枳黎 枳黎 噂日啰₂合 吽 发怛

不难看出，这段文字主要讲述不能读诵全部经文情况下的简略诵持方法，即诵咒以及诵持三归依和两佛名（雷鸣音王如来、药师瑠璃光王佛）。然后讲专心念诵之功能，以及补充念诵《宝钵手印咒》，可除腹中一切疾病。这则宝钵手印咒出唐不空译《千手千眼观世音菩萨大悲心陀罗尼》，原称《宝钵手真言》，其文为“唵 枳哩 枳哩 嚩日啰二合 吽 发怛”（Oṃ kili kili vajra hūm phaṭ）[①]，另有手印。前文已及，据英藏残本，《宝钵手印咒》后可能还有一部分诵持内容，此不赘言。

必须指出，在西夏流传的汉译佛教文献中，乃至西夏翻刻的汉文佛教文献中，于经前、经后增加启请、祝赞、颂持仪轨、要门、诵持功德乃至感应故事，是非常普遍的现象。换言之，本经以及仪轨类法本合刊或合抄是常态，是西夏佛教文献的主要呈现形式。

除增出的诵持法外，陀罗尼本经的西夏文本与不空汉译本之间也存在些许差别，主要体现在经文中的陀罗尼部分，兹将西夏文陀罗尼与汉文及梵文本作一比较整理如下：

夏	[illegible]	[illegible]	[illegible]	[illegible]	[illegible]
	tja^{1}djar^{1}tha$^{?}$-	bji^{2}mja^{1}ljil^{2}	wa^{1}nja^{2}kjwĩ^{1}njɨ^{2}tsji^{2}ljil^{2}	śjɨ^{1}rjir^{1}mja^{1}tji^{2}	kjwĩ^{1}njɨ^{2}djaa^{1}lji^{2}
汉	怛儞也二合他	尾摩黎尾摩黎	嚩曩俱枳黎	室唎二合末底	军拏黎
梵	tadyathā	vimale vimale	vanakukile	śrimati	kuṇḍale
夏	[illegible]	□□□[illegible][②]	[illegible]	[illegible]	
	dwu^{2}ŋə^{1}dwu^{2}phji^{1}	□□□ rjar^{1}-	gjɨɨ^{1}nji^{2}mu^{2}ljil^{2}	swa^{1}xa$^{?}$	
汉	嫩奴鼻	印捺啰二合儗宁页二合	母隸	娑嚩二合诃	
梵	dundubhi	indragni	mure	svāhā[③]	

将西夏文同汉文及梵文比较，可以发现以下差别：

（1）汉文本中的“尾摩黎尾摩黎”（vimale vimale），西夏文作“[illegible]”（vimale），这里缺少了一个“[illegible]”（vimale），疑有脱落。

---

① 唐不空译《千手千眼观世音菩萨大悲心陀罗尼》作“唵引 枳哩枳哩 嚩日啰二合 吽 泮吒”，见《大正藏》第 20 册，第 119 页。

②参照汉文和梵文，所缺三字或可拟为“[illegible]”·jij1 djɨ2 rjar1。

③这里的梵文转自房山石经，详见林光明编著：《房山明咒集》（三），台北：嘉丰出版社，2008 年，第 1243—1244 页。需要指出的是，《大藏全咒》中梵文差别很大，其文为 tadyath ā / cilemi cilemi /banankokili/ śrimati /kuṇṭale/ dundubhi/ indrani/ mule sv ā ha，详见林光明：《新编大藏全咒》第 9 册，台北嘉丰出版社，2001 年，第 89 页。

（2）西夏本两次出现"𘜠𘝾"kjwĩ¹ nji²，分别对汉文"俱"与"军"、梵文ku 与 kuṇ，其中对译"俱"与 ku，不合，似多出了小字"𘝾"nji²。

（3）西夏文"𘝀"tsji²一般对译梵文 ji、ci，这里对 ki，亦不合。

（4）西夏文"𘊟"gjïï¹一般对译梵文 g-，这里出现的"𘊟𘝾"gjïï¹nji²当对译梵文 gni、汉文"儗宁页二合"，然英藏本于"𘜼𘝾"分词，将"𘊟𘝾"与"𘝟𘝜"合在一起，似分词不确。

短短的 36 字陀罗尼，有多处与汉文本不合，除可能的翻译不够精确之外，可能所据底本并非唐不空之汉译本。而且这些陀罗尼用字与通常从汉文翻译过来的陀罗尼用字全然不同，而与从藏文译出的陀罗尼用字高度一致。所以，至少就陀罗尼而言，它们显然不是直接译自不空汉文本。这里可能有两种情况，一是可能从某个藏文本或梵文本译出，二是如仁孝时期的佛经校译，其中的陀罗尼参照梵文重新进行了一次改译。

除陀罗尼外，西夏文本经文正文与不空本也存在多处差别，主要表现在：

（1）不空本中的"苾刍"，汉译佛典通常翻译为"𘜡𘜢"，此西夏文本则翻译为"𘝴𘝵"（善起），这是源自藏文 dge-slong 的一个藏式译法。即便是仁宗时期的校译本中，也从未见过这样较大的改动。

（2）部分句子语序有别。例如汉文本中的"与大苾刍众千二百五十人俱，众多诸大菩萨摩诃萨"，西夏文本作"𘟙𘜬𘝴𘜿𘝕𘝭𘝴𘝵𘝿𘜽𘜻𘝭𘝯𘜾𘞍𘜹𘞎𘝭𘝶𘝴𘜾"，意思是"与千二百五十大善起并诸大菩萨摩诃萨众俱"。这里的差别不大可能是翻译者的有意调准，更像是所依据的底本原本如此。

（3）部分句子表述存在差别。例如汉文本末尾的"一切大众天龙八部，受持佛语，欢喜奉行"，西夏文本作"𘝮𘜞𘞋𘝲𘝥𘝥，𘝠𘝨𘝯𘜡，𘝳𘝭𘝇𘝤，𘝦𘝏𘝬𘝱"（一切天龙八部，闻佛所说，皆大欢喜，信受奉行）。

此外，西夏文的经题相对于不空汉文本经题《除一切疾病陀罗尼经》也多出"佛说"二字。

通过上述比较可以看出，西夏文本的翻译底本与今所见不空汉文本存在一定差异，应该另有所本，或者说是参照了某个藏文本或梵文本而出的校译本。

三、西夏文《佛说除一切疾病陀罗尼经》文本拼配及译释

以下是对西夏文《佛说除一切疾病陀罗尼经》全文的录文及翻译。西夏文录文以绿城写本为基础，以英藏刻本配补；陀罗尼经正文的译文基本上参照不空译本给出，经文之后增出的诵持法据文本译出。西夏两本文间的差别，西夏

文与不空汉文本间的差别一一出校注说明。

[illegible] / [illegible][1] /

[illegible]：[illegible]，/ [illegible][2][illegible] / [illegible][3][illegible]，[illegible] / [illegible][4][illegible] / [illegible][5][illegible]。/ [illegible]，[illegible]：“[illegible][6]！/ [illegible] / [illegible]，[illegible] / [illegible][7][illegible]。”[illegible] / [illegible]：

“[illegible] / [illegible] / [illegible] / □□□[illegible] / [illegible][8]”

译文：

佛说除一切疾病陀罗尼经

如是我闻：一时薄伽梵，住室罗伐逝多林给孤长者园，与千二百五十大苾刍并诸大菩萨摩诃萨众俱。尔时，世尊告阿难陀言：“阿难陀！有陀罗尼能除一切疾病，汝今当受持读诵、如理作意。”即说真言曰：

怛儞也二合他 尾摩黎尾摩黎 嚩曩俱枳黎 室唎二合末底丁以反 军拏黎 嫩奴鼻 印捺啰二合儗宁頁二合 母隷 娑嚩二合诃

校注：

（1）[illegible]，佛说除一切疾病陀罗尼经。文献经题。“[illegible]”等 8 字原文或损或缺，据尾题补。

（2）[illegible]，室罗伐逝多树林。汉文本作“室罗伐城逝多树林”。[illegible] śjɨ¹ lo¹ ·wa¹，室罗伐。其“[illegible]”字原残，存右半构件，“[illegible]”字缺，此参《根本说一切有部目得迦》卷十“[illegible]”、《根本说一切有部毘奈耶杂事》卷十三“[illegible]”等补。

（3）[illegible]，给孤独长者园。汉文本作“给孤长者园”。[illegible]，给孤独；[illegible]，长者。

（4）[illegible]，大善起、大比丘。[illegible]（善起），字面对应于藏文 dge-slong（善乞），是源自藏文的一个术语。藏文 dge-slong 为梵文 bhik2u 的意译，该梵文传统汉语为“比丘”或“苾刍”。汉文本即“苾刍”。

（5）[illegible]，诸大菩萨摩诃萨众。西夏文本此与“[illegible]”（大比丘）并列。

（6）[illegible]，以上诸字，为王龙据汉文补出，此转录。

（7）[illegible]，汝今当受持诵读如理思维。汉文本作“汝当受持诵读通利如理作意”。[illegible]（如理思维），此当汉文本之“如理作意”，意即谓自内正解信佛菩提法。相对汉文本，西夏文未译“(究竟）通利”一词。

（8）自“[illegible]”至“[illegible]”，此即除一切疾病之陀罗尼。西夏文与不空汉译本间差别，详见前文讨论。

[illegible]：“[illegible][1]，[illegible] / [illegible]，[illegible][2]、[illegible][3]、[illegible] / [illegible][4]、[illegible][5]、[illegible][6]，/ [illegible][7]，[illegible][8]，[illegible] / [illegible]，[illegible]，[illegible] / [illegible]。”[illegible][9]，[illegible] / [illegible]、[illegible]、[illegible]、[illegible] / [illegible]，[illegible][10][illegible] / [illegible]，[illegible][11][illegible] / [illegible]。[illegible][12] / [illegible]，[illegible] / [illegible]，[illegible]，/ [illegible]。[illegible] / [illegible]，[illegible]，[illegible] / [illegible]，[illegible]，[illegible]。[illegible] / [illegible][13]。/

[illegible]，[illegible]，[illegible][14][illegible] / [illegible]，[illegible]，[illegible] / [illegible]，[illegible]，[illegible]，[illegible][15]。/

[illegible] [illegible] /

译文：

佛告阿难陀：“此真言，若诵持者，宿食不消、霍乱、风黄痰癃，患痔瘘淋、上气，嗽虐、寒热，头痛半痛，着鬼魅者，悉得除差。”我以佛眼观见，诸天魔王、梵净、沙门、婆罗门能作障难。除非决定业报尽者，余无能违越作其障难。如来应供正等觉说，一切有情中如来为尊胜，一切法中离欲法尊，一切众中僧伽为尊。以言诚也，愿我及一切有情，食饮吃啖，入腹消化，得正安乐。娑嚩二合引诃引。

尔时，世尊说是经已，诸苾刍僧，并诸菩萨摩诃萨，一切大众天龙八部，受持佛语，欢喜奉行。

佛说除一切疾病陀罗尼经　竟

校注：

（1）[illegible]，真言。汉文本作“陀罗尼”。

（2）[illegible]，宿食不消。病证名。即宿滞。西夏文字面意思是“旧食不消”。

（3）[illegible]，霍乱。疾病名。按，“[illegible]”有“痢”“下痢”的意思，《敕赐紫苑丸》中多见以“[illegible]”一词表示“痢”“痢疾”，而以音译词“[illegible]”xu¹ lã¹ 表示

"霍乱"，这里则以"𗣌𗵐"对译汉文"霍乱"。

（4）𗣌𗵐𗆜𗵐𗒀𗵐，风病痰癃。病症名称。字面作"风病胆病浊病"，汉文作"风黄痰癃"。按，"𗆜"意为"胆"，汉文"胆""痰"音近，西夏文误以音近"胆"之西夏文来译"痰"，类似情况多见。

（5）𗪒𗴛𗴟𗵐，肛流疮病，此当对应汉文的"患痔瘘淋"。按，汉文"患痔瘘淋"等字，《大藏圣教法宝标目》卷九引《除一切疾病陀罗尼经》作"痔瘘淋沥"，淋沥一般是指小便滴沥涩痛之证，据西夏文此仅指痔瘘。

（6）𗵛𗵐，肺疾。汉文本作"上气"。此当指中医中的肺气上逆。

（7）𗷋𗵐𗵝𗵐，嗽病颤病，此对应于汉文的"嗽虐"。

（8）𗊱𗵐𗕌𗵐，冷病热病，此对应汉文的"寒热（病）"。

（9）𗵐𗤒𗰔𗵖𗰀，我以佛眼观见，汉文本作"我以佛眼观见彼人"。

（10）𗵔𗊢，中间、中断。此当对应汉文"障难"之"障"。下文"𗵔𗊢𗦻𗤫𗤈"即汉文中的"作其障难"。

（11）"……𗸯𗸰，𗤇（𗸱）……"，西夏语中的固定搭配，相当于汉文的"除非……，余……"。

（12）𗵐𗆫𗺋，正等觉。汉文作"正遍知"。

（13）𗤌𗵗，娑诃，梵文 svāha。英藏本 Or.12380/2246A 作"𗤌𗰦𗵗𗰦"

（14）𗴺，诸。原文为"𗤈"，于旁改作"𗴺"字。英藏本 Or.12380/2246F 作"𗴺"。

（15）"𗸂𗵐𗵢𗴰，𗷏𗤈𗸃𗹅，𗣜𗸄𗺋𗴫"句，意思是"闻佛所说，皆大欢喜，信受奉行"。汉文本作"受持佛语，欢喜奉行"。

𗸕𗤈𗺋𗷻𗴺𗵞𗵝𗤈𗵐𗵐𗵐，𗆜 ／ 𗵐𗵢𗵞𗵽𗤈𗵝𗤈𗵐𗤈𗵝𗺋 ／ 𗵤[1]、𗸂𗵥𗣜𗤈𗵝𗵐，𗆜𗴺𗵐𗵔𗊢 ／ 𗤫𗦻𗵦𗵦𗵧𗵝𗵐𗵝。𗤖𗵤𗸂 ／ 𗵥𗤈𗴟𗵐 ／ 𗤈𗵝𗵦𗵝𗹅，𗴺𗴿𗸂𗵧𗤖𗵤 ／ 𗴺𗴿𗵦𗵧𗤖𗵤！ ／ 𗴺𗴿𗵝𗤈𗵧𗤖𗵤 ／ 𗤖𗵤！𗴺𗴿𗵝𗤈𗵐�ñ𗵐𗹅 ／ 𗵤𗵤𗵨𗴜𗵩𗵪𗴰 ／ 𗺋！𗴺𗴿 ／ 𗵐𗵢𗵫𗤫𗴿𗺋𗵩𗸂！ ／

𗵐𗵦𗵦𗵬，𗸂𗵞𗵭𗤈𗴫，𗴺𗵐 ／ 𗵧𗤖、𗤫𗦻𗵮𗤈𗵯、𗵰𗵱𗸯𗴳；／𗸯𗵲𗤈𗵳𗵑𗹄[2]𗵮𗵝𗵴 ／𗵑𗣜𗵞𗤈𗴫，𗤖𗵵𗴨𗵐� ／𗵦𗵦𗵧𗵷𗵐。𗵐𗵞𗵐： ／

𗵢 𗴺𗵍 𗴺𗵍 𗤈𗴺𗵖 ／ 𗵸 𗴟𗵖 ／

译文：

若人不能全读诵此经，亦先说神咒及诵持以下三种归依、佛名等，亦能除一切疾病障难。诵依归佛名法者：弟子某甲等，南无归依佛！南无归依法！南无归依僧！南无广大最深智慧雷鸣音王如来！南无药师瑠璃光王佛！

于一切时，专心念诵，则消除疾病、灭绝障难、无有所疑；又诵四十二手观音成就法中宝钵手印咒，则能除腹肚中一切疾病。诵咒曰：

唵　枳黎　枳黎　嚩日啰二合　吽　发怛

校注：

（1）𗇁𗇁𗱽𗇁𗇁𗱽，以下三种归依。"𗇁𗇁"意为"以下"；"𗱽𗇁"二字原残，据所存字迹及内容补。

（2）𗱽𗇁，成就法。字面作"供法"，西夏文献标题中常见，多对应藏文 sgrub thabs，该词有"工作法""做法"之意，佛教中常用于表示"修行的仪轨""成就法"等概念。

第四章 西夏文《佛顶无垢总持》释文

释文说明：

1. 绿城出土《佛顶无垢总持》篇幅较长，故将释文单列一章。

2. 释文共 395 行，为绿城出土写本正文部分。按原文行数标注，首列行数，"卷上 19-2.1"是指原文卷上（共 19 页）第 2 页第 1 行。

3. 释文采用四行对译法呈现。

第一行照录西夏译文，以"‖"标记原文留置的空格；遇有无法辨识之西夏字，以□表示。

第二行是西夏字拟音，采用龚煌城先生的西夏语系统拟音。

第三行是西夏语的对注汉字，但以"△"表示词头、"▽"表示后缀、[XX]表示经文中的对音用字，汉字下加横线者表示对注汉字与西夏语并非字字直译的关系；陀罗尼语的对音汉字不用加括号，

第四行汉文，为宋代施护译《佛顶放无垢光明入普门观察一切如来心陀罗尼经》的原文；咒语部分作了初步的梵文复原。

4. 原文图版见《中国藏西夏文献》(17 册，内蒙古卷)。

卷上 19-2.1

绖	蕥	弜	絧	败	陽	骹	孍	嵆	刜
tha¹	tśjiw²	ror²	mjij¹	bji¹	swew¹	wjij²	njɨ²	ɣa¹	bioo¹
佛	顶	垢	无	光	明	放	普	门	观

羅	詺	縿	嶶
thju¹	·o²	mjor¹	ljij²
察	入	如	来

佛顶放无垢光明入普门观察

19-2.2

□	□	□	□	□	□	□	□	□	□
ŋowr²	ŋowr²	njiij¹	thow¹	lo¹	dźji¹	wər²	lhejr²	phju²	?
一	切	心	[陀	罗	尼]	经	契	上	卷

一切如来心陀罗尼经卷上①

19-2.3

□	□	□	□,	□	□	□	□	□	□
thjɨ²	sju²	mjo¹	ŋa²	ljɨ¹	dzjɨj¹	rjur¹	pju¹	tu¹	śjɨ¹
是	如	闻	我，	一	时	世	尊	[睹	史

□	□	□	□	□,
tow¹	mə¹	mji¹	·u²	dźjiij¹
多]	天	宫	内	在，

如是我闻，一时世尊在睹史天②宫，

19-2.4

□	□	□	□	□	□	□	□	□、	□
tha²	nia²	tsjij²	·ji¹	ljɨ¹	nioow¹	rjur¹	wjɨ̣¹	dźjwi¹	rjur¹
大	菩	萨	众	并	诸	亲	属、	诸

□、	□	□、	□	□
mə¹	xiwã¹	njij²	no¹	lo¹
天、	梵	王、	[那	罗

与大菩萨众并诸眷属及诸天众、梵王、那罗

19-2.5

□	□、	□	□	□	□、	□	□	□	□

---

① 汉文本经题后署译者款题："西天北印度乌填曩国帝释宫寺三藏传法大师赐紫沙门臣施护奉　诏译。" 西夏文译本无译者款题，译者不详。

② 睹史天，西夏文本作"□□□□"（睹史多天），即兜率天，亦云知足天。□□□ tu¹ śjɨ¹ tow¹，汉文 "睹史多"的音译。"睹史多"，梵文 Tuṣita，或意译为"妙足天、知足天"。西夏译经过程中尚有多个相关的术语：西夏文《悲华经》卷九中对汉译本"兜术"的"□□" tew¹śie¹，西夏文《观弥勒菩萨上生兜率天经》中对译汉文本"兜率天"的"□□□"（知足天）等，克恰诺夫曾将后者直译为"足知皇"，误。

·ja¹ mə¹ tha² ·jij¹ dzju² mə¹ zji² ɣu¹ mə¹ zjɨ̣¹

延] 天、 大 自 在 天、 最 先 天 子

𗦻 𗙏 𗙣 𗥽

njɨ² tha² ·ji¹ ŋowr²

等 大 众 一

延天①、大自在天②、最先天子等大众

19–2.6

𗥽 𗙏 𗙣 𗫸 𗪿。 𘝤 𗤒， 𗢳 𗾟

ŋowr² to² zji² ljwu² dzjɨ̣² tśhji¹ zjọ² rjur¹ pjụ¹

切 尽 皆 聚 集。 尔 时， 世 尊

𗏁 𗦴 𗴿 𗫸

tśhjiw¹ po¹ lo¹ bji²

六 波 罗 蜜

皆来集会。尔时，世尊依六波罗蜜③说法："所谓檀波罗蜜，

19–2.7

𘇚 𗟲 𗥰： "𗷀 𗀔 𘁑 𘇚 𗙏 𗥱 𗇔

bju¹ tsjiir¹ tshjij¹ zji¹ mji¹ ·jiw¹ bju¹ tha² ljo¹ tśhja²

依 法 说： "布 施 随 缘 大 福 德

𗼊 𗢮， 𗧓 𘉒 𗀀

tśiow¹ rjir¹。 mji¹ lhjii¹ lhjwo¹

聚 得， 不 退 转

布施果报④得大福德聚，得不退转

---

①那罗延天，西夏文作 "𗦻𗥌𗫨𗙏" no¹ lo¹·ja¹ mə¹。𗦻𗥌𗫨 no¹ lo¹·ja¹，汉文 "那罗延" 的音译。那罗延，梵文 nārāyaṇa，乃印度古代之大力神。《慧琳音义》卷六："那罗延，梵语欲界中天名也，一名毗纽天，欲求多力者承事供养，若精诚祈祷多获神力也。"（见《大正藏》第 54 册第 340 页）

②大自在天，西夏文作 "𗙣𗥡𗫨𗙏"，梵文 Maheśvara，常音译作摩醯首罗、莫醯伊湿伐罗，系诸天之主。

③六波罗蜜，即下文汉文本中所说的檀波罗蜜、尸波罗蜜、羼提波罗蜜、毗梨耶波罗蜜、禅波罗蜜、般若波罗蜜。汉文本每一说法前的 "所谓檀波罗蜜" "说尸波罗蜜" "说羼提波罗蜜" "说毗梨耶波罗蜜" "说禅波罗蜜" "说般若波罗蜜"，西夏文皆无，应译者有意为之，非是疏漏。

④果报，西夏文作 "𘁑𘇚"，依字面当译 "随缘" "因缘"。下文第 9、10、11 行则分别以 "𗟲𘇚"（依法、因法）、"𘁑𗎭"（果报）、"𗂪𘇚"（依修、因修）对译汉文 "果报" 一词。

19-2.8

蒜	縡	嶬,	朘	竷	凝	癈	帳	覉	蒜
·jij¹	dzju²	rjir¹	mə²	śjạ¹	ljɨ¹	dzju²	mji¹	kjụ¹	·jij¹
自	在	得,	天	七	宝	雨	不	求	自

帳,	庬	嫰	逦
lja¹	rjur¹	tha²	lwu²
来,	诸	大	伏

自在，天雨①七宝不求自得，诸大伏

19-2.9

舓	兝	綴	蕿;	帤	縡	祗	灦,	倪	纹
·u²	thja¹	to²	thar¹	sej¹	kie¹	tsjiir¹	bju¹	ŋwə¹	me²
藏	其	出	现;	净	戒	法	依,	五	神

縡	齓	傂	朘
mjijr²	lhjụ²	xiwã¹	mə²
通	获	梵	天

藏自然②出现；说尸波罗蜜，所谓净戒果报，获得五通而生梵天；

19-2.10

祕	茸;	黴	翍	灸	蕭	纎	纲	狝	炂
tśhjaa¹	wee¹	pjo¹	zew²	mja¹	tshja²	tja¹	thjoo¹	ŋạ²	śjwo²
上	生;	忍	辱	果	报	者,	妙	好	庄

豺	朘	纅	鍺
tshjij²	mə¹	tsə¹	·jij¹
严	天	色	相

说羼提波罗蜜，所谓忍辱果报，得天色相妙好庄严，

19-2.11

嶬,	禘	禘	孫	蒶	劦	纸	纲;	狝	蔬

---

① 雨，西夏文作"癈"。此为动词，表示降雨。
② 自然，西夏文通常作"兝蕿"，本文这里只出现"兝"字，疑有脱文。

rjir¹	ŋowr²	ŋowr²	·jij¹	dzu¹	ŋwe¹	lew²	we²	khu¹	dźjij¹
得，	一	切	于		乐	所	为；	精	进

djọ²	ku¹	ljij²	njij²
修	则，	魔	王

一切乐见；说毗梨耶波罗蜜，所谓欲修精进，使彼魔王

19-3.1

ljil²	zjij¹	tśhjɨ²	rjar²	bu¹	wə¹	rjir¹	lew²	mja¹	tshja²
见	时	立	即	降	伏，	得	所	果	报

lhji²	wee¹	gjij¹	lja¹
死	生	超	过，

见者降伏，所得果报超出生死，

19-3.2

lhjạ¹	zjij¹	rjur¹	tha¹	lhjij˙	·u²	khej¹	dźjij¹	njwi²。	mjij¹
忽	时	诸	佛	刹	中	游	玩	能；	净

sjwɨ¹	djọ²	bju¹	śjiw²
虑	修	依，	[首

忽然之间游玩佛刹；说禅波罗蜜，所谓净虑果报，

19-3.3

le¹	gjạ¹	sã¹	mo²	thji²	rjir¹。	nioow¹	ŋewr²	mjij¹	jir²
楞	严	三	摩	地]	得，	复	数	无	百

tụ¹	kju¹	tśji²	no¹
千	[俱	胝]	[那

获得首楞严三摩地①，复得无数百千俱胝那

19-3.4

獤	纩	筋	贁	鎏	羴；	祓	菨	牖	蘱
·jiw¹	thow¹	sã¹	mo²	thji²	lhjụ²	sjij²	źjir¹	djọ²	bju¹
由	多	三	摩	地〕	获；	智	慧	修	依

敠	絢	紪
tha²	lĭou¹	tśhja²
大	福	德

由多②三摩地；说般若波罗蜜，所谓智慧果报得大福聚，

19-3.5

劣	觥，	糋	敠	循	掀	泚	蔽	朮	羴	劦。"
tśiow¹	rjir¹	wạ²	tha²	ŋjow²	sju²	rejr²	mji¹	tsjɨ¹	lhjụ²	·jɨ².
聚	得，	广	大	海	如	多	闻	亦	获	曰。

获彼多闻广大如海。"

19-3.6

猏	夋，	狅	朥	蟻	靫	缪	貅	麁	聂
tśhjɨ¹	zjọ²	thja¹	mə¹	·ji¹	njɨ²	tśhjiw¹	po¹	lo¹	bji²
尔	时，	彼	天	众	等	六	〔波	罗	蜜〕

禩	蔽	焋
tsjiir¹	mji¹	nioow¹.
法	闻	已，

尔时，彼天众等闻此六波罗蜜法已，

① 首楞严三摩地，西夏文作"鮝腃璽筋贁鎏" śjiw² le¹ gja¹ sã¹ mo² thji²。梵文为 śuraṃgama-samādhi。śuraṃgama（首楞严）意"一切事竟"，samādhi 亦译作"三昧"，意译为"等持""定"。

② 俱胝那由多，西夏文作"絼兹焋獤纩" kju¹ tśji² no¹·jiw¹ thow¹。"絼兹" kju¹ tśji² 为汉文"俱胝"的音译，梵文作 koṭī，为印度数量词，具体数量多少说法不一，有言十万、百万、千万者，亦有言百亿者。西夏语中尚有一些不同的译法，如西夏文《大悲心经》中的"呦祗" ko¹tji²，《功德宝集偈》中的"絼兹" kju¹ tśji。

19-3.7

絴 𗙤 絴 𗟢, 𗜰 𗤋 𗤁, 𗼃, 𗰱 𗰖 𗭴 𗪲。
njiij¹ ljɨj² njiij¹ śjwo¹, nji² gjɨ² sjwɨ¹ lə djo̱² dźjij¹ bioo¹ thju¹。
欢　喜　心　生，昼　夜　思　惟，修　行　观　察。
心大欢喜，昼夜思惟，修行观察。

19-3.8

𗰿 𗟲, 𗤏 𗟯 𗰘① 𗪱 𗲆 𗤥 𗭜 𗭓 𗙈
tśhjɨ¹ zjo̱² tew¹ lji¹ mə¹ gjɨ² mjij² tja¹ ror² jij¹
尔　时，[切　利] 天　有　名　者　垢　无
𗫴 𗱦 𗰦，𗤗
mo² nji¹ ·u² jir²
[摩　尼] 藏，百
是时有忉利天子名摩尼藏无垢，与百

19-3.9

𗥃 𗜓 𗣼 𗰘 𗱕 𗤯 𗥦 𗰱 𗮦 𗟩
tu̱¹ kju¹ tśji² mə¹ zjɨ̱ wjɨ̱¹ dźjwɨ¹ nioow¹ ·ja¹ khjɨ²
千　[俱　胝] 天　子　眷　属　及　一　万
𗮟 𗥃 𗰘 𗥰
·jar¹ tu̱¹ mə¹ mjij¹
八　千　天　女
千俱胝天子眷属万八千天女

19-3.10

𗤯 𗥦 𗭁 𗰱 𗣳 𗤧 𗮷 𗞞 𗟧 𗨖
wjɨ̱¹ dźjwɨ¹ dźjij² nioow¹ me̱² mjijr² wjɨ¹ dji² śja¹ lji¹
眷　属　有，并　神　通　变　化，七　宝
𗣼 𗤵 𗰘 𗰬，𗤒
爱　属　天　口，口

---

① 𗤏 𗟯 𗰘 tew¹ lji¹ mə¹，忉利天。梵文为 Trāyastriṁśa。按，上下文中与汉文本"天子"相对词语皆作"𗰘𗱕"，疑此脱"𗱕"（子）字。

śjwo² tshjij² mə¹ mji¹ thjoo¹
庄　　严　　天　宫，　妙

眷属，并天宫殿神通变化，七宝庄严，高妙

19-3.11

𗟭　𗗙　𗏵①，　𗣼　𗣼　𗣛　𗣆、　𗣼　𗣼　𗌺
so²　du¹　rjij²　mə²　mə²　mji¹　pjụ²　mə²　mə²　·iọ²
高　楼　阁，　种　种　宫　殿、　种　种　园

𗏵，　𗌺　𗏇　𗏈　𗏉，　𗷔　𗷔　𗏈　𗏵。
bo¹　dźjəj²　rejr²　wjạ¹　mjạ¹　ŋowr²　ŋowr²　śjwo²　tshjij²
林，　池　沼　花　果，　一　切　庄　严。

楼阁，种种宫殿、种种园苑，池沼华果，皆悉严饰。

19-4.1

𗟎　𗧋　𗏟　𗠈　𗏉　𗟭　𗐱　𗣴，　𗠚　𗑈
thja¹　ror²　mjij¹　mo²　nji¹　·u²　mə¹　zjị¹　thjoo¹　kju¹
彼　垢　无　[摩　尼]　藏　天　子，　妙　[俱

𗱾　𗠈　𗣴②　𗐱　𗏛
su¹　mo²　mo²　mə¹　mjij¹
苏　摩]　华　天　女

彼摩尼藏无垢天子，与妙俱苏摩华天女，

19-4.2

𗣂，　𗵘　𗵛　𗌺　𗵝、　𗵘　𗐂　𗐱　𗷇　𗲜
rjir²　dźjwɨ¹　dzu¹　dźjij¹　dźjiij¹　dźjwɨ¹　śio¹　mə¹　biej¹　rejr²
与，　相　爱　行　坐、　相　随　天　快　乐

𗯰　𗱕　𗵒　𗌪　𗣌　𗣆
lhjij¹　śjạ¹　ljɨ¹　ljir¹　ɣa¹　pjụ²
受，　七　宝　四　门　殿

① 与汉文相对，西夏文将"天宫"后至与"妙高楼阁"并列，意即"神通变化、七宝庄严的天宫殿与高妙楼阁"，似表达汉文"天宫殿神通变化，七宝庄严高妙楼阁"一句乃为互文。
② 𗑈𗱾𗠈𗣴 kju¹ su¹ mo² wjạ¹，俱苏摩华。俱苏摩，梵文 kusuma，本是一种花的名称。

极相爱乐行坐、相随受天快乐，而于七宝四门殿中，

19-4.3

帰，	偄	綬	霶	爤、	纛	泒	蠡	豂，	嘉
·u²	ŋwə¹	kiej²	rejr²	lhjij˙	lha˙	lia²	dzu¹	zjij¹	·jij¹
中，	五	欲	乐	受、	迷	醉	耽	着，	自

蔽	絴	禐、	瓶	蕥
khwej¹	njiij¹	śjwo¹	·ji²	me²
慢	心	起、	睡	眠

受五欲乐、迷醉耽着，示其我慢、恣彼睡眠。

19-4.4

纛	刎。	瓣	羆	彩	綰	败	菝	蘢	朕
dzu¹	ŋwe¹	dzjij¹	thja¹	ror²	mjij¹	mo²	nji¹	·u²	mə¹
欣	乐。	时	彼	垢	无	[摩	尼]	藏	天

絼，	貒	辭	蕥	鰲，
zjɨ¹.	śjwo¹	gu²	me²	kha¹.
子，	夜	中	睡	中，

时彼摩尼藏无垢天子，乃至于中夜分睡梦之间，

19-4.5

朕	羸	禘	禘	綬	諺	祇	覢。	瓣	羆
mə¹	mjij¹	ŋowr²	ŋowr²	thjoo¹	tshow¹	ɣie²	khu¹	dzjij¹	thja¹
天	女	一	切	妙	音	乐	奏。	时	彼

胿	翰	帰	絵	藆	朕	羧
mji¹	pju²	·u²	lja²	mə¹	mə¹	·ja²
宫	殿	中	口	炬	天	药

一切天女奏妙音乐。时彼宫殿有炬口天药

19-4.6

燚	蕥，	祇	綬	蔽	羆	彩	綰	败	菝
tśhia¹	dju¹	ɣie²	to²	ŋwu²	thja¹	ror²	mjij¹	mo²	nji¹

又　　有，　发　　声　　以　　彼　　垢　　无　　［摩　尼］
·u²　　mə¹　　zjɨ¹　　·jij¹　　pjwir¹
藏　　天　　子　　于　　劝。

又，而乃发声，劝彼摩尼藏无垢天子，

19-4.7

thji²　　sju²　　da²　　·ji²　　ror²　　mjij¹　　mo²　　nji¹　　·u²　　mji¹
如　　是　　言　　曰：　"垢　　无　　［摩　尼］藏，　宫

pjụ²　　dzu¹　　ŋwe¹　　·ji²　　me²　　lej²
殿　　爱　　乐、　睡　　眠　　贪

作如是言："摩尼藏无垢，云何爱乐宫殿耽

19-4.8

zjij¹　　nji²　　mjɨ¹　　tśhjɨ¹　　dwewr²　　thja¹　　śjij¹　　no²　　dźjiij¹　　nja²
着，　汝　　无　　尔　　知　　自　　然　　安　　住　　你

thjij²　　sjo²　　mə¹　　zji¹　　nwə¹　　lew²
云　　何？　天　　子　　知　　应，

着睡眠，都不觉悟而复安住？汝天当知，

19-4.9

biej¹　　rejr²　　mji¹　　·ju²　　śjạ¹　　·jar²　　·wji²　　zar²　　kjɨ¹　　djij²
快　　乐　　不　　久，　七　　日　　已　　过　　必　　定

zjọ²　　sji¹　　śjạ¹　　lji¹　　mji¹　　pjụ²
命　　尽，　七　　宝　　宫　　殿

快乐不久，要后七日命必无常。

19-4.10

zji²	thjoo¹	ŋwer¹	mjij¹	mə¹	biej¹	rejr²	kji¹	ŋwu²	ka¹
妙	殊	无	比	天	快	乐	虽	是	命

bja²	nioow¹	lijr²	rjɨr²	tśhjij¹	tji¹
断	后	方	△	留	可

虽天快乐七宝宫殿殊妙无比，而汝命尽须臾莫留。

19-4.11

mjij¹	thjɨ²	dạ²	dạ²	thju¹	thju¹	·wjɨ²	sjwɨ¹	lə⁻	nja²
无,	此	言	事	真	实,	△	思	惟	你,

tśhjɨ²	rjar²	tśier¹	·ju²	wji¹	lew²	dzjɨj¹	·u²
立	即	方	便	为	应。"	时	口

斯事真实，当自思惟，宜速方便。"

19-5.1

mə¹	mə̱¹	·ja²	tśhia¹	thjɨ²	dạ²	tshjij¹	niow¹	lhjạ¹	zjij¹
炬	天	[药	叉]	是	语	说	已,	闪	时

mji¹	śja²	tśhji¹	zjọ²	ror²
不	现。	尔	时	垢

时炬口天药叉说是语已，忽然不现。尔时

19-5.2

mjij¹	mo²	nji¹	·u²	mə¹	zji̲¹	thjɨ²	dạ²	mji¹	nioow¹
无	[摩	尼]	藏	天	子,	是	语	闻	已,

tśjɨ¹　zjɨ¹　njiij¹　śjwo¹　lha⁻
苦　　恼　　心　　　起，　　迷

摩尼藏无垢天子，闻此语已，心极苦恼，

19-5.3

𗵞　𗼷　𘑺，　𗟻　𗥃　𘝣　𗤒，　𗢸　𗾣　𗔷
lia²　·wjɨ²　sju²　mə²　mjij¹　nja¹　tśja¹　njijr²　ljɨ¹　tśhjaa¹
醉　　犹　　如，　闷　　绝　　△　　倒，　面　　地　　上

𗧓，　𘊵　𗰚　𗇃
zjij¹　khjɨ¹　lạ¹　zjɨ²
着，　脚　　手　　皆

由如迷醉，闷绝而倒，面目着地，僵仆而卧。

19-5.4

𗊱。　𗅻　𗛁　𗀜　𘓿　𗢾　𗽴　𘉷　𗨁，　𗰚
·jir²　dzjɨj¹　mə¹　mjij¹　·jɨ¹　thjɨ²　dạ²　ljil²　nioow¹　to²
伸。　时　　天　　女　　众　　此　　事　　见　　后，　悉

𗰚　𗰟　𗧓，　𗬩　𘒿
zjɨ²　sjwɨ¹　zjɨ¹　bjɨ¹　rar²
皆　　愁　　忧，　流　　泪

时天女众见此事已，悉皆愁忧，啼泣雨泪。

19-5.5

𗊱　𗲠，　𗫂　𘓾　𗭙　𗧓　𘊆　𗀜。　𗟻　𘔼
ŋwu²　kwar¹　tśjɨr²　le²　tśjɨ¹　zjɨ¹　·ja¹　śjwo¹　nioow¹　thja¹
泣　　啼，　惊　　惶　　苦　　恼　　＿＿＿生＿＿＿。复　　彼

𗛁　𗊱　𘓿　𗠁
mə¹　gjɨ²　ɣu¹　swa¹
天　　子　　头　　发

憧惶怕怖苦恼千种。复见彼天头发

19–5.6

蕣	閦	蘸	矤	礛	馥	庬	亥	肞	蕲
dźia²	lhwu¹	·u²	gjwi²	·jɨr²	rer²	rjur¹	ljuu²	tshjɨj²	gju²
蓬	乱，	衣	服	［璎	珞］	诸	庄	严	具，

杨	燉	蚾	巍，	瀡
·ja¹	lijr²	rjɨr²	tjɨ¹。	njijr²
一	边	△	弃，	面

蓬乱，璎珞诸严身具，悉弃一边；面

19–5.7

铳	弸	繖，	阪	飯	杨	矗	珫	戝	綫，
tśhjaa¹	sjɨj¹	tśior²	mər¹	·u²	·ja¹	rowr¹	sji²	ljil²	ku¹
上	血	污	唇	口	△	干	▽	见	则，

荕	燲	燲	杨
gjij¹	sjwɨ¹	zjɨ¹	·ja¹
倍	愁	恼	△

目血染，唇口干焦，倍复愁恼

19–5.8

緲	杨	緲	劣，	絆	燚	厲	铳，	蘴	肵
ŋjir¹	·ja¹	njir¹	·jɨ²。	njiij¹	kjɨ¹	lu²	sju²	tśhiow¹	khwə¹
祸	△	祸	称，	心	△	烧	如，	或	闷

徙	羲	巰，	蘴
tshjwɨj¹nja¹	tśja¹	tśhiow¹
迷	△	倒，	或

而称苦哉，如火烧心，闷绝倒地；

19–5.9

蘲	蘶	絆	辐，	蘴	瓣	殶	燚	甉	铳
lhạ²	ljɨj¹	njiij¹	mjɨ²	tśhiow¹	zju²	zjɨɨr²	rjir²	rjir²	sju²
迷	乱	心	忘，	或	鱼	水	与	离	如

姞	铳	狡	瓻，	皴

lji² 　tśhjaa¹ 　dźiə² 　dźiej²。 mə²
地　　上　　　轮　　转，　　种
亦有迷乱而失心者，亦有如鱼失水宛转在地者，

19-5.10
𘄒　𗥛　𗟟　𗏹　𘒣　𘎑　𗟷。 𗑛　𗅢，　𗜓
mə² 　sjwɨ¹ 　zjɨ¹ 　ŋwu² 　kwar¹ 　mə¹ 　dju¹ 　thja¹ 　kha¹ 　njiij¹
种　愁　恼　号　哭　天　告。 其　中，　心
𗪁　𗿒　𗜓　𗟷，
mji¹ 　lhạ² 　mjiir² 　dju。
不　失　者　有，
种种愁叹号哭呼天。其中，有不失心者，

19-5.11
𘎑　𗟭　𗓿　𗏹　𗣼　𗾟　𗤒　𗓷，　𗾔　𗅢　𗗙
mə¹ 　lji¹ 　gju² 　ŋwu² 　zjɨɨr² 　dạ² 　sjiw¹ 　kjur¹ 　zjɨr² 　kha¹ 　śja¹
天　宝　器　以　冷　水　新　盛，　水　中　[栴
𗧀　𗊱　𗡮　𗑛　𗇊　𗫨　𗼊　𗢳　𘑶　𘜶。
thã¹ 　mẹ² 　lju² 　thja¹ 　nji² 　·jij¹ 　lju² 　tśhjaa¹ 　pho¹ 　wji¹。
檀]　末　洒　彼　等　之　身　上　撒　为。
以天宝器盛新冷水，及栴檀香散洒其身。

19-6.1
𗡞　𗅲　𗥛　𗁥　𗹢　𗤩，　𗡞　𗅲　𗣼　𗱕
tśhiow¹ 　tsji¹ 　ɣu¹ 　mjar¹ 　dzjwi² 　dji² 　tśhiow¹ 　tsji¹ 　lhwu¹ 　gjwi²
或　亦　头　发　修　造，　或　亦　衣　服
𗹢　𗤩，　𗡞　𗨬
dzjwi² 　dji² 　tśhiow¹ 　khji¹
整　治，　或　足
或复为理发髻，或整其衣，或捧其足。

19-6.2

𗼷	𘃛	𗓋	𗰗	𗲆	𗦻	𗦻	𗪚	𗊱	𗰗
ɣiwej¹	·wji¹	ror²	mjij¹	mo²	nji¹	·u²	mə¹	zjɨ¹	mjij²
授	为。	垢	无	[摩	尼]	藏	天	子	渐

𗰗	𗈁	𗦻
mjij²	·ja¹	gji¹
渐	△	醒,

时摩尼藏无垢天子渐还惺悟,

19-6.3

𗏹	𗋽	𗈁	𗰿	𗈁	𗰿	𗎫	𗤑	𗔔	𗊱
nioow¹	lijr²	·ja¹	ŋjir¹	·ja¹	ŋjir¹	·jɨ²	gjij¹	sjwi¹	zjɨ¹
后	向	△	祸	△	祸	称,	倍	忧	恼

𗔔,	𗀔	𗪚①	𗎫
śjwo¹	nji²	mə¹	·jɨ²
生,	▽	天	称

既惺悟已良久之间, 口称大苦, 极甚忧恼,

19-6.4

𗧓	𗥔	𗤉①	𗳉	𗭪	𘝓	𗆫②	𗜓	𗜓	𗜓
ŋwu²	ɣiẹ²	xjiw¹	lju²	kwər¹	dzjwɨr¹	khjɨ¹	ljɨ¹	śjɨ²	ljɨ²
以	声	嘘	身	体	颤	集,	风	草	吹

𗂬	𗝓	𗙴
sju²	mju²	ljɨj²
如	动	摇

叹息长嘘, 身体战悚, 如风吹草倾侧不定,

_____

① 𗀔𗪚𗎫𗧓𗥔𗤉, 此对汉文 "叹息长嘘"。依西夏文字面意思, 即 "称奇哉而声嘘"。𗀔𗪚 *nji²mə²*, 感叹词, 表示惊奇, 相当于汉语的 "奇哉",《大宝积经》卷48两次出现该词, 皆对译汉文 "奇哉"。"𗥔𗤉" 二字当与 "嘘" "长嘘" 相对。𗤉, 旧解释为汉语 "休" 之借词, 可能是受《文海》字形解说 "𗥔𗤇𘃻𗤉"(音左息全)影响, 且该字又多在人名中用与汉文 "休" 对音, 然《文海》字义解释为: "𗤉𘜶𗠂𘃻𗤉𗤉𗤉。" 汉译: "~ 者喘气疲倦 ~ 也。" 表明该字当与 "喘气" 有关, 汉语中对应之字应为 "咻"。所以, 结合《文海》之释义及此处文献用例, "𗤉" 当表 "咻" "嘘咻" 之义。

② 𗆫 khjɨ¹, 集。此通 "𗆫" khjɨ¹, 意 "颤抖"。"𘝓𗆫" 对译汉文 "战悚"。

19-6.5

𗫂	𗣼	𗧀	𘅍	𘄿	𗢲	𗥛	𗬖	𗤇	𗩴
mji¹	djɨj²	mə²	ɣiẹ²	kjɨ¹	tsəj¹	thji²	sju²	njiij¹	jwo¹
不	定，	声	音	△	细	如	是	心	发：

𗣼	𘃐	𗴩	𗙚
ŋa²	sjij¹	xja¹	śjɨ²
"我	今	速	［释］

语声微细乃发其心："我今速疾

19-6.6

𗫦	𘋧	𗍺	𘝵	𘄴	𘄿	𗿪	𗪟	𗣊	𗫂
ŋwər¹	dzjwi¹	do²	śjɨ²	lew²	·jɨ²	thja¹	nji²	śjɨ²	nioow¹
天	帝	处	往	应	谓。"	彼	到	往	已，

𗙚	𗫦	𘋧	𘑕	𗂰
śjɨ²	ŋwər¹	dzjwi¹	rewr²	·jij¹
［释］	天	帝	足	于

往帝释天所。"既到彼已，礼帝释足

19-6.7

𗢲	𗥛	𗬖	𘎑	𘄿	𘋥	𘄷	𗣼	𗍫	𗦟
tshwew¹	thji²	sju²	dạ²	·jɨ²	mə¹	dzju²	ŋa²	·wjɨ²	gju²
礼，	如	是	言	说：	"天	主	我	△	救，

𗣼	𗍫	𗦟	𗣼	𘔽	𗄓
ŋa²	·wjɨ²	gju²	ŋa²	ma²	gjɨ²
我	△	救	我，	昨	夜

作如是言："天主救我，天主救我。"

19-6.8

𗧾	𘋥	𘋥	𗩱	𗧀	𗣼	𗂰	𗴴	𘍞	𗍫
lja²	mə¹	mə̱¹	·ja²	tśhia¹	ŋa²	·jij¹	śjạ¹	·jar²	·wjɨ²
口	炬	天	［药	叉］	我	之	七	日	△

𘞤	𗫂	𗤄	𘄿	𗣼

zar²	nioow¹	lijr²	kjɨ¹	djɨj²
历	后	向	必	定

说如上事，"闻炬口天药叉言，我后七日必

19-6.9

骹	犸	胁	劵	纟⟨①⟩	纰	畩	舾	纊	骰
zjǫ²	sji¹	nja²	·jɨ²	djɨj²	ŋa²	djɨ¹	jɨj²	·ji¹	tśji¹
命	尽	汝	说	▽	我	地	狱	众	苦

纰	骹	孙	燉	惴	纵	繄	祀	朦
thaˉ	njɨj²	·jij¹	sjwɨ¹	lǝˉ	njoow¹	dzjɨr¹	bow²	mǝ¹
逼	迫	之	思	虑	故	急	速	天

当命终，我思地狱众苦逼恼，以是急速来白天主。

19-6.10

纟	効	祉	憿	纰	骰	衍	骸	绽	亵
dzju²	do²	rjɨr²	ljij²	ŋa²	xwa²	tśier¹	·ju²	bie²	thjij²
主	处	△	来	我	何	方	便	解	脱

慨	糏	畋	蕤	慨	覆	朦	纟	纰
mji¹	sji¹	niow²	tśja¹	mji¹	lji¹	mǝ¹	dzju²	ŋa²
不	死	恶	道	不	堕	天	主	我

作何方便而得解脱，令我不死不堕恶道？天主

19-6.11

孙	纹	蘧	糏	骰	缒	甄	祇	纰	劵
·jij¹	gjuu²	dźjɨ²	sjɨ¹	tśji¹	·wjɨ²	ka²	phji¹	ŋa²	·jɨ²
之	救	护	死	苦	△	离	令	我	谓

‖	殡	叐	蘙	臧	劦	噉	豺	骹	慨
‖	tśhjɨ¹	zjǫ²	śjɨ²	ŋwǝr¹	dzjwɨ¹	thjɨ²	dạ²	mji¹	ioow¹
‖	尔	时	[释]	天	帝	此	说	闻	后，

---

① "艴秂……劵纟"，此句西夏文意为："昨夜炬口天药叉言于我曰'汝后七日，必当命终'。"艴秂，昨夜。汉文本无此时间状语，而于"天主救我"后有"说如上事"，后另有述语一段，西夏文本将两段述语连为一起。"劵纟"标示"黃靴缒舾慨纰劵纵骹犸胁"（汝后七日，必当命终）为转述内容。

愿作救护令离死苦。"如是告已。　‖　尔时，帝释天主闻此说已，

19–7.1

𘟪	𘟚	𘜊	𘞬	𘝨	𘜑	𘜃	𘜭	𘝕	𘝍
tśjɨ¹	kjɨ¹	tha⁻	dwewr²	ror²	mjij¹	mo²	nji¹	·u²	mə¹
苦	△	迫	知，	垢	无	［摩	尼］	藏	天

𘜺	𘞢	𘞱
zjɨ¹	·jij¹	·jɨ²
子	于	谓：

知心苦切，告摩尼藏无垢天子言：

19–7.2

"𘟚	𘝵	𘝏	𘝨	𘜑	𘜃	𘜭	𘝕！	𘟎	𘞛
tji¹	le²	nja²	ror²	mjij¹	mo²	nji¹	·u²	ŋwə¹	dzjwo²
"勿	怖	汝，	垢	无	［摩	尼］	藏！	天	人

𘝗、	𘜹	𘞎	𘞳、
dzjiij²	zji²	phju²	mjijr²
师、	最	上	者、

"勿怖，摩尼藏无垢！彼有佛世尊、天人之师、无上

19–7.3

𘞈	𘞘	𘞊	𘞄	𘞘	𘝑	𘞐	𘜜，	𘞞	𘝁
tha¹	rjur¹	pjụ	gji²	rjur¹	kha¹	to²	śja²	thjoo¹	tsjiir¹
佛	世	尊	有	世	间	出	现，	妙	法

𘞍	𘝺	𘝉
tsə¹	ŋwu²	wee¹
药	以	生

之士出现于世，而有法药

19–7.4

𘝕	𘝼	𘝰	𘝺	𘞸	𘜺	𘝥	𘝼	𘞢	𘞠，
nar²	ŋo²	sji¹	lji¹	nioow¹	zjɨ¹	njɨ²	ŋo²	·jij¹	dji²

老　　病　　死　　　　　　及　　　烦　　恼　　病　　之　　治，

djɨ¹　　jij²　　sjɨ¹　　ka²

地　　狱　　死　　离，

能救生老病死及以烦恼，远离地狱，

19–7.5

rjɨr²　　njɨ²　　niow²　　tshwew¹　　ŋowr²　　ŋowr²　　zji²　　ljij¹　　phji¹　　njwi²

乃　　至　　恶　　趣　　一　　切　　皆　　坏　　令　　能，

·wja¹　　mja¹　　·wjɨ¹　　sju²

父　　母　　△　　如

乃至一切恶趣而令破坏，如彼父母能

19–7.6

nja²　　·jij¹　　gjuu²　　njwi²　　ŋa²　　sjij¹　　nji²　　·jij¹　　·jɨ¹　　tha²

汝　　之　　救　　能，　我　　今　　汝　　之　　告，　大

dwewr²　　rjur¹　　pjʉ¹　　tja¹

觉　　世　　尊　　者，

救济汝，我今告汝，大觉世尊

19–7.7

sjij¹　　tu¹　　śjɨ¹　　tow¹　　mə¹　　mji¹　　·u²　　dźjiij¹　　xja¹　　dja²　　śji¹　　nja²。

今　　［睹　　史　　多］　天　　宫　　内　　在，　速　　△　　往　　汝。"

在睹史多宫，汝可急去。"

19–7.8

tśhjɨ¹	zjo̧²	śjɨ²	ŋwər¹	dzjwɨ¹	ror²	mjij¹	mo²	nji¹	·u²
尔	时,	[释]	天	帝	垢	无	[摩	尼]	藏

瞍	獥	赦	椛
mə¹	zjɨ¹	ljɨ¹	nioow¹
天	子	__及__	

尔时，帝释天主与摩尼藏无垢天子，及

19–7.9

骰	姤	痋	瞍	薾	焱	赦	罷,	痋	粯
ŋewr²	mjij¹	tu̧¹	mə¹	mjij¹	rjir²	śiə¹	śio¹	tu¹	śjɨ¹
数	无	千	天	女	与	引	导,	[睹	史

痋	瞍	胹
tow¹	mə¹	mji¹
多]	天	宫

无数千天女，往睹史多宫

19–7.10

秳	嵞	薇	姷	薙,	羆	蠺	蓝	椛,	藪
tśhjaa¹	rjur¹	pju̧¹	do²	śjɨ¹	thja¹	nji²	śji²	nioow¹	lju̧²
于	世	尊	处	往,	彼	到	往	后,	头

瑉	赦	嵞	薇
njijr²	ŋwu²	rjur¹	pju̧¹
面	以	世	尊

诣世尊所，到彼所已，头面着地礼世尊

19–7.11

赕	稀	焱,	骰	姤	瓀	薇,	絆	薭	赅	遜。
rewr²	·jij¹	tshwew¹	so̧¹	dźjwow¹	tśier¹	ror²	tha¹	·ju²	rjir²	dźjiij¹。
足	之	礼,	三	匝	右	绕,	佛	__前__		住。

蠺	藪	薾	姷	靮	赩	薶	羴,	嵞	薇
dzjij¹	śji²	ŋwər¹	dzjwɨ¹	ya¹	sjwɨ¹	gieej¹	rowr¹	rjur¹	pju̧¹
时	[释]	天	帝	忧	愁	憔	悴,	世	尊

足，旋绕三匝，住世尊前。尔时帝释天主忧愁萎悴，

19-8.1

·jij¹ ·ji²。 thja¹ lja² mə¹ mə¹ ·ja² tśhia¹ thji² ror²
之 言： "彼 口 炬 天 ［药 叉］ 此 垢

mjij¹ mo² nji¹ ·u²
无 ［摩 尼］ 藏

白世尊言："彼炬口天药叉告摩尼藏无垢

19-8.2

mə¹ zjɨ¹ ·jij¹ śją¹ ·jaar² nioow¹ lijr² kjɨ¹ djɨj² zjǫ²
天 子 之 七 日 后 向 ___必___ 命

sji¹ ·ji² sji²。
终 言 ▽，

天子言，汝后七日必当命终，

19-8.3

rjur¹ pjụ¹ xwa² tśier¹ ·ju² bju¹ djǫ² dźjij¹ ku¹ thji²
世 尊 何 方 便 依 修 行 则 斯

tśji¹ rjir² ka²
苦 与 离

世尊作何方便而令修行得免斯苦？"

19-8.4

ljɨ¹? ‖ tśhji¹ zjǫ² rjur¹ pjụ¹ śjɨ² ŋwər¹ dzjwɨ² ·jij¹

也？	‖	尔	时，	世	尊	［释］	天	帝	于

		𗋽	𗤋	𗼨	𗣼，	𗧾			
		daʔ²	·jɨ²	mji¹	nioow¹	njiij¹			
		言	语	闻	后，	心			

尔时，世尊闻帝释天主言已，

19–8.5

𗩾	𗰜，	𗟻	𗠝	𗲆	𗱟，	𗧘	𗺌	𗥃	𗥃
khju¹	lə⁻	daʔ²	tśhji²	ljil²。	ku¹	lja²	·u²	mə²	mə²
下	念，	事	本	见	则，	口	中	种	种

𗙏	𗦎	𗖻，							
tsə¹	bji¹	wjaʔ²							
色	光	放，							

而作思惟，见是事已，而于口中放种种色光，

19–8.6

𗍫	𗢭	𗆧	𗢭	𗴭	𗽯	𗢬	𗳉	𗋽	𗍫
soʔ¹	tu²	tha²	tu¹	rjur¹	kiej²	zjɨr²	ljɨ¹	nioow¹	rjur¹
三	千	大	千	世	界	遍	___及___	诸	

𗁬	𗦺、	𗷛							
dzjwo²	ŋwə¹	we¹							
人	天、	龙							

其光遍照三千大千世界，一切天人及龙，

19–8.7

𗬼	𗤋	𗦲①、	𗈪	𗟷	𗼑②、	𗴺	𗤁	𗤊③、	𗌭
khja²	tha²	pho¹	·a⁻	su¹	lo¹	gia²	rur¹	tśhia¹	kjĩ¹

---

① 𗬼𗤋𗦲 khja² tha² pho¹，犍闼婆。八部众之一。梵文 Gandharva，汉译多作乾闼婆，又译香阴，帝释天之乐神也，法华经之听众。

② 𗈪𗟷𗼑 ·a⁻ su¹ lo¹，阿素洛。八部众之一。梵文 Asura，汉译多作阿修罗。旧又译作无酒，新译作非天，常与帝释战斗之神也。

③ 𗴺𗤁𗤊 gia² rur¹ tśhia¹，蘡噜茶。八部众之一。梵文 Garuḍa，汉译多作迦楼罗，又译金翅鸟、妙翅鸟。

［犍 闼 婆、 阿 素 洛、 夔 噜 荼、 紧
㦿 㫰①、 皼 緺
no¹ rar¹ mo² xew¹
那 啰、 摩 护］
犍闼婆、阿素洛、夔噜荼、紧那啰、摩护

19-8.8

㫰 㫱②、 牫 燚、 麓 燚、 牂 頹 靬 孤
rar¹ gia² ·ja² tśhia¹ lo¹ tśhia¹ phu² tow¹ nji² ·jij¹
［啰 y、 药 叉、 罗 刹、 步 多］ 等 之
帒 舖 秇 �
mji¹ pjụ² tśhjaa¹ swew¹
宫 殿 上 照。
啰诚、药叉、罗刹、步多宫殿。

19-8.9

㫱 皼 赦 龇 龇 燚 㫰， 㦿 㴑 嘉
thja¹ bji¹ ŋwu² rjur¹ rjur¹ kjɨ¹ mjị¹ nioow¹ ljɨ¹ ·jij¹
其 光 以 诸 处 △ 告， 复 还 己
孤 㪚 絍 敃
·jij¹ sọ¹ dźjwow¹ tśjị¹
之 三 匝 绕
光照告已，其光还复到于佛所，绕佛三匝，

19-8.10

繲， 㪚 崏 燚 諕 殊。 㺩 㜮， 龇 㫰 蔽 敝
ror² ·u² lja² kjɨ¹ ·o² tśhjɨ² tśhjɨ¹ zjọ² rjur¹ pjụ¹ śjɨ² ŋwər¹
绕， 口 中 △ 入 速。 尔 时， 世 尊 ［释］天

---

① 毗㦿㫰 kjɨ¹no¹rar¹，紧那啰。八部众之一。梵文 Kiṁnara，又译作非人、歌神。
② 皼緺㫰㫱 mo²xew¹rar¹gia²，摩护啰诚。八部众之一。梵文 Mahoraga，汉译多作摩睺罗迦，又译大蟒神、大腹行。

汋　狲　芴：　"䐃　緳　皽　嬎　屼！　罷　彩　絗
dzjwɨ¹　·jij¹　·jɨ²　mə¹　dzju²　·wji²　nji²　nja²　thja¹　ror²　mjij¹
帝　于　告："天　主　△　听　汝！　彼　垢　无

还从口入。是时，世尊告帝释天主言："谛听，天主！彼

19-8.11

皽　莜　蘢　䐃　猕　繊，　賔　靴　㷱　嫩　㦇
mo²　nji¹　·u²　mə¹　zji¹　tja¹　śjạ¹　·jaar²　nioow¹　lijr²　kji¹
[摩　尼]　藏　天　子　者，　七　日　后　向　△
忲　敫　猍　䣭　䏡　屝　覆，　㩊　峰　乢
djij²　zjọ²　sji¹　dji¹　jij²　·u²　lji¹　sji¹　pjụ¹　bju²
定　命　终，　地　狱　中　堕，　无　量　边

摩尼藏无垢天子，七日之后决定命终，当堕地狱，

19-9.1

絗　敆　叔　猍　繊，　繊　牱　嬁　嬎。　䣭
mjij¹　tha²　tśji¹　zji¹　lhjij¹　zji²　kja¹　le²　lew²　dji¹
无　大　苦　恼　受，　最　畏　怖　▽。　地
䏡　屝　猌，　猕　魔　㷱　㹴
jij²　lja²　lho⁻　po¹　lo¹　deej²　we²
狱　中　出，　[波　罗　奈]　城

受大苦恼，痛楚无量，甚大怖畏。出地狱已复生人间，而于波罗奈城

19-9.2

屝　蒇　瑃　繊　狲　㣎　嬎　㹴　䏴，　㹺
lja²　lhjụ²　kjiir¹　nji¹　·jij¹　njaa²　·jar²　kha¹　wee¹　wa¹
中　竹　匠　家　之　溷　厕　中　生，　猪
㹺　㹨　䩾　徂　頔
njijr²　·o¹　sji²　·ju¹　gji¹
面　有　女　鬼　一

竹匠之家，生溷厕中，为猪面女鬼，

19–9.3

（西夏文）

we²	·ju²	lji̱¹	bji¹	thji¹	dzji¹	thja¹	nioow¹	njaa²	·jar²
为，	恒	粪	尿	饮	食。	彼	复	溷	厕

kha¹	jir²	tu̱¹	kju¹
中	百	千	［俱

恒食粪尿。彼溷厕中复有百千俱

19–9.4

（西夏文）

tśji²	bə²	lu̱¹	tśhju¹	njɨ²	njɨ²	so̱¹	dzjɨ¹	sji²	·ju¹
胝］	蛆	虫	有，	日	日	三	时	女	鬼

·jij¹	sa⁻	dzji¹	lju̱²
之	咂	食，	身

胝蛆虫，常以三时咂食女鬼，身

19–9.5

（西夏文）

tśhji¹	zji²	sji¹	rjɨr¹	ŋa¹	kjɨ¹	tśhjɨj¹	niow²	sjwɨj¹	ɣie¹
肉	皆	尽，	骨	空	△	存。	恶	业	力

bju¹	lju̱²	tśhji¹	·ji̱²
因	身	肉	复

肉都尽，唯存其骨。以业力故而其身肉旋复

19–9.6

（西夏文）

---

① （西夏文），据《文海》解释"（西夏文）"（～者族姓［称尚］之谓），其当族姓用字。此对译汉文"存"，疑为"（西夏文）" rjir²（遗留）形近之误。

to²	·ji²	mər²	sju²	we²	thji²	sju²	śja¹	kjiw¹	·wjɨ²
出	复	本	如	为,	如	是	七	年	△

□, □□□①□

rar²	tśhjɨ¹	mja¹	nioow¹	zjǫ²
过,	然		后	命

平满，受如是身满七年已，然后命

19–9.7

□, □ □ □ □ □ □ □ □ □。

sji¹	nioow¹	gjij²	njijr¹	zjir²	wee¹	piẹ¹	sjij²	gjɨ²	we²
尽,	复	旷	野	遍	生		龟	一	为。

□ □ □ □,

thja¹	gjij²	njijr¹	kha¹
彼	旷	野	中,

终，复生龟中住于旷野。彼旷野中，

19–9.8

□ □ □ □ □, □ □ □ □ □

zjiir²	mjiij²	tsjɨ¹	mji¹	mji¹	nioow¹	zjiir²	rjir¹	rjir¹	ljǫ²
水	名	亦	不	闻,	复	水	得	可	何

□②？□ □ □

ljǫ²	nioow¹	sji¹	phu²
有?	又	树	木

不闻水名，况复其水？又无树木

19–9.9

□ □ □ □, □ □ □ □, □ □

---

① □□□，字面作"尔而后"，此对译汉文本的"然后"。西夏文《悲花经》卷九中也多次出现相同用例，偶尔也以"□□"对译汉文"然后"，《夏汉字典》例证中则多见以"□□"对"而后"。又，本文中与汉译本"然后"相对应的还有几处不同的表达：（1）第88—89行、第98行两次出现"□□□"三字连用，汉译本皆作"然后"；（2）第93行、第262行两次出现"□□□"三字连用，汉译本相应处亦皆作"然后"。

② □□□，与前文的"□""□"搭配使用，相当于汉译本中的"尚（亦）……况复（何况）……？"句式。

gji¹　śjuu¹　zji²　mjij¹　·ju²　njɨɨ¹　ɣa²　dźjij¹　lju²　kwər¹
清　　凉　　皆　　无，　常　　晒　　于　　行，　身　　体

厵　荔，　矪　翍
lu²　tśjiw²　dzjiw¹　tsja¹
烧　糊，　土　热

亦无阴凉，常处日中，身体如烧，唯食热土。

19–9.10

羠　踠。　毈　纞　泚　剓　穆①　豸　祕　訛
dju¹　dzji¹。　nioow¹　·jow²　njaa¹　dźjɨ　wji¹　lju²　tśhjaa¹　gjii¹
有　食。　复　　　乌　　〈语助〉身　上　喙

穆，　杨　毸　毸　寁。
wji¹　·ja¹　thọ¹　thọ¹　ljɨ¹。
为，　一　片　片　堕。

复被乌喙其身，片片堕落。

19–9.11

毈　骹　纖　蕠　纞，　豸　晄　継　緂　㕦　殅
niow²　sjwij¹　ɣie¹　bju¹　·jiw¹　lju²　tśhji¹　·jɨ²　to²　tsjɨ¹　tśhjɨ²
恶　业　力　因　故，　身　肉　复　生　亦　立

虓　毹　麮　毷　俒　叚　緂　厖　艰　絛　縡，
rjar²　kwə²　lej²　thjɨ²　sju²　tśjɨ¹　lhjij　ŋwə¹　kjiw¹　lhə¹　ku¹
即　破　裂，　如　是　苦　受　五　年　满　故，

以业力故，身体随生寻复破裂，受如是苦满五年已，

19–10.1

斳　晄　絋　拔，　毈　骹　纞　蕠，　羺　俒
tśhjwo¹　nioow¹　kạ¹　bja²　niow²　sjwij¹　·jiw¹　bju¹　thja¹　we²
然　后　命　终，　恶　业　故　依，　彼　城

---

① 剓穆，字面为"行为"，用在名词之后，表示前面名词为动作或行为发出者的结构助词，或称之为作格助词。

偏	痰	绢	死
·u²	zjïir²	mjij¹	twụ¹
中	水	无	处

然后命终，复于彼城生于鱼中，其身广大，以业力故，堕无水处。

19-10.2

桒,	缬	散	汤	缀。	薇	该	絼	瀰	敉	焋	缝	偏
wee¹	zju²	tha²	gjï²	we²	khu²	śjwi¹	śiwə²	khjwï¹	lji¹	nioow¹	dji¹	phji¹
生,	鱼	大	一	为。	豺	狼	鼠	狗		及	[泥	卑

而彼豺狼鼠狗及泥卑

19-10.3

嬾①	狲	靽	萜	顾	燧	慌,	焋	饒	纔
kja¹	wji¹	nji²	zji²	sa⁻	dzji¹	lja¹	nioow¹	ljwï¹	dźjwow¹
迦]	兽	等	咸	咂	食	来,	复	飞	禽

絼	蘿	汖
mə²	njijr²	tsjï¹
种	种	亦

迦兽咸取食之，复有种种禽兽亦

19-10.4

萜	顾	燧	慌。	籨	膌	纖	蘿	痰	蒎,
zji²	sa⁻	dzji¹	lja¹。	niow²	sjwïj¹	yie¹	bju¹	zjïir²	rjir¹。
皆	咂	食	来。	恶	业	力	依	水	得,

绶	懃	羿
·ji²	sjwụ²	ljụ²
复	活	身

来食唉。以业力故而得其水，寻复还活

---

① 缝偏嬾 dji¹phji¹kja¹，兽名。梵文不详。

19–10.5

絊	赒	緻。	瀸	秨	赦	繖	散	叕	絝,
ɣa²	tśhjɨ¹	to²	thjɨ¹	sju²	tśjɨ¹	lhjij˞	sọ¹	kjiw¹	lhə˞
于	肉	出。	如	是	苦	受	三	年	满,

燃	蕲	蔽
nioow¹	tśhjwo¹	zjij
后	然	时

又生身体。受如是苦至满三年，

19–10.6

姕	扱。	燃	骼	絋	嵊	帏	饒	祥	绎
kạ¹	bja²。	nioow¹	·ja¹	xu¹	thjɨ¹	·u²	dze¹	phiow¹	·o¹
命	终。	复	[阎	浮	提]	内	白	癩	有

蟲	聂、	胲
dźju²	sjwɨ¹	pu¹
种	族、	[补

然后命终。复于阎浮提内，七族中生，常多苦恼。所谓白癩种族、补

19–10.7

羦	繎	蒲	聂、	死	蒎	纮	萧	荄	羦
kja¹	so²	mər²	sjwɨ¹	ta¹	la¹	rar¹	njij²	rjir²	kja¹
羯	娑]	种	族、	[怚	啰	怚	宁	哩	迦]

蒲	聂、	羸①
mər²	sjwɨ¹	wa¹
种	族、	[蛙]

羯娑种族、怚啴頶啰怚哩迦种族、鞔(切身)嗵

19–10.8

蒲	聂、	铍	疼②	亝	蒲	聂、	鿏	荄	蒲

---

① 羸 wa¹，此当与"嗵"相对，西夏文当脱与"鞔(切身)"对应之字，今所见汉文本或有脱此字者，疑译者所见汉文本，有脱文。

② 铍疼，人者。此对译汉文"魁脍"。

mər^{2} sjwɨ^{1} dzjwo^{2} mjijr^{2} ·jij^{1} mər^{2} sjwɨ^{1} ku^{2} mə^{1} mər^{2}
种 族、 人 者 之 种 族、 瞽 盲 种
[illegible]
sjwɨ^{1} njɨ^{2} śjạ^{1}
族 等 七
种族、魁脍种族、生盲种族，

19–10.9
[illegible]①。[illegible]
mə^{2} kha^{1} wee^{1} ·ju^{2} tśjị^{1} zjị^{1} lhjij^{-} thjɨ^{2} sju^{2} tśjị^{1}
族 中 生， 常 苦 恼 受。 如 此 苦
[illegible]
lhjij^{-} tśhjiw^{1} ɣạ^{2} kjiw^{1}
受 六 十 年
受斯恶报满六十年。

19–10.10
[illegible]。[illegible]②[illegible]
lhə ku^{1} tśhjwo^{1} nioow^{1} kạ^{1} bja^{2} nioow^{1} sji^{1} lụ^{2} bjii^{2}
满。 然 后 命 终 复 贫 穷 下
[illegible]。[illegible]，[illegible]
dźju^{2} nji^{1} kha^{1} wee^{1}。 ljụ^{2} war^{2} mji^{1} ŋowr^{2} sjij^{2}
贱 家 中 生。 身 肢 不 全， 智
然后复生贫穷下贱之族，身肢不具，智

19–10.11
[illegible]，[illegible]，[illegible]
źjɨr^{1} tsəj^{1} zjɨɨr^{1} dzju^{1} dzjiij^{2} mji^{1} nji^{2} tha^{1} tsjiir^{1} sẽ^{1}

① “[illegible]”，对应汉文“七族中生，常多苦恼”。七族，夏汉两本皆只有六族，疑汉文本有脱文。
② [illegible]，命终。汉译本中无相应的表达，但据文意应该有这层意思，西夏文的翻译显然将这层隐于文句之后的意思补译了出来。

慧	乏	少，	教	诲	不	听，	佛	法	僧
蒬	桃	蘷。	嵐	觖	痛	痛	殼	潄	
rjir²	khwa¹	ka²。	rjur¹	dzjwo²	ŋowr²	ŋowr²	ljil²	zjij¹	
与	远	离。	世	人	一	切	见	时	

慧乏少，不从教诲远佛法僧，一切世人见者

19-11.1

祇	祇	緤	孩，	燉	颐	颐	緲，	觑	緥	米	疏。
to²	zji²	dwər¹	khie¹。	·ju²	dźjwiw²	pa²	lhjij⁻	rjar¹	ŋo²	tsjɨ¹	rejr²
悉	皆	憎	恶，	常	饥	渴，	受	疾	病	亦	多。

憎恶，恒常饥渴，复多疾病。

19-11.2

孲	爱，	藏	蔽	剹	绊	嵐	潲	羝	髳
tśhji¹	zjǫ²	śjɨ¹	ŋwər¹	dzjwi¹	tha¹	rjur¹	pjụ¹	thja¹	ror²
尔	时，	[释]	天	帝	佛	世	尊	彼	垢

绵	薿	贩
mjij¹	·u²	mo²
无	藏	[摩

尔时，帝释天主闻佛世尊说此摩尼藏无垢

19-11.3

菽	膝	獭	孙	嵐	戟	殼	彡	藏，	教	缬	緤
nji¹	mə¹	zjɨ¹	·jij¹	rjur¹	tśji¹	dạ²	tshjij¹	mji¹	kja¹	le²	njiij¹
尼]	天	子	之	诸	苦	事	说	闻，	畏	怖	心

天子诸苦事已，极大惊怖，

19-11.4

祇①。	嶶	桃	髳	努：	"燉	彦	绵	祇。	蓑
śjwo¹。	thji²	sju²	dạ²	·ji²	gjuu²	mjijr²	mjij¹	lji¹。	tjij¹

---

① 西夏译本缺与汉译本"而复迷闷"相应的部分。

起。	如	是	言	说:	"救	者	无	也。	如

歲	薇	鼐
rjur¹	pjụ¹	njij²
世	尊	慈

而复迷闷。作如是言："无有救者。世尊如不悯

19-11.5

絘	絳,	絘	疹	瀠	骰?	歲	薇	薇	敝
śjow¹	ku¹	gjuu²	mjijr²	sjwɨ¹	ŋwu²	rjur¹	pjụ¹	śjɨ²	ŋwər¹
悲	则,	救	者	谁	是?"	世	尊	[释]	天

絘	彌	夠
dzjwɨ¹	·jij¹	·jɨ²
帝	之	告

救谁是救者?"世尊告言帝释天主:

19-11.6

朡	絲:	"嗂	麁	莜	菠	縋,	緲	巤	絆
mə¹	dzju²	thow¹	lo¹	dźji¹	dźjo²	ŋa²	mjiij²	tja¹	tha¹
天	主:	[陀	罗	尼]	有	我,	名		佛

薾	彩	絹
tśjiw²	ror²	mjij¹
顶	垢	无

乃有陀罗尼名佛顶放无垢

19-11.7

欧	猲	骸	籤	毅	絘	羆	誸	絳	敝
bji¹	swew¹	wjij²	njɨ²	ɣa¹	bioo¹	thju¹	·o²	mjor¹	ljij²
光	明	放	普	门	观	察	入	如	来

祧	祧	彌	絆
ŋowr²	ŋowr²	·jij¹	njiij¹
一	切	之	心

光明入普门观察一切如来心。

19–11.8

□	□	□	□	□	□	□	□	□	□	□
·ji²	thji²	ŋwu²	gjuu²	njwi²	mji¹	·ju²	zji²	tha²	bji²	wji¹
说。	此	以	救	能，	无	常	最	大	免	为

□	□	□
tji²	mjij¹	thji²
可	无，	此

斯乃救者，无常最大彼难求免，求

19–11.9

□	□	□	□	□	□	□	□①。	□	□②
thow¹	lo¹	dźji¹	bju¹	bji²	wji¹	tji²	wjij²。	thja¹	dzjwo²
［陀	罗	尼］	依	免	为	应	有。	彼	人

□	□	□
ku̱¹	dzjɨj¹	ka̱¹
后	时	命

亦得免。彼彼有情后时后分命

19–11.10

□	□	□	□	□	□	□。	□	□	□
bja²	·jij¹	zjij¹	no²	rejr²	lhju̱²	rjir¹。	tjij¹	ka̱¹	bja²
终	临	时	安	乐	获	得。	若	命	终

□，	□	□
nioow¹	dji̱¹	jɨj²
后，	地	狱

终之时获得安乐。若命终后，

---

① "□□……□□"句，意思是"无常最大，无可避免，依此陀罗尼可避免"。汉文本作"无常最大，彼难求免，求亦得免"。
② □□，彼人。汉文本作"彼彼有情"，西夏译文作了简化处理。

19–11.11

毓	骳	禑	禑	糤	礛	繆①	綧	，	瓺	纼
sju²	dzju²	ŋowr²	ŋowr²	kha¹	lji	wo²	ku¹		zji²	bie²
畜	牲	一	切	中	堕	？	则，		悉	解

薮	骳；	羱
thjij²	rjir¹	tjij¹
脱	得；	若

堕落一切地狱傍生之者，悉得解脱。若

19–12.1

燉	燃	牖	綧，	緂	骹	禑	禑	糤	礛（薮酼瓺礛藏）
·ju²	sjwɨ¹	lə	ku¹	ŋjir¹	lə	ŋowr²	ŋowr²	kha¹	lji¹
常	忆	念	则，	难	障	一	切	中	离（与永皆远离）

綧，	骹	姚
ku¹	zjǫ²	kạ¹
则，	寿	命

常忆念，一切障难获得永离。

19–12.2

瓩	緅，	縅	锹	舭	姚。	燶	屵	嘉	凧
dźjo¹	we²	neew²	tjị¹	·iǫ¹	sə¹。	nioow¹	tsjɨ¹	·jij¹	tsjir²
长	是，	善	愿	圆	满。	又	亦	自	性

誃	蒴	蒂	骳。"
gji¹	sej¹	ljil²	rjir¹
清	净	见	获。"

复得长寿，善愿圆满。又复获见自性清净。"

19–12.3

殅	姜，	薮	瓣	刿、	纲	散	瓣	庲、	俙
tśhjɨ¹	zjǫ²	śjɨ²	ŋwər¹	dzjwɨ¹	ljir¹	tha²	ŋwər¹	njij²	xiwã¹

---

① 繆 wo²，当通"醝" wo²，意表"宜""应"。

尔 时， ［释］ 天 帝、 四 大 天 王、 梵

[illegible]、 [illegible] [illegible]

njij^{2} no^{1} lo^{1}

王、 ［那 罗

尔时，帝释天主、四大天王、梵王、那罗

19–12.4

[illegible] [illegible] [illegible] [illegible] [illegible] [illegible] [illegible] [illegible]， [illegible] [illegible]

·ja^{1} mə^{1} nioow^{1} tha^{2} ·jij^{1} dzju^{2} mə^{1} njɨ^{2} pja̱^{1} phjoo^{2}

延］ 天 及 大 自 在 天 等， 掌 合

[illegible] [illegible]， [illegible]

dzjwɨ^{1} lhejr^{2} rjur^{1}

恭 敬， 世

延天及大自在等。合掌恭敬

19–12.5

[illegible] [illegible] [illegible]：“ [illegible] [illegible]， [illegible] [illegible] [illegible] [illegible] [illegible]

pju̱^{1} ·jij^{1} ·jɨ^{2} rjur^{1} pju̱^{1} tjɨ^{1} ŋa^{2} njɨ^{2} rjur^{1} mə^{1}

尊 于 白 世 尊， 愿 我 等 诸 天

[illegible] [illegible] [illegible] [illegible]

·jij^{1} tśju̱^{1} ·wejr^{2} ŋwu^{2}

之 拥 护 以

白世尊言：“世尊愿为我等而作增益拥护诸天。

19–12.6

[illegible] [illegible] [illegible] [illegible] [illegible] [illegible][1]； [illegible] [illegible]， [illegible] [illegible]

gjij^{1} ɣie^{2} nja^{1} lhu^{1} wji^{1} nji^{2} rjur^{1} pju̱^{1} tjij^{1} tsjiir^{1}

利 益 △ 增 为 –1pl； 世 尊， 若 法

[illegible] [illegible] [illegible] [illegible]， [illegible]

① [illegible]，西夏语的第一、二人称复数呼应后缀。这里与第一人称复数“[illegible][illegible]”（我等）呼应。本句依西夏文意思是“世尊，愿我等拥护诸天而作增益”。

njij²	sã¹	mej²	ŋwu²	rjur¹
王	［三	昧］	以，	世

世尊，又若法王以三昧力。

19–12.7

kha¹	ŋowr²	ŋowr²	·jij¹	gjuu²	dźjɨ	ku¹	sjij²	·ju²	rjir²
间	一	切	之	救	济	则，	人	民	乃

njɨ²	dji¹	jiɨ²	niow²	tshwew¹
至	地	狱	恶	趣，

救济世间一切，人民乃至地狱恶趣，

19–12.8

zji²	bie²	thjij²	rjir¹	rjur¹	pju̱¹	tew¹	lji¹	mə¹	mji¹
皆	解	脱	得。	世	尊	［忉	利］	天	宫

sju²	ljɨr¹	mja¹	·io̱¹	·u²
如，	四	洲		内

悉皆解脱。世尊如彼忉利天宫，观察四洲

19–12.9

dźia²	tśhju¹	ŋowr²	ŋowr²	·jij¹	·wji²	bioo¹	nja²	rjur¹	pju̱¹
众	生	一	切	之	△	观	你；	世	尊

mjor¹	ljij²	tja¹	tha²	sjij²	źjir¹	dźjij²	lew¹	tji¹	śja¹
如	来	者，	大	智	慧	有，	唯	愿	十

世界一切众生；世尊如来，有大智慧，愿为世间周遍十方，

19–12.10

嬂	嵐	巇	豺	燢	縚	戟	徝	,	祳	轐
lijr²	rjur¹	kiej²	lji¹	nioow¹	ŋa²	nji²	·jij¹		tsjiir¹	tjɨj²
方	世	界		及		我	等	于	,	法	印

秕	刹	缥	朲	羮	膖	荒	。"
dji¹	khjɨj¹	·wji²	tɕjṵ¹	·wejr²	wji¹	nji²	
赐	与	△	拥	护	作	–1pl。"

及与我等，赐以法印作大拥护

19–12.11

孙	羑	,	薇	飈	敗	荒	縴	憵	嵐	胲
tśhjɨ¹	zjọ²		śjɨ²	kja¹	mo²	nji²	mjor¹	ljij²	rjur¹	mə¹
尔	时	,	[释	迦	牟	尼]	如	来	诸	天

戟	絴	绲	猲	緂	靭	敗	蝥
nji²	njiij¹	tji¹	ɣju¹	njoow¹	sã¹	mo²	thji²
等	殷	勤	请	故	,	[三	摩	地]

尔时释迦牟尼如来受彼诸天殷勤再请，乃入三摩地

19–13.1

粃	諁	碗	纖	祗	孅	甈	徝	籹	蹰
ɣa²	·o²	mjij²	tja¹	zji²	nji²	·jij¹	·jij¹	bioo¹	thju¹
于	入	名	者	周	遍	相	之	观	察

夯	罷	靭	敗
·jɨ²	thja¹	sã¹	mo²
谓	。	彼	[三	摩

名周遍相观察。入彼三摩

19–13.2

蝥	粃	諁	狨	,	蕦	緰	戟	甈	敗	傷
thji²	ɣa²	·o²	zjij¹		tśjiw²	dza¹	nji²	wjạ²	·jij¹	bji¹
地]	于	入	时	,	顶	髻	等	相	光	明

豶	羸	嬂	嵐

swew¹　śja¹　lijr²　rjur¹
放，　十　方　世

地时，于顶髻中放遍相光明，周遍照曜十方世界，

19–13.3

𗾫　𘕰　𗾯，　𗂴　𗵆　𗊌　𗰀　𗤁　𗪙　𘄒
kiej²　nji²　swew¹　lji¹　tsho²　ŋa¹　lji¹　pju²　ɣja¹　sju²
界　遍　照，　还　虚　空　宝　伞　盖　如

𗋕①。𗙈　𗴾，　𗒹
tạ¹。　tśhji¹　zjọ²　rjur¹
住。　尔　时，　世

还住虚空如宝伞盖。尔时，世

19–13.4

𗣼　𗢸　𗬩　𗴖　𗷻　𗷬　𗫣　𘄒　𗭪　𗘔：
pju¹　śji²　ŋwər¹　dzjwi¹　·jij¹　·juu¹　thji²　sju²　dạ²　·ji²
尊　[释]　天　帝　于　视　如　此　言　告：

"𘀝　𗷨　𗪢　𘕰，
mə¹　dzju²　dji²　nji²
"天　主　谛　听，

尊熟视帝释而告之言："帝释天主谛听谛听，

19–13.5

𗊨　𗙴　𘜺　𘙉　𗭫　𗊨，　𗦲　𘕰　𘄡　𗯱
ŋa²　tsjiir¹　tjij²　gji²　dźjo²　ŋa²，　mjij²　tja¹　tha¹　tśjiw²
我　法　印　一　有　我，　名　者　佛　顶

𗭪　𘝧　𗊔
ror²　mjij¹　bji¹
垢　无　光

我有法印，名佛顶放无垢光

_____

①𗋕 tạ¹，止、息。汉文对应词语为"住"。

19–13.6

𗪊	𗰖	𗦳	𗦇	𗰜	𗪽	𗡈	𘀗	𗢚	𗙩
swew¹	wjij²	nji²	ɣa¹	bioo¹	thju¹	·o²	mjor¹	ljij²	ŋowr²
明	放	普	门	观	察	入	如	来	一

𗢚	𗱃	𘄒
ŋowr²	·jij¹	njiij¹
切	之	心

明入普门观察一切如来心

19–13.7

𘀎	𗾔	𗟲	𗦟	𗫐	𗗙	𘄄，	𗤁	𗩾	𘀌	𗳝	𘀖
sã¹	mo²	·ja²	thow¹	lo¹	dźji¹	·ji²	thji²	tja¹	gjɨɨ¹	ɣa²	gjɨɨ¹
[三	摩	耶]	[陀	罗	尼]	曰，	此	者	九	十	九

三摩耶陀罗尼，是九十九

19–13.8

𗵽	𗢭	𗜓	𗦩	𘃔	𗂧	𗦟	𗹟	𘀯	𘎳
jir²	tu¹	kju¹	tśji²	no¹	·jiw¹	thow¹	khjã²	kha²	bẹ¹
百	千	[俱	胝	那	由	多	殑	伽]	沙

𗼻	𘀗	𗢚	𘃽
ŋewr²	mjor¹	ljij²	gu²
数	如	来	共

百千俱胝那由多殑伽沙如来同

19–13.9

𘃽	𗵻	𗽷，	𗸼	𗵒	𗡣	𗨁	𗤁	𗦟	𗫐
gu²	rjir²	tshjij¹	tji¹	tjij¹	dźia²	tśhju¹	thji²	thow¹	lo¹
同	所	说，	若	众	生	此	[陀	罗

𗴢	𗫁	𘄒	𘔼
dźji¹	mji¹	ljil²	śjwịw²
尼]	闻	见	随

所宣说，此陀罗尼若有众生得见闻随

19—13.10

𗣎	𗐯	𗏆	𗟨	𗿎	𘅾	𗖰	𗉫	𗗙	𗬥
de²	ku¹	dji¹	jij²	niow²	tshwew¹	rjɨr²	nji²	sju²	dzju²
喜	则	地	狱	恶	趣	乃	至	畜	牲

𗠁	𗄉	𗤁
lji¹	kha¹	wo²
堕	中	当

喜者，所有三世一切罪业，当堕地狱恶趣，乃至傍生，

19—13.11

𗬾	𗤳	𗇋	𗊮	𗦲	𗦲①	𗦈	𘄒	𗥃	𗁆
sọ¹	zjo²	dzwej¹	sjwij¹	ŋowr²	ŋowr²	tjij¹	dzjar²	kjạ¹	le²
三	世	罪	业	一	切	消	除	怖	畏

𗹙	𗙩	𗇋	𗠁
bie²	thjij²	dzwej¹	lə¹
解	脱	罪	障

悉皆破灭，怖畏解脱，

19—14.1

𗠁	𗦲	𗦲	𗙟	𗏳	𗦈	𘄒	𗥃	𗁆	𗹙
lə¹	ŋowr²	ŋowr²	to²	zji²	tjij¹	dzjar²	kjạ¹	le²	bie²
障	一	切	尽	皆	消	除	怖	畏	解

𗙩	𗇋	𗠁②
thjij²	dzwej¹	lə¹
脱	罪	障

19—14.2

𗦲	𗦲	𗙟	𗏳	𗥇	𘄒	𗬫	𗤬	𘊮	𗣫
ŋowr²	ŋowr²	to²	zji²	dźji¹	dzjar²	dzjọ¹	tha²	məə¹	ŋwu²

---

① 自"𗇋𗊮"至"𗦲𗦲"句，西夏文意思是"当堕地域恶趣，乃至傍生，所有三世一切罪业"，汉文本语序相反。

② 此行衍文，疑抄写误串。

一	切	尽	皆	消	除。	如	大	火	以

猻	矋	蔱
śjɨ²	rowr¹	pju²

草	干	烧，

一切罪障悉得消除，如彼大火焚烧干草。

19–14.3

靾	赦	孩	藏	禃	惀	㳠	俤。	惀	翖	朘	斵
ljɨ¹	ŋwu²	lhjwą¹	tśhjij¹	zji²	mji¹	rjir²	sju²	nioow¹	dzjo̩¹	mə¹	tha²

风	以	灰	吹	皆	不	剩	如。	又	如	天	大

风吹灰烬须臾散灭。又如天

19–14.4

獭	獭	羄	緅	蓫	㣲，	羍	蔽	藣	猻
dzjṳ²	dzjṳ²	thja¹	zjɨr²	lju¹	rar¹	ŋər¹	mja¹	sjɨ²	śjɨ²

雨	降	其	水	流	过，	山	河	木	草

緲	惀	蔲
kha¹	mji¹	sej¹

中	不	净

降大雨其水急流，山河草木一切秽恶倏然清净。

19–14.5

禂	禂，	穄	掇	薓	祇。	惀	翖	蓆	蔶
ŋowr²	ŋowr²	lhją¹	zjij¹	sej¹	phji¹。	nioow¹	dzjo̩¹	kię¹	ɣiej¹

一	切，	倏	然	净	令。	又	如	真	金

蘖	藑	緲
ɣiwej¹	məə¹	kha¹

执	火	中

又如真金，从火烹炼，

19-14.6

靦	綵	筋	豬	豼①	綴	新	牋	綖	豾
tśhjwi¹	ku¹	gjij¹	njij²	ŋa²	we²	gju²	wji¹	lew²	dźioow².
熔	则，	倍	复	好	是，	器	为	可	堪。

剗	襐	觥
tji¹	tjij¹	thji²
若		此

倍复柔软方成诸器。若

19-14.7

随	麓	菝	豵	牫	疹，	窊	爉	麗	緇，
thow¹	lo¹	dźji¹	do¹	tshji¹	mjijr²	rjur¹	·jiw²	ljij²	mjij¹，
[陀	罗	尼]	读	诵	者，	诸	疑	惑	无，

散	骹	緂
sọ¹	sjwɨj¹	gji¹
三	业	清

有持诵此陀罗尼者，无诸疑惑，自见己身三业清净，

19-14.8

巌，	剗	秲	敞	秖，	窊	窊	纖	儗。	慨
sej¹	be²	·jij¹	bji¹	sju²	rjur¹	rjur¹	nji²	swew¹	nioow¹
净，	日	之	光	如，	处	处	普	照。	又

綃	缳	纾
dzjọ¹	zjɨɨr²	sa²
如	水	涸

犹如日出光明普照。又如失水

19-14.9

燚，	綖	慨	缳	荒	纖	纀	綖，	綖	徽	罳	纖。

---

① 豼 ŋa²，好。据汉文，或为"豜" wəə¹（柔软）之误。

zju² ·ji² nioow¹ zjɨɨr² rjir¹ kha¹ bju¹ dźjiij¹ ·ji² biej¹ rejr² lhjij˙。
鱼，复 又 水 得 中 依 住， 复 快 乐 受
之鱼，还复得水依水而住，复受快乐。

19-14.10

𗗙 𗓢 𗰉 𗧀 𗼺 𗩾 𗏇 𗏇，𗩴 𗍳 𗋽
sju² tjij¹ rjur¹ kha¹ dźia² tśhju¹ ŋowr² ŋowr² ·ju² thjɨ² thow¹
如 若 世 间 众 生 一 切， 常 此 ［陀
𗆧 𗄽 𗑗 𗋽 𗩴 𗏇， 𗩴 𗩾 𗩽 𗆧
lo¹ dźji¹ do¹ tshjɨ njwi² ku¹ zjo² kạ¹ lhu¹ ljij¹。
罗 尼] 读 诵 能 则， 寿 命 增 益。
若复世间一切众生，常能诵念此陀罗尼者，而于寿命倍得增益。

19-14.11

𗗙 𗀔 𗵘 𗋽 𗵘 𗋽 𗏟。" 𗏇 𗋽 𗆧 𗄽 𗯨：
ə¹ dzju² dji² nji² dji² nji² ·ji² tśhjwo¹ thow¹ lo¹ dźji¹ tshjij¹
天 主 谛 听 谛 听 谓" 故 ［陀 罗 尼] 说：
谛听谛受。即说陀罗尼曰：

19-15.1①

绿	𗟲𗩴	𗩾𗄽𗆧	𗏟𗀔𗥃 𗍳 𗏁 𗥃	𗥃 𗵘 𗥃
	na¹mja¹	sa² rjir²wa¹	ta¹tha²-gia²ta¹-na¹-	ma²xa²-
汉	曩莫_	萨哩嚩二合，二	怛他引誐哆引喃引三	摩贺引
梵	namo	sarva-	tathāgatānāṃ/ oṃ	mahā-
A	𗤁𗆧	𗧀𗉢	𗥃𗥃𗩾𗥃𗤁 𗏁	𗆧𗯨
B				
C	𗏁 𗤁𗆧	𗧀𗉢	𗥃𗥃𗩾𗥃𗤁𗥃	𗏇𗆧𗯨

――――――――――

① 以下为绿城本陀罗尼的整理，依次为西夏文录文、拟音、施护汉文本、梵文本。另将俄藏《无垢净光
总持》及居庸关本附录于下，其中的 A 本为俄藏 698，B 本为 811、2830，C 本为居庸关本。梵文部分转录
自《大藏全咒》。详见林光明：《新编大藏全咒》，第 7 册，台北嘉丰出版社，2001 年，第 110—121 页。

19–15.2

绿	𗵽𗀚𗵦𗵱	𗄈𗤁𗴱𗴉	𗵐𗵤𗴾
	tsji²ta¹ma²nji²	dzji¹wa¹la¹na¹	sa² gia² la¹
汉	唧哆摩捉四	入嚩二合啰曩五	娑誐啰六
梵	cintamaṇi-	jvalānāṃ[1]/	sagara-
A	𗵩𗴕𗴮𗵱	𗯟𗴜𗴉	𗵞𗵤𗴝
	tsjɪ¹dja²mja¹nji²	dzwa¹lja²nja²	sja¹gja²rjar¹
B	——	——	——
C	𗵩𗴕𗴮𗵱	𗯟𗴜𗴉	𗵞𗵤𗴜
	tsjɪ¹dja²mja¹nji²	dzwa¹lja²nja²	sja¹gja²lja²

19–15.3

绿	𗀇𗵬𗴉蔵	𗵱𗵽𗴕𗴌	——	𗵦𗵦𗵲𗴌
	gjaa¹phji¹la¹-	kja¹nji²śia¹ja²	·ja·kha²tśhia¹·ja²	
汉	俨鼻罗引,七	羯哩洒二合野八		阿建姹野九
梵	gambhir/	ākarṣaya/	ākarṣaya/	a-kaṇṭhaya
A	𗵐𗵤𗴝	𗵦𗵱𗴝𗴌	𗵦𗵱𗴝𗴌	
	gjɨ¹bji²rjar¹	·ja·kjaa¹rjar¹śja¹·ja²	·ja·kjaa¹rjar¹śja¹·ja²	——
B	——	——	——	——
C	𗵐𗵤𗴝	𗵬𗴌𗴝𗴌	𗵦𗵱𗴝𗴌	——
	gjɨ¹bji²rjar¹	kji¹rjijr²śja¹·ja²	·ja·kjaa¹rjar¹śja¹·ja²	

19–15.4

绿	𗵦𗵦𗵲𗴌	𗵦𗴈𗴇𗴉	𗵦𗴈𗴇𗴉	𗵲𗴇𗴉
	·a·kha²tśhia¹·ja²	·iaa²·ju²tha²la¹	·iaa²·ju²tha²la¹	sã¹tha²la¹
汉	阿建姹野十	阿欲驮啰十一	阿欲驮啰十二	散驮啰十三
梵	a-kaṇṭhaya[2]/	ayundhara[3]	ayundhara/	sandhara
A	——	𗵦𗵶𗵱𗴝	𗵦𗵶𗵱𗴝	𗵞𗵱𗴝
		·ja·juu¹dja²rjar¹	·ja·juu¹dja²rjar¹	sja¹dja²rjar¹

———————

① 参照施护汉译本及黑水城出土诸本，这里当为 jvalana。
② 此两词据施护汉文本补，《大藏全呪》无。
③ 据绿城本用"𗵶"，梵文似为 āyur-dhara。

B	——	——	——	𘎤𘎤𘎤𘎤
				sja¹nji²dja²rjar¹
C	——	𘎤𘎤𘎤𘎤	𘎤𘎤𘎤𘎤	𘎤𘎤𘎤
		·ja˰·juu¹dja²rjar¹	·ja˰·juu¹dja²rjar¹	sja¹dja²rjar¹

19–15.5

绿	𘎤𘎤𘎤	𘎤𘎤𘎤	𘎤𘎤𘎤	𘎤𘎤𘎤	𘎤𘎤𘎤
	sã¹tha²la¹	kji¹śjuu¹dźiã¹	kji¹śjuu¹dźiã¹	kji¹śji²nji²	kji¹śji²nji²
汉	散驮啰十四	讫数二合拏十五	讫数二合拏十六	讫史二合抳十七	讫史二合抳十八
梵	sandhara/	kṣuṇa	kṣuṇa/	kṣiṇi	kṣiṇi/
A	𘎤𘎤𘎤	𘎤𘎤	𘎤𘎤	𘎤𘎤	𘎤𘎤
	sja¹dja²rjar¹	khji?nja²	khji?nja²	khji?nji²	khji?nji²
B	𘎤𘎤𘎤𘎤	𘎤𘎤	𘎤𘎤	𘎤𘎤	𘎤𘎤
	sja¹nji²dja²rjar¹	khja²nja²	khja²nja²	khji²nji²	khji²nji²
C	𘎤𘎤𘎤	𘎤𘎤	𘎤𘎤	𘎤𘎤	𘎤𘎤
	sja¹dja²rjar¹	khji²no¹	khji²no¹	khji²nji²	khji²nji²

19–15.6

绿	——	𘎤𘎤𘎤	𘎤𘎤𘎤𘎤𘎤	𘎤𘎤𘎤	𘎤𘎤𘎤
		sa²rjir²wa¹	ta¹tha²-gia²ta¹-	sa²ma²·ja²	tji²śiə¹tśhia¹
汉		萨哩嚩二合, 十九	怛他引誐哆二十	三摩野二一	底瑟姹二合, 二二
梵	kṣiṇu kṣiṇu/	sarva-	tathāgata	mahā-samaya	tiṣṭha
A	𘎤𘎤𘎤𘎤	𘎤𘎤	𘎤𘎤𘎤𘎤	𘎤𘎤𘎤	𘎤𘎤𘎤
	khju²nju¹khju²nju¹	sja¹war¹	tja¹tha²gja²tja¹	sja¹mja¹·jij¹	tji²śji¹tha²
B	𘎤𘎤𘎤𘎤	𘎤𘎤	𘎤𘎤𘎤𘎤	𘎤𘎤𘎤	𘎤𘎤𘎤
	khju²nju¹khju²nju²	sja¹war¹	tja¹thja²kjaa¹tja¹	sja¹mja¹·jij¹	tji²śji¹thja²
C	𘎤𘎤𘎤𘎤	𘎤𘎤	𘎤𘎤𘎤𘎤	𘎤𘎤𘎤	𘎤𘎤𘎤
	ku¹no¹ku¹no¹	sja¹war¹	tja¹tha²gja²tja¹	sja¹mja¹·jij¹	tji²śji²tha²

19-15.7

绿	𗥔𗤛𗤛	絹①𗤛𗥃𗥔	𗥃𗧓蕻 𗦓𗧓𗧓
	tji² śiə¹ tśhia¹	du² rjir¹ gia² tji²	ma² xa²-phu¹ wa¹ na¹
汉	底瑟姹二合,二三	努哩誐二合底二四	摩贺引部嚩曩二五
梵	tiṣṭha/	durgate	mahā-bhuvana
A	𗥔𗤛𗥁	——	𗤛𗧓𗤛𗥁𗥃
	tji² sji² tha⁷		mja¹xa² boo²wa¹nja²
B	𗥔𗤛𗥁	——	𗤛𗧓𗦓𗦓𗥃
	tji² śji¹ thja²		mja¹xa² pha¹ bja² nja²
C	𗥔𗤛𗥁	𗤛𗥃𗥔	𗤛𗧓
	tji² sji² tha⁷	no¹ gia² tji²	mja¹xa ⁷

19-15.8

绿	𗤛𗥃𗤛	𗤛帯𗤛𗤛𗥃	——	𗦓𗥃𗧓𗥔
	sa²gia²rjir²	sē¹ śjuu¹ tha²·ja²mā¹		pha¹gia²wa¹tji¹
汉	娑上引誐哩引,二六	僧输驮野 牟合引,二七		婆誐嚩谛二八
梵	sakara②	saṃśodhaya maṃ	sarvasatvaṃś ca	bhagavati
A	𗤛𗥃𗤛	𗤛𗥃𗤛𗥃𗤛 𗤛𗥃𗤛𗥃𗤛 𗤛𗤛	𗤛𗥁𗤛𗥁𗥃	𗦓𗥃𗥔
	sja¹gja²rjijr²	sja¹mji¹śjwo¹dja²nji² sja¹mji¹śjwo¹dja²nji² mja¹mja¹	sja¹war¹sja¹twa¹tsja¹	bja²gja²wa¹tji²
B	𗤛𗥃𗤛	𗤛𗥃𗤛𗥃𗤛 𗤛𗤛𗤛	𗤛𗥁𗤛𗥁𗥃 𗤛𗤛𗥃	
	sja¹kja²rjijr²	sja²nja²śjwo¹dja²nji² mja¹mja¹ 某甲	sja¹war¹sja¹twa¹tsja¹ ba²ŋwər¹ pja¹tji²	
C	𗤛𗥃𗤛	𗤛𗥃𗤛𗥃𗤛 𗤛𗤛	𗤛𗥁𗤛𗥁𗥃 𗦓𗥃𗥔	
	sja¹gja²rjijr²	sja¹mji¹śjwo¹dja²·ja² mja¹mja¹	sja¹war¹sja¹twa¹śja² bja²gja²wa¹tjij²	

19-15.9

绿	𗤛𗤛𗧓 𗦓蕻𗧓	𗤛𗥔𗥃蕻	𗤛𗧓𗤛𗧓
	sa²rjir²wa¹ pia¹-pa¹	wji²ma²ljil²-	dza²·ja²dza²·ja²
汉	萨哩嚩二合播引波二九	尾摩𭅖引,三十	惹野惹野三一
梵	sarva pāpaṃ	vimale	jaya jaya

———————————

① 原文作"俿"。
② 诸本或作 sagara、sagara。

A   𗣜𗏆 𗏆𗏆_败

sja¹war¹ pja¹pja¹mji¹   bji²mja¹ljij²   dzja¹·ja² dzja¹·ja²

B   𗣜𗏆 𗏆𗏆

sja¹war¹ pja¹pā¹   pji¹mja¹ljij²   dzja¹·ja² dzja¹·ja²

C   𗣜𗏆 𗏆𗏆 □①   □□□②   𗏆𗏆𗏆

sja¹war¹ pja¹pja¹   dzja¹·ja² dzja¹·ja²

19-15.10

绿   —— 𗏆𗏆_引   𗏆𗏆𗏆   ——   𗏆𗏆𗏆𗏆

lā¹wji¹-   sji²phuu²tśia¹   sji²phuu²tśia¹·ja²

音   览尾_{引，三二}   萨普_{二合}吒_{三三}   萨普_{二合}吒_{三四}   萨怖_{二合}吒野_{三五}

汉   jaya-labdhe   sphuṭa   sphuṭa   sphoṭaya

梵   𗏆𗏆 𗏆𗏆𗏆   𗏆𗏆𗏆   𗏆𗏆𗏆   𗏆𗏆𗏆𗏆

dzja¹·ja² lja²pji¹tjij¹   sji²pu¹tja¹   sji²pu¹tja¹   sji²po¹tja¹·ja²

A   𗏆𗏆 𗏆𗏆   𗏆𗏆𗏆𗏆   𗏆𗏆𗏆𗏆   𗏆𗏆𗏆𗏆

dzja¹·jij¹ lja²pji¹tjij¹   sji²pju²tja¹·ja²   sji²pju²tja¹·ja²   sji²po¹tja¹·ja²

B   𗏆𗏆 𗏆𗏆𗏆   𗏆𗏆𗏆   𗏆𗏆𗏆   𗏆𗏆𗏆𗏆

dzja¹·ja² lja²wa¹dja²   sji²pu¹tja¹   sji²pu¹tja¹   sji²pu¹tja¹·ja²

19-15.11

绿   𗏆𗏆 / 𗏆𗏆   𗏆𗏆𗏆𗏆_引 𗏆𗏆𗏆_引   𗏆𗏆𗏆 / 𗏆_引

sji²phuu²tśia¹·ja²   wji²wjo¹gia²ta¹- wa¹la¹nji²-   pha¹·ja²xa¹rjir²-

汉   萨怖_{二合}吒野_{三六}   尾誐哆_引 嚩啰抳_{引，三七}   婆野贺哩_{引，三八}

梵   sphoṭaya   vigatā-varaṇi   bhaya haraṇi

A   𗏆𗏆𗏆𗏆   𗏆𗏆𗏆 𗏆𗏆𗏆𗏆   𗏆𗏆 𗏆𗏆𗏆

sji²po¹tja¹·ja²   bji²gja²tja¹·ja⁻phja¹rjar¹nja²   bja²·ja²xa²rjar¹nja²

B   𗏆𗏆𗏆𗏆   𗏆𗏆𗏆𗏆 𗏆𗏆𗏆𗏆   𗏆𗏆 𗏆𗏆𗏆

sji²po¹tja¹·ja²   pji¹kja¹tji¹rjijr²·ja⁻phja¹rjar¹njij²   ba²·ja²xa²rjar¹njij²

---

① 原文剥落，罗福成录作"𗏆" wa¹。
② 原文剥落，罗福成录作"𗏆𗏆𗏆" dja² mja¹ rjijr²。

C　𗾄𗾄𗾄𗾄

sji² pu¹ tja¹ ·ja²　　　　sji²　　　　·ja⁻ phja¹ rjar¹ nja²　　　bja² ·ja² xa² rjar¹ nja²

① 原文剥落，据罗福成录文转录。

19–16.1

绿　𗾄𗾄𗾄𗾄　　　　𗾄𗾄𗾄　　　　𗾄𗾄𗾄

xa¹ la¹ xa¹ la¹　　　　xo⁻ xo⁻ xo⁻　　　　bjir¹ rjir² tju²

汉　贺啰贺啰₍三九₎　　吽吽吽₍四十₎　　没理₍二合₎底谕₍二合，四一₎

梵　hara hara　　　hūṃ hūṃ hūṃ　　　mṛtyu

A　——　　　　　𗾄𗾄𗾄　　　　𗾄𗾄𗾄

　　　　　　　　　　xo⁻ xo⁻ xo⁻　　　　bji¹ rjijr² tju²

B　𗾄𗾄　　　　　𗾄𗾄𗾄　　　　𗾄𗾄𗾄

xa² rjar¹　　　　xo⁻ xo⁻ xo⁻　　　mji¹ rjir² tju¹

C　𗾄𗾄 𗾄𗾄　　　𗾄𗾄𗾄　　　　𗾄𗾄𗾄

xa² rjar¹ xa² rjar¹　　xo⁻ xo⁻ xo⁻　　　bji¹ rjijr² tju²

19–16.2

绿　𗾄𗾄 𗾄𗾄₍ᵃ₎　　　　𗾄𗾄𗾄 𗾄𗾄

na¹ dźiā¹ tha² rjir²-　　　·ja¹ pha¹ ·ja² pa¹ la¹

汉　难拏驮哩₍引，四十二₎　　阿婆野 钵啰₍二合₎儞₍引，四十三₎

梵　daṇḍa-dhare　　　abhaya prada

A　—— 𗾄𗾄　　　　　𗾄𗾄𗾄 𗾄𗾄𗾄

　　—— tja¹ rjijr²　　　·ja⁻ phja¹ ·ja² pji¹ rjar¹ tjij¹

B　𗾄𗾄𗾄 𗾄𗾄　　　𗾄𗾄𗾄 𗾄𗾄𗾄

dja² nji² tja¹ tja¹ rjijr²　·ja⁻ ba² ·ja² pji¹ rjar¹ tji²

C　𗾄𗾄𗾄𗾄𗾄𗾄　　　𗾄𗾄𗾄 𗾄𗾄𗾄

tja¹ rjijr² njaa¹ tha⁷ rjijr²　·ja⁻ bja² ·ja² pji¹ rjar¹ tji²

19–16.3

绿　𗾄𗾄𗾄𗾄　　　　𗾄𗾄𗾄𗾄₍ᵃ₎　　　𗾄𗾄𗾄 𗾄𗾄

① 原文剥落，据罗福成录文转录。
② 原文剥落，据罗福成录文转录。

.u² śji¹ nji² śia¹ 　　　　wjo¹ lo² kji¹ tji² - 　　　　sa² ma² ta¹　mo² khji¹

汉　坞瑟捉₍二合₎洒₍四四₎　　尾路吉谛₍引，四五₎　　三满哆谟契₍引，四六₎

梵　uṣṇīṣa-bya　　　　　　vilokite　　　　　　　samanta-mukhe

A　𗗙𗢤𗤉𗤵𗦐
　　·wu² śji¹ nji¹ śja¹ bja²

　　　　　　　　　𗤽𗤟𗤉𗤺
　　　　　　　　　wa¹ lo² kji¹ tjij²

　　　　　　　　　　　　　　𗤵𗤶𗤸 𗦐𗦀
　　　　　　　　　　　　　　sja¹ mã¹ tja¹ mo² khjij¹

B　𗗙𗢤𗤉𗤵𗤺
　　·wu² sji² nji² śja¹ bji²

　　　　　　　　　𗤽𗤻𗤼𗤾
　　　　　　　　　wa¹ lo¹ kji¹ tjij²

　　　　　　　　　　　　　　𗧒𗤶₍鞍₎𗤼 𗦀𗤵𗤸
　　　　　　　　　　　　　　sã¹ mja¹ nji¹ tja¹ mə¹ khji¹ ·jij¹

C　𗗙𗤟𗤉𗤵𗤺
　　·wu² sji² nji² śja¹ bji²

　　　　　　　　　𗤽𗤻𗤉𗤺
　　　　　　　　　wa¹ lo¹ kji¹ tjij¹

　　　　　　　　　　　　　　𗤵𗤶𗤸 𗦐𗤷
　　　　　　　　　　　　　　sja¹ mja¹ dja² mo² khji²

19–16.4

绿　𗤸𗤽𗤺𗤵𗤟
　　sa² ma² ta¹ wji¹ ·ja¹

　　　　　　　　　𗤽𗤟𗤉𗤺₍二合₎
　　　　　　　　　wa¹ lo² kji¹ tjij² -

汉　三满哆尾野₍二合₎　　嚛路吉谛₍引，四七₎

梵　samanta-bya-　　　　valokite

A　𗤵𗤶𗤸 𗦐
　　sja¹ mã¹ tja¹ bja²

　　　　　　　　　𗤽𗤟𗤉𗤺
　　　　　　　　　wa¹ lo² kji¹ tjij²

B　𗧒𗤶₍鞍₎𗤼 𗤺
　　sã¹ mja¹ nji² tja¹ bji²

　　　　　　　　　𗤽𗤻𗤉𗤾
　　　　　　　　　wa¹ lo¹ kji¹ tjij²

C　——　　　　　　　　——

19–16.5

绿　𗤊₍二合₎𗤽₍二合₎𗤟₍二合₎𗦀𗦈₍二合₎
　　xa² -ma² - ·ja² -tha² rjir² -

　　　　　　　　　𗤽𗤊₍二合₎𗤼₍二合₎𗤵 𗦀𗦈₍二合₎
　　　　　　　　　ma² xa² -pia¹ - śja¹　tha² rjir² -

汉　摩贺₍引₎么₍引₎野₍引₎驮哩₍引，四十八₎　摩贺₍引₎播₍引₎舍驮哩₍引，四十九₎

梵　mahāmāye-dhare　　　mahāpāśa-dhare

A　𗤶𗤊𗤶𗤸
　　mja¹ xa² mja¹ ·jij¹

　　　　　　　　　𗤶𗤊𗤷𗦀𗤵 𗦁𗦈
　　　　　　　　　mja¹ xa² pji¹ rjar¹ śja¹ dja² rjijr²

B　𗤶𗤊𗤶𗤸
　　mja¹ xa² mja¹ ·jij¹

　　　　　　　　　𗤶𗤊𗤷𗤺 𗦁𗦈
　　　　　　　　　mja¹ xa² pja¹ śja² dja² rjijr²

C　𗤶𗤊𗤶𗤸
　　mja¹ xa² mja¹ ·jij¹

　　　　　　　　　𗤶𗤊𗤷₍二合₎𗤵 𗦈𗤺
　　　　　　　　　mja¹ xa² pja¹ - śji¹ tji¹ rjir¹

19–16.6

绿	緂繎蒎繼薍 薍	緂繎蒎 瓻鹾蔽 薍
	·ja˙mu²khjaa¹pia¹śji²-	·ja˙mu²khjaa¹wji¹ma²ljil²--
汉	阿目佉 播势 引, 五十	阿目佉 尾摩▢隶 引, 五十一
梵	amogha-paśa	amogha-vimale
A	阨籨麀	繎嬕蔽
	·ja˙mo²kjaa¹	bji¹mja¹ljij²
B	阨籨麀	纤嬕蔽
	pji¹mja¹ljij²	·ja˙mo²kjaa¹
C	阨籨麀	繎嬕蓺
	·ja˙mo²kjaa¹	bji²mja¹lji²

19–16.7

绿	隭跪瓿兊羟	隭繸羟縜羟	撒繎
	·iaa²kjạ¹rjir²śia¹·ja²	·iaa²rur¹kjow¹tśhia¹·ja²	pha¹la¹
汉	阿迦哩洒二合野五二阿迦哩洒二合野五三	阿噜供二合姹野五四阿噜供二合姹野五五	婆啰
梵	ākarṣaya　[ākarṣaya],	arghodaya　[arghodaya]①,	bhara-
A	阨麀形麀羟 阨麀形麀羟	阨麀蘱羟	鈒形
	·ja˙kjaa¹rjar¹śja¹·ja²·ja˙kjaa¹rjar¹śja¹·ja²	·ja˙kjaa¹ dja²·ja²	bja²rjar¹
B	阨麀麀羟 阨麀瓿麀羟	阨麀蘱羟 阨麀蘱羟	鼗形
	·ja˙kjaa¹ śja¹·ja²·ja˙kjaa¹rjir²śja¹·ja²	·ja˙kjaa¹ dja²·ja²·ja˙kjaa¹ dja²·ja²	ba²rjar¹
C	阨麀形麀羟 阨麀形麀羟	阨麀蘱羟 阨麀蘱羟	鈒形
	·ja˙kjaa¹rjar¹śja¹·ja²·ja˙kjaa¹rjar¹śja¹·ja²	·ja˙kjaa¹ dja²·ja²·ja˙kjaa¹ dja²·ja²	bja²rjar¹

19–16.8

绿	撒繎	蕔撒繎蕔撒繎	—	瓻敆蒕兊敆
	pha¹la¹	sã¹pha¹la¹sã¹pha¹la¹		wji¹phu¹śji¹ta¹phu¹
汉	婆啰五十六	三婆啰三婆啰五十七		尾部史哆部
梵	bhara	sam-bhāra sam-bhāra, indriya②		vi-bhūṣita bhu-

---

① 据居庸关本、黑水城本，梵文当为 ākarḍḍhaya。参见《居庸关》184 页。
②《大藏全咒》本无。此据黑水城本 184 页。

A   𗧹𗫻   𗦴𗧹𗫻 𗦴𗧹𗫻   𗅲𗭪𗬅𗆀𗫻   𗋽𗲩𗫜𗴭   𗆐𗩾𗆐𗇚

bja² rjar¹   sja¹ bja² rjar¹   sja¹ bja² rjar¹   ·jĭ¹ njĭ² tjĭ¹ rjir¹ ·ja²   bji² śjwo¹dja²njĭ²   boo² śji¹ boo² dzjii²

B   𗴆𗫻   𗌁_败𗴆𗫻   𗅲𗆀𗳉𗫻   𗋽𗲩𗫜𗴭   𗆒𗩾𗴍𗆒𗇚

ba² rjar¹   sã¹ mji¹ ba² rjar¹   ·jĭ¹ tji¹ rjijr¹ ·ja²   bji² śjwo¹dja²njĭ²   bu¹ śji¹ tja¹ bu¹ dzjij²

C   𗧹𗫻   𗦴_败𗧹𗫻 𗦴_败𗧹𗫻   𗋽𗲩𗫜𗴭   𗆐𗩾𗬄𗆐𗇚

bja² rjar¹   sja¹ mji¹ bja² rjar¹ sja¹ mji¹ bja² rjar¹   bji² śjwo¹dja²njĭ²   boo² śji¹ tjij² boo² dzjij²

19–16.9

绿   𗝠_萢   𗧤𗴁_萢𗬠𗬣𗬀_萢   𗴖𗫙𗭪𗬅_萢   𗝠𗫻

dzji¹ --   ma² xa² --mu² dji¹ la¹ --   wji² lo² kji¹ tji² --   dza² ·ja²

汉   嚩_{引，五十八}   摩贺_引母捺啰_{二合，引，五十九}   尾路吉谛_{引，六十}   惹野

梵   je   mahā-mudrā,   vilokite   jaya

A   𗯯𗴁𗙷𗬠𗫻   𗋽𗫙𗭪𗬰   𗝠𗫻

         mja¹ xa² mo² dji² rjijr²   bji² lo² kji¹ tjij²   dzja¹ ·ja²

B   𗯯𗴁𗳉𗆀𗫻   𗋽𗲸𗝥𗳆   𗝠𗫻

         mja¹ xa² mə¹ tji¹ rjar¹   bji² lo¹ kji¹ tjij²   dzja¹ ·ja²

C   𗯯𗴁𗙷𗆀𗫻   𗋽𗭪𗲸𗭪𗬅   𗝠𗫻

         mja¹ xa² mo² tji¹ rjijr²   bji² wa¹ lo¹ kji¹ tjij²   dzja¹ ·ja²

19–16.10

绿   𗝠𗫻   𗅲𗞅   𗋽𗫻𗭧 𗋽𗫻𗲩   𗌁𗧚𗫻𗭧

dza² ·ja²   sji² thji¹   bo² tha²njĭ² bo² tha²njij²   sã¹ bo¹ tha²njĭ²

汉   惹野_{六十一}   悉第_{六十二}   冒驮儞 冒驮儞_{六十三}   三冒驮儞_{六十四}

梵   jaya   siddhi siddhi①   bodhani bodhani   sam-bodhani

A   𗝠𗫻   𗬣𗧚𗬣𗧚   𗇚𗲩𗫜 𗇚𗲩𗫜   𗦴𗇚𗲩𗫜

dzja¹ ·ja²   sji¹ djij¹ sji¹ djij¹   boo² dja²njĭ² boo² dja²njĭ²   sja¹ boo² dja²njĭ²

B   𗝠𗫻𗝠𗬣   𗫩𗬣𗫩𗬣   𗋽𗲩𗫜 𗋽𗲩𗫜   𗌁_败𗋽𗲩𗫜

dzja¹ ·ja²dzja¹ ·jij¹   sji¹ dji² sji¹ dji²   bo² dja²njĭ² bo² dja²njĭ²   sã¹ mji¹ bo² dja²njĭ²

C   𗝠𗫻   𗅲𗧚𗅲𗧚   𗇚𗲩𗫜 𗇚𗲩𗫜   𗦴𗇚𗬭𗫜 𗦴𗇚𗬭𗫜

dzja¹ ·ja²   sji² djij¹ sji² djij¹   boo² dja²njĭ² boo² dja²njĭ²   sja¹ boo² djaa¹nji² sja¹ boo² dja²nji²

---

① 居庸关本作 siddhe siddhe，《大藏全咒》后另有 buddhe buddhe。

19–16.11

绿	[illegible]	[illegible]	[illegible]	[illegible]
	sã^{1} bo^{1} tha^{2} nji^{2}	śjuu^{1} tha^{2} njij^{2}	śjuu^{1} tha^{2} njij^{2}	sẽ^{1} śjuu^{1} tha^{2} njij^{2}
汉	三冒驮儞六十五	输驮儞六十六	输驮儞六十七	僧输驮儞六十八
梵	saṃ-bodhani,	śodhani	śodhani,	saṃ-śodhani
A	[illegible]	[illegible]	[illegible]	[illegible]
	sja^{1} boo^{2} dja^{2} nji^{2}	śjwo^{1} dja^{2} nji^{2}	śjwo^{1} dja^{2} nji^{2}	sja^{1} mjɨ^{1} śjwo^{1} dja^{2} nji^{2}
B	——	[illegible]	[illegible]	
		śjwo^{1} dja^{2} nji^{2}	śjwo^{1} dja^{2} nji^{2}	
C	[illegible]	[illegible]	[illegible]	[illegible]
	sja^{1} boo^{2} dja^{2} nji^{2}	śjwo^{1} dja^{2} nji^{2}	śjwo^{1} dja^{2} nji^{2}	sja^{1} mjɨ^{1} śjwo^{1} dja^{2} nji^{2}

19–17.1a

绿	[illegible]①[illegible]	——
	sẽ^{1} śjuu^{1} tha^{2} nji^{j2}	
汉	僧输驮儞六十九	
梵	saṃ-śodhani	biśodhani biśodhani hara hara mama sarvapābaṃ
A	[illegible]	[illegible]
	sja^{1} mjɨ^{1} śjwo^{1} dja^{2} nji^{2}	bji^{2} śjwo^{1}dja^{2} nji^{2} bji^{2} śjwo^{1}dja^{2} nji^{2} xa^{2} rjar^{1} xa^{2} rjar^{1} mja^{1} mja^{1} sja^{1}war^{1} pja^{1} pja^{1} mjɨ^{1}
B	[illegible]	[illegible]
	sã^{1} ŋjwɨ^{1} śjwo^{1} dja^{2} nji^{2}	bji^{2} śjwo^{1}dja^{2} nji^{2} bji^{2} śjwo^{1}dja^{2} nji^{2} xa^{2} rjar^{1} xa^{2} rjar^{1} sja^{1} war^{1} pja^{1} pã^{1}
C	[illegible]	[illegible]
	sja^{1} mjɨ^{1} śjwo^{1} dja^{2} nji^{2}	bji^{2} śjwo^{1}dja^{2} njij^{2} bji^{2} śjwo^{1}dja^{2} nji^{2} xa^{2} rjar^{1} xa^{2} rjar^{1} mja^{1} mja^{1} sja^{1}war^{1} tja^{1} pja^{1} pja^{1}

19–17.1b

绿	[illegible]	[illegible]	[illegible] / [illegible]
	sa^{2} rjɨr^{2} wa^{1}	ta^{1} tha^{2} -- gia^{2} ta^{1}	ku^{1} la^{1} phu^{1} dzji^{1}
汉	萨哩嚩二合，七十	怛他引誐哆七十一	俱罗部囉七十二
梵	sarva	tathāgata	kula bhuje

① 原文作“[illegible]”，倒文。参上文及汉文改。

A   𗾑𗥺   𘟩𗪛𘀝𗥃   𗾆𗧅𗌭𗢾

sja¹ war¹   tja¹ tha² gja² tja¹   ku¹ lja² pha¹ dzjij²

B   𗾑𗋈   𘟩𗋤𗕈𘟩   𗾆𗧅𗌭𗢾

sja¹ bar¹   tja¹ thja² kjaa¹tja¹   ku¹ lja² pha¹ dzjij²

C   𗾑𗥺   𘟩𗪛𘀝𗥃   𗾆𗧅𘀺𗢾

sja¹ war¹   tja¹ tha² gja² tja¹   ku¹ lja² bə² dzjij²

19–17.2

绿   𗆐𗤁𗧠𗌭𗢾𗥃   𗤁𗤺ₐ𗌣𗕈𗧠𗆧

sa² ma²·ja² njij² śiə¹ kji¹   pa¹la¹ --dźiā¹ śja¹·ja² tu¹

汉   三摩野儞瑟计₂ₐ,ᵢ,₇₃   钵啰₂ₐ,ᵢ拏舍野₂ₐ睹₇₄

梵   samaya niṣke   praṇaśyatu

A   𗾑𗤀𗧠 𗾑𗤀𗧠 𗥃𗤺   ——

sja¹ mja¹·ja² sja¹ mja¹·ja² nji² śjij¹

B   𗧦𗤀𗧠   𗥃𗤁𗌣   ——

sja² mja¹·ja²   nji² śji¹ tjij²

C   𗾑𗤀𗧠   𗥃𗤁𗥃

sja¹ mja¹·ja²   nji² śji¹ kji¹

19–17.3

绿   𘔗ₐ𗥸   𗋚𗍅𗧠𗆧   𘔗ₐ𗥸   𗤺𗌣𗆐𗌣𗧉

pia¹ --pẽ²   śjuu¹ śia¹·ja² tu¹   pia¹ --pẽ²   pa¹la¹sa²la¹du²

汉   播ᵢ崩₋,₇₅   输洒野₂ₐ睹₇₆   播ᵢ崩₋声呼,₇₇   钵啰₂ₐ娑啰努₇₈

梵   pāpaṃ   śoṣayatu   pāpaṃ,   pra-saratu mama

A   —   —   —   𗀉𗤀𗾑𗤀𘀺 𗤀𗤀

pji¹rjar¹ sja¹rjar¹ dwu² mja¹ mja¹

B   —   —   —   𗀉𗤀𗾑𗤀𗥺 𗤀𗤀

pji¹rjar¹ sja¹rjar¹ dju¹ mja¹ mja¹

C   —   —   —   𗀉𗤀𗾑𗤀𘀺 𗤀𗤀

pji¹ rjar¹ sja¹rjar¹? mja¹ mja¹

19-17.4

绿	綝莸殻	瓶纹屁散緻	繼莸綖	瓺瓻蠡
	pẽ² nji² ljij¹	wji¹ na¹ śja¹ ljij¹ tu¹	pia¹ -- pẽ²	sa² rjir² wa¹
汉	奔扼演二合, 七十九	尾曩设演二合睹八十	播引崩去, 八十一	萨哩嚩二合, 八十二
梵	puṇye①	vi-nāśayantu	pāpam,	sarva
A	掰綝蠡	綖貔貔慨	犕犕	滐延
	sju² njaa¹ ŋə¹	bji² nja¹ śja¹ tju²	pja¹ pja¹	sja¹ war¹
B	蕤繝綖	綖貔貔慨	犕犏	滐延
	pju² ? ŋə²	bji² nja¹ śja¹ tju²	pja¹ pā¹	sja¹ war¹
C	□□□	□□□□	犕犕	滐延
			pja¹ pja¹	sja¹ war¹

19-17.5

绿	魤蕤瓶瓶処綏散緻	瓺瓻瓶罞骈緻
	kji¹ rjir² wji¹ wji¹ śia¹ xa¹ ljil² --	mã¹ njij² wjo¹ śjuu¹ thji¹ --
汉	枳里尾二合尾洒贺隶引, 八十三	摩扼尾秫第引, 八十四
梵	kilbisa hare.	mani vi-śuddhe
A	馳羘② 貔薇绤	媥莸綖罞燚
	ljij¹ wji² bji² śja¹ xa⁷ rjij²	mja¹ nji² bji² śjuu¹ djij¹
B	魤綏纤 貔薇绤	媥莸綖罞燚
	kji¹ lja² pji¹ śja¹ xa⁷ rjijr²	mja¹ nji² bji² śjuu¹ djij¹
C	豣瓺綖 貔薇绤	媥莸綖瓺祥
	kjiw¹ rjir¹ bji² śja¹ xa⁷ rjijr²	mja¹ nji² bji² śjwo¹ dja¹

19-17.6

绿	罞绤羊	瓶瓻绥	羘磁散娑	彣磁蠡緻
	śjuu¹ tha² ·ja²	wji¹ ma² lji²	wji² kja¹ sji² ta¹	pa¹ dji¹ mji¹ --
汉	输引驮野八十五	尾摩礼引, 八十六	尾迦悉哆八十七	钵纳弭二合引, 八十八
梵	śodhaya	vimale	vi-kasita	padme

_____

① 居庸关本作 puṇyaṃ。
② 二字之前疑缺一字。

A

śjwo¹dja²·ja²   bji²mja¹ljij²   bji²kjaa¹śji¹dja²   pja¹dji¹mjij¹

B

śjwo¹dja²·ja²   bji²mja¹ljij²   bji²kja¹śji¹tja²   pja¹dji¹mjij¹

C

śjwo¹dja²·ja²   bji²mja¹ljij²   bji²kjaa¹□□   □□□

19–17.7

绿

kjạ¹wa¹rjir²ta¹   phu¹dzji¹   śja¹tśia¹pia¹--la¹mji¹ta¹

汉 迦嚩哩哆八九   部㖿爾引,九十   杀吒跛二合,引啰弭哆引,九十一

梵 kavalita   bhuje,   śat-pāramitā

A

kjaa¹wa¹tsji²tji¹   pha¹dzjij²   bji²gja²sji¹tja¹bja²njij²śja¹tji¹pja¹rjar¹mji¹tja¹

B

kjaa¹wa¹tsji²tja¹   pha¹dzjij²   śja¹tji¹pja¹rjar¹mjii¹tja¹

C

kjaa¹wa¹tsji²tji¹   bə²dzjij²   śja¹tji¹pji¹rjar¹mji¹tja¹

19–17.8

绿

pa²rjir²pu¹la¹nji²--   ·a²   sa²rjir²wa¹   ta¹tha²--

汉 pari-pūraṇī   oṃ   sarva   tathā-

梵 波哩布啰抳引,九二   唵引,九十三   萨哩嚩二合,九四   怛他引

A

pji¹rjir¹pu¹rjar¹nji²   ——   sja¹war¹   tja¹tha²

B

pji¹rjir²pu¹rjar¹nji²   ——   sja¹war¹   tja¹thja²

C

pji¹rjar¹pu¹rjar¹nji²   ——   sja¹war¹   tja¹tha²

19–17.9

绿	𗀆𗰯薳	𗅲𗅆𗃽	𗥐𗱲𗃼𗱖薳	𗣀𗤼𗟻
	gia² to² --	śiə¹nji²śia¹	wji¹lo²kji¹tji²-	swa¹ wa¹ xa¹
汉	誐睹引,九五	瑟扼二合洒九六	尾路吉谛引,九七	娑嚩二合,引贺引,九八
梵	gato-	snīsa	vilokite	svāhā.
A	𗀆𗰮	𗄩𗱳𗃽𗰰	𗱛𗤼𗃾 𗱛𗱲𗃼𗰮	𗣀𗟻 ?
	gja² tja¹	·wu²śji¹nji¹śja¹	bji²mja¹ljij² bji²lo²kji¹tjij²	swa¹xa ?
B	𗀋𗆩	𗄩𗱳𗰰	𗥝𗤼𗥝𗱳𗃽𗰰 𗱛𗲈𗅆𗟺	𗣀𗟻 ?
	kjaa¹to²	·wu²śji¹śja¹	lja²mja¹lja²sja¹nji¹śja¹ bji²lo¹kji¹tjij²	swa¹xa ?
C	𗀆𗆩	𗄩𗱳𗃽𗰰	𗱛𗤼𗃾 𗱛𗃼𗲈𗃼𗱖	𗣀𗟻 ?
	gja² to²	·wu²śji¹nji¹śja¹	bji²mja¹ljij² bji²wa¹lo¹kji¹tjij²	swa¹xa ?

19–17.10

绿	𗨒薳	𗱵𗱛薳	𗃼𗄩薳𗀆𗗙薳	𗤼𗅆𗏵薳
	·a¹ --	sa²rjir²wa¹	ta¹tha²--gia²ta¹ --	gu²xji¹·ja²--
汉	唵引,九九	萨哩嚩二合,一百	怛他引誐哆引,百一	玉呬野二合引,百二
梵	oṃ	sarva	tathāgatā	guhyā-
A	—	𗱳𗔆	𗱳𗅆𗀆𗰮	𗄀𗴣
	sja¹ war¹	tja¹ tha² gja² tja¹	gu¹ xja¹
B	—	𗱳𗔆	𗱳𗱷𗀋𗰮	𗄀𗴣
	sja¹ war¹	tja¹ thja² kjaa¹tja¹	gu¹ xja¹
C	—	𗱳𗔆	𗱳𗅆𗀆𗰮	𗄀𗴣
	sja¹ war¹	tja¹ tha² gja² tja¹	gjwi¹ xja¹

19–17.11

绿	𗧓𗅲𗄩薳𗰯	𗧓𗅲𗱛𗏵薳	𗣀薳𗟻
	thji¹śiə¹tśhia¹--na¹	thji¹śiə¹tśhji¹tji²--	swa¹--xa²
汉	地瑟姹二合,引曩引,百三	地瑟耻二合谛引,百四	娑嚩二合,引贺引,百五
梵	dhisthānā	dhisthite	svāhā.
A	𗅲𗪱𗱳𗅆𗱕	𗅲𗪱𗱳𗧓𗱖	𗣀𗟻 ?
	·ja²dji¹śji¹tha²nja²	·ja²dji¹śji¹thji¹tjij²	swa¹xa ?
B	𗅲𗪱𗅩𗱷𗔈	𗅲𗪱𗅩𗧓𗱖	𗣀𗟻

	·jaˉ dji^1 sji^2 thja^2 nja^2	·jaˉ dji^1 śji^2 thji^1 tjij^2	swa^{1}xa$^?$
C	[西夏文]	[西夏文]	[西夏文]
	·jaˉ dji^1 śji^1 tha$^?$ nja^2	·jaˉ dji^1 śji^1 tha$^?$ tji^2	swa^{1}xa$^?$

19–18.1

绿	[西夏文]	[西夏文]	[西夏文]	[西夏文]
	·aˉ --	·iaa^2 --·ju^2 rjir^2 nar^2 nji^2	swa^1 --xa^2	·aˉ --
汉	唵引，百六	阿引谕哩那二合儞百七	娑嚩二合，引贺引，百八	唵引，百九
梵	oṃ	āyur-dade	svāhā.	oṃ
A	—	[西夏文]	[西夏文]	
		·jaˉ·juu^{1}dja^{2}dji^1	swa^{1}xa$^?$	—
B	[西夏文]	[西夏文]	[西夏文]	
	·aˉ	·jaˉ·juu^{1}dja^{2}dji^1	swa^{1}xa$^?$	—
C	[西夏文]	[西夏文]	[西夏文]	
	·aˉ	·jaˉ wa^1 rjir^2 tju^2 nji^2	swa^{1}xa$^?$	—

19–18.2

绿	[西夏文]	[西夏文]	[西夏文]	[西夏文]
	pẽ^2 nji^2·ja^2 nar^2 nji^2	swa^1 --xa^2	·aˉ --	·iaa^2·ju^2
汉	奔抳野二合那儞百一十	娑嚩二合，引贺引，百一一	唵引，百一十二	阿谕
梵	puṇya-dade	svāhā.	oṃ	āyu
A	[西夏文]	[西夏文]		
	pu^1 nju^1 dja^{2}dji^1	swa^{1}xa$^?$	——	——
B	[西夏文]	[西夏文]		
	pju^2 nja^2 dja^{2}dji^1	swa^{1}xa$^?$	——	——
C	——[西夏文]	[西夏文]		
	dja^{2}dji^1	swa^{1}xa$^?$	——	——

19–18.3

绿	[西夏文]	[西夏文]	[西夏文]	[西夏文] / [西夏文]
	śiə^1 ma^2 tha^2 la^1 nji^2	swa^1 --xa^2	·aˉ --	sẽ^{1}xa^{1}la^{1}nji^2
汉	瑟满二合驮啰抳百一三	娑嚩二合，引贺引，百一四	唵引，百一五	僧贺啰抳百一六

梵　smat dharaṇi　　svāhā.　　　　　oṃ　　　　sam-haraṇi
A　———　　　　　———　　　　———　　　———
B　———　　　　　———　　　　———　　　———
C　———　　　　　———　　　　———　　　———

19–18.4

绿　𗏁𘝢𗏵　　　　𘘵𘝢-　　𘃜𗏵𘊝　　𘈖𗙴𗏽𗩾 / 𘝢

　　swa¹ --xa²　　　·a¹ -　　pẽ² nji² ·ja²　　wjo¹ lhju¹ kji¹ tji² --

汉　娑嚩二合,引贺引,百一七　唵引,百一八　奔扼野二合,百一九　尾路吉谛引,百二十

梵　svāhā.　　　oṃ　　　　punya-　　vilokite　　　[punyavilokite]

A　———　　　　———　　　𗏵𗏽　　𘃜𘃜𗏽𗬩 𗏵𘝢　　𗏵𗏽 𗹼𘃜𘃜𗏽𗬩
　　　　　　　　　　　　pu¹ nju¹　　bji² lo² kji¹ tjij² swa¹xa　　pu¹ nju¹ ·ja˚bji² lo² kji¹ tjij²

B　———　　　　———　　　𘃨𘅤　　𗏵𘔲𘇲𘕜 𗏵𘝢　　𘃨𘅤 𗹼𘄄𘔲𘇲𘕜
　　　　　　　　　　　　pju² ?　　bji² lo¹ kji¹ tjij² swa¹xa　　pju² ? ·ja˚wa¹ lo¹ kji¹ tjij²

C　———　　　　———　　　𗏵𘘻　　𗏵𘔲𗏽𗬩 𗏵𘝢　　𗏵𘘻 𗹼𘄄𗏵𘘱𗏵
　　　　　　　　　　　　pu¹ njaa¹　　bji² lo¹ kji¹ tjij² swa¹xa　　pu¹ njaa¹ ·ja˚wa¹ rjir² tju² nji²

19–18.5

绿　𗏁𘝢𗏵　　　𘘵𘝢　　𘁭𘃜𘇲𘕋𗏁𘝢　　　𗏁𘝢 / 𗏵

　　swa¹ --xa²　　·a¹ --　　bjir¹ rjir² tju² na¹nji¹ --　　swa¹ --xa²

汉　娑嚩二合,引贺引,百二一　唵引,百二二　没哩二合底喻二合难扼引,百二三　娑嚩二合,引贺引,百二四

梵　svāhā.　　　oṃ　　　　mṛtyu-daṇḍe　　　svāhā.

A　𗏵𘝢　　　———　　　𘚸𘊵𘇲𘕜𘊵　　　𗏵𘝢
　　swa¹xa²　　　　　　mji¹ rjijr² tju² dja² djiij²　　swa¹xa²

B　𗏵𘝢　　　———　　　𗏵𘕜𘕜𘕜　　　𗏵𘝢
　　swa¹xa²　　　　　　mji¹ rjir² tju² dja² tjij²　　swa¹xa²

C　𗏵𘝢　　　———　　　𘚸𘊵𘇲𗏵　　　𗏵𘝢
　　swa¹xa²　　　　　　mji¹ rjijr² tju² nji²　　swa¹xa²

19–18.6

绿	𗗔_蕤	𗙫𗧀𗩾_蕤①	𗦲_蕤／𗹾
	·a⁻ --	ma² lia¹ nji² --	swa¹ --xa²
汉	唵引，百二五	焰摩报捉引，百二六	娑嚩二合，引贺引，百二七
梵	oṃ	yama-daṇḍe②	svāhā
A		𗙟𗆐𗕜𗊬	𗦲𗹾
		·ja² mja¹ dja² djiij²	swa¹ xa¹
B		𗙟𗆐𗕜𗊬	𗦲𗹾
		·ja² mja¹ tju¹ tjij²	swa¹ xa¹
C	𗊛𗩾𗟲𗊬𗕜𗆌𗩾 𗦲𗹾 ——	𗆐𗴩𗊬	𗦲𗹾 𗊬𗟵𗹾𗆌𗩾 𗦲𗹾
	·ja- wa¹ rjir² boo² dja²rjar¹ nji² swa¹xa?	mja¹ dow¹ djiij²	swa¹xa? sja¹ ŋɔ¹ xa? rjar¹ nji² swa¹xa?

19–18.7

绿	𗗔_蕤	𗙟𗙫𗟰𗊛_蕤	𗦲_蕤𗹾	𗗔_蕤	𗙟
	·a⁻ --	·ja²ma²du¹tji² --	swa¹ --xa²	·a⁻ --	·ja²
汉	唵引，百二十八	焰摩报捉引，百二十九	娑嚩二合，引贺引，百三十	唵引，百三十一	焰
梵	oṃ	yama-dūte	svāhā.	oṃ	ya-
A			𗦲𗹾		
			swa¹xa?		
B			𗦲𗹾		
			swa¹xa?		
C			𗦲𗹾		
			swa¹xa?		

19–18.8

绿	𗙫𗴻𗊬𗩾𗕜_蕤	𗦲_蕤𗹾	𗗔_蕤
	ma² rar² tshia¹ sji² jij¹ --	swa¹ --xa²	·a⁻ --
汉	摩啰引讫叉二合细曳引，百三十二	娑嚩二合，引贺引，百三十三	唵引，百三十四
梵	ma rākṣasīye	svāhā.	oṃ

---

① 𗙫𗧀𗩾𗩾 ma² lia¹ nji² --，参汉文 "焰摩报捉引"（yama-daṇḍe），西夏文前似脱 "𗙟" ·ja² 字。
② 居庸关石刻梵本作 yama-daṇḍaye。

A —— —— ——
B —— —— ——
C —— —— ——

19-18.9

绿 𗹦／𗾔𗤋𘗨 𗗟𗊪𘘣 𗱕𘘗 𗾔𗤋𗤋 𗗟／𘘣
　　sā¹ pha¹ la¹ nji² swa¹--xa² ·a⁻-- śja² pha¹ la¹ nji swa¹--xa²

汉 三婆啰扼₁₃₅ 娑嚩二合,引贺引,₁₃₆ 唵引,₁₃₇ 苫婆啰扼引,₁₃₈ 娑嚩二合,引

梵 sam-bharaṇe svāhā. oṃ —— svāhā.

A 𗊱𗙈𗣼𗤋 𗗟𘘣
　　sja¹ bja² rjar¹ nji² swa¹xa⁷ —— ——

B 𗹦𗙈𗤋 𗗟𘘣
　　sā¹ bja² la¹ njij² swa¹xa⁷ —— ——

C 𗊱𘅲𗙈𗣼𗤋 𗗟𘘣
　　sja¹mji¹bja² rjar¹nji² swa¹xa⁷

19-18.10

绿 𗱕𘘗 𗊪𗙈𗤋𘗨 𗗟𘘣𘘣 𗱕𘘗 𗾔𗤋𗤋𗤋𘗨 𗗟𘘣𘘣 𗱕𘘗
　　·a⁻- sā¹tha²la¹nji² swa¹-xa ·a⁻- pha¹ la¹ tji¹sa² la¹ nji² swa¹-xa ·a⁻-

汉 唵引,₁₄₁ 散驮引啰扼₁₄₂ 娑嚩二合引贺引,₁₄₃ 唵引,₁₄₄ 钵啰二合底娑啰扼₁₄₅ 娑嚩二合引贺引,₁₄₆ 唵引,₁₄₇

梵 oṃ sam-dhāraṇi svāhā oṃ prati-saraṇi svāhā. oṃ

A —— 𗊱𘕰𗣼𗤋—— —— 𗊱𗣼𗤮 𗊱𗣼𗤋𗗟𘘣 ——
　　sja¹ dja² rjar¹ nji² pji¹rjar¹ tjij¹ sja¹rjar¹nji² swa¹xa⁷

B —— 𗹦𘕰𗣼𗤋 𗗟𘘣 𗊱𗣼𗤮 𗊱𗣼𗤋𗗟𘘣 ——
　　sā¹ dja² rjar¹njij² swa¹xa pji¹rjar¹ tji² sja¹ rjar¹njij² swa¹xa⁷

C —— 𗊱𘕰𗣼𗤋 𗗟𘘣 𗊱𗣼𗤮 𗊱𗣼𗤋𗗟𘘣 𗱕
　　sja¹djaa¹ rjar¹nji² swa¹xa⁷ pji¹rjar¹ tha¹ sja¹rjar¹nji² swa¹xa⁷ ·a—

19-18.11

绿 𗤮𘙄𗤥𗤮 𗗟𘘣 𗱕 𘔈𗣣𗤥𗤮 𗗟𘘣 𗱕
　　tji²- dzji¹wa¹tji² swa¹-xa ·a⁻- dza²·ja²wa¹tji² swa¹-xa ·a⁻-

汉 谛引口尔引嚩底₁₄₈ 娑嚩二合引贺引,₁₄₉ 唵引,₁₅₀ 惹野嚩底₁₅₁ 娑嚩二合引贺引,₁₅₂ 唵引,₁₅₃

梵	tejovati	svāhā	oṃ	jayavati		oṃ
A	𗹬𗏁𗖵𗰗	𘝌𗦛		𘈧𘝵𗖵𗰗	𘝌𗦛[?]	𗵆_引
	tjij²dzjo²wa¹tji²	swa¹xa[?]		tsja¹·jar¹wa¹tji²	swa¹xa	·a¯-
B	𗥃𗉝𗖵𗰗	𘝌𗦛		𗷅𗈇𗖵𗰗	𘝌𗦛	
	tjij¹bja²wa¹tji²	swa¹xa[?]		dzja¹·ja²wa¹tji²	swa¹xa[?]	
C	𗈇𗉝𗰗𘝌𗦛	𗥃𗈇𗉝𗰗	𘝌𗦛		𗷅𗈇𗖵𗰗		𘝌𗦛
	- bja²tji²swa¹xa[?]	tjij¹- bja²tji²	swa¹xa[?]		dzja¹·ja²wa¹tji²		swa¹xa[?]

19–19.1

绿	𗔀𗖵𗵅 /	�𗓁_引𗠁𗵅	𗫸𗚛𘗽		𗷅𗥚𘝳_引𗙼
	sa²rjir²wa¹	ta¹tha²-gia²ta¹	mo²dji¹la¹		thji¹śji¹tśhia¹-na¹
汉	萨哩嚩_{二合, 百五十四}	怛他_引誐哆_{百五十五}	母捺啰_{二合, 引, 百五十六}		地瑟姹_{二合, 引曩引, 百五十七}
梵	sarva	tathāgata	mudrâ-		dhisthānā-
A	𗤁𗤻	𗉝𗖵𗠁𗉝	𗫸𗖵𗘚		𗵈𘝭𗤻𗫸𘈧
	sja¹war¹	tja¹tha²gja²tja¹	mə¹tji¹rjar¹		·ja¯dji¹sji²tha¹nja²
B	𗤁𗤻	𗉝𗖵𗠁𗵘	𗫸𗚛𗘚		𗵈𘝭𗠁𗫸𘈧
	sja¹war¹	tja¹tha²gja²tja¹	mo²dji¹rjar¹		·ja¯dji¹śji¹tha¹nja²
C	𗤁𗤻	𗉝𗖵𗠁𗵘	𗫸𗚛𗆟		𗵈𘝭𗠁𗫸𘈧
	sja¹war¹	tja¹tha²gja²tja¹	mo²dji¹nji²		•ja¯dji¹śji¹tha²nja²

19–19.2

绿	𗷅𗵅𘈧𗰗_引	𘝌_引𗦛_引
	thji¹śiə¹tśhji¹tji²-	swa¹-xa[?]
汉	地瑟耻_{二合谛引, 百五十八}	娑嚩_{二合, 引贺引, 百五十九}
梵	dhiṣṭhite	svāhā
A	𗵈𘝭𗤻𗷅𗥃	𘝌𗦛
	·ja¯dji¹sji²thji¹tjij²	swa¹xa[?]
B	𗵈𘝭𗠁𗷅𗥃	𘝌𗦛
	·ja¯dji¹śji¹thji¹tjij²	swa¹xa[?]
C	𗵈𘝭𗠁𗷅𗥃^①	𘝌𗦛

---

① 罗本此录作"𘝭𗤻𗫸𗷅𗥃", 今核原文拓片, 前两字缺, 第三字与 B 本同, 故此依 B 本补前缺两字。

•ja-dji^{1}śjɨ^{1}thji^{1}tjij^{2}　　swa^{1}xa$^{?}$

19–19.3

[illegible]

mə^{1} dzju^{2} ŋa^{2} sjij^{1} thjɨ^{2} thow^{1} lo^{1} dźji^{1} rjɨr^{2} tshjij^{1}

天 主 我 今 此 ［陀 罗 尼］ △ 说

[illegible]

tja^{1}, thja^{1} ror^{2} mjij^{1}

者， 彼 垢 无

天主我今宣说此陀罗尼，

19–19.4/19.5

[illegible]

mo^{2} nji^{1} ·ụ^{2} mə^{1} zjɨ̣^{1} ·jij^{1} gjuu^{2} dźji^{-}。 gjɨ^{2} zjịr^{2}

［摩 尼］ 藏 天 子 于 救 护， 夜 长

[illegible]

gjij^{1} ɣie^{2} no^{2} rejr^{2} lhu^{1} phji^{1} njwi^{2}

利 益 安 乐 增 令 能。

而为救济彼摩尼藏无垢天子，而令长夜利益安乐故。

19–19.6

[illegible]

tha^{1} tśjiw^{2} ror^{2} mjij^{1} bji^{1} swew^{1} wjij^{2} njɨ^{2} ɣa^{1} bioo^{1} thju^{1} ·o^{2}

佛 顶 垢 无 光 明 放 普 门 观 察 入

佛顶放无垢光明入普门观察

19–19.7

[illegible]

mjor^{1} ljij^{2} ŋowr^{2} ŋowr^{2} njiij^{1} thow^{1} lo^{1} dźji^{1} wər^{2} lhejr^{2}

如　来 一　切 心 ［陀 罗 尼］ 经

𗢺　　　𗢺　　　　𗢺①
phju² --　　?　　　　　njwi¹
上　　　卷　　　　　恩
一切如来心陀罗尼经卷上

20-1.1

𗋽　𗾔　𗼃　𗤁　𗩱　𗯼　𘃡　𗦻　𗰜　𗑗　𗏂　𗁛
tha¹　tśjiw²　ror²　mjij¹　bji¹　swew¹　wjij¹　nji²　ɣa¹　bioo¹　thju¹　·o²
佛　顶　垢　无　光　明　放　普　门　观　察　入
佛顶放无垢光明入普门观察

20-1.2

𗊋　𗠻　𘝢　𘝢　𗋽　𗑱　𗎖　𗥴　𗪉　𗷖
mjor¹　ljij²　ŋowr²　ŋowr²　njiij¹　thow¹　lo¹　dźji¹　wər²　lhejr²
如　来　一　切　心　[陀　罗　尼]　经　契
𗢺　　　𗢺　　　　𗢺
mjij² --　　?　　　　njwi¹
下　　　卷　　　　恩
一切如来心陀罗尼经卷下

20-1.3

𗏹　𗒾,　𘘚　𗫂　𗤓　𘊩　𘒏　𗩾　𗷸　𗩾
tśhji¹　zjo̜²　rjur¹　pju¹　śji¹　ŋwər¹　dzjwɨ¹　·jij¹　·jɨ¹　tjij¹
尔　时,　世　尊　[释]　天　帝　于　告:　若
𘄒　𗢺　𗋽　𗾔
dzjwo²　thjɨ²　tha¹　tśjiw²
人　此　佛　顶
尔时,世尊告帝释天主言:"若复有人

―――――――――

① 𗢺,恩此为藏经秩号。汉文本无。

20-1.4

弱	絅	敗	㬵	鬆	㵘	毅	姚	羉	諁
ror²	mjij¹	bji¹	swew¹	wjij²	nji²	ɣa¹	bioo¹	thju¹	·o²
垢	无	光	明	放	普	门	观	察	入

縃	憿	禰	禰
mjor¹	ljij²	ŋowr²	ŋowr²
如	来	一	切

能书写此放无垢光明入普门观察一切如来

20-1.5

祢	絳	㿽	麤	莜	㳿	絾,	蒅	姝	鞁
·jij¹	njiij¹	thow¹	lo¹	dźji¹	rjar¹	sjij²	tjij¹	bə²	du²
之	心	［陀	罗	尼］	书	写,	若		塔

㰖	乿	蒅
sjiw¹	śjwo¹	tjij¹
新	起,	若

心陀罗尼，造塔安置，

20-1.6

姝	鞁	逐	㐹	㵁	琵	帰	毅① ;	㰖	莜
bə²	du²	kjwi¹	dzjwi²	dji²	thja¹	·u²	tji²。	nioow¹	me²
塔	旧	修	治	其	中	▽ ;		又	末

蘿、	蕷	蘿、
śja¹	ma²	śja¹
香、	涂	香、

或修饰旧塔安置；复以秣香、涂香、

20-1.7

㵘	彭	祀	赦	荞	蕹	㮙 ;	狺	絳	㾫	鷃,	縼

---

① "蒅姝鞁㰖乿……琵帰毅"句西夏文意思是"或起新塔，或修治旧塔置其中"。汉文本作"造塔安置，或修饰旧塔安置"。置，西夏文作"臀"tji²，其为名物化后缀，于意不合，当通"倘"tji¹（置）。

·ji¹ tshow¹ ɣię² ŋwu² kju¹ tshwew¹ wji¹ lju² njiij¹ sej¹ rur² njɨɨ²
众　　妓　　乐　　而　　供　　养　　　　为；身　　心　　洁　　净，昼

作众妓乐而为供养；又复洁净身心，

20-1.8

𗋽　　𗤲　　𗤀，　𘓍　　𗟲　　𗙴　　𗠇　　𘉑；　𘏒　　𗟍
gjɨ² tśhjiw¹ dzjɨj¹ thjɨ² thow¹ lo¹ dźji¹ tshjɨ¹ nioow¹ jir²
夜　　六　　时，　此　 ［陀　 罗　 尼］　诵；　又　　百

𗼛　　𗐗　　𗊮　　𘓚
·jar¹ dźjwow¹ tśjɨ¹ ror²
八　　遍　　旋　　绕

于一昼夜六时，念诵此陀罗尼；又复旋绕一百八遍，

20-1.9

𗣈，　𘃡　　𗢢　　𗤋　　𗤋　　𗤋　　𗕎　　𗤵　　𗤾，　𗤔
ku¹ niow² sjwɨj¹ ŋowr² ŋowr² zji² dźji¹ dzjar² njwi² neew²
则，　恶　　业　　一　　切　　皆　　除　　灭　　能，善

𗕥　　𗤋　　𗤋
sjwɨ¹ ŋowr² ŋowr²
种　　一　　切

能灭一切恶业，能生一切善种

20-1.10

𗤋　　𗣼　　𗟭　　𗤾。　𘋩　　𗳦　　𗤵　　𘓍　　𗣼　　𗏇　　𘝰　　𗕳①
zji² gu¹ śjwo¹ njwi² mə¹ dzju² tjij¹ thjɨ² njiij¹ swew¹ rjar¹ sjij²
皆　　生　　能。　天　　主　　若　　此　　心　　明　　书　　写

天主若欲安置此心明者，

---

① 𘝰𗕳 rjar¹ sjij²，书写。汉译本中与此相应的词语只能是"安置"。

20–1.11

嫄	絳	剟	纰	緂	藂	婖	嫕	嫩	蘸①
kiej²	ku¹	be²	ɣu¹	to²	zjij¹	njijr²	wjɨ²	lijr²	tshwew¹
欲	则	日	头	出	时	面	东	向	趣

莀	蘸	纰
rjur¹	śja¹	tśior¹
诸	香	泥

至日初出时面东而坐，以诸香泥

20–2.1

赦	形	祢	麁	�net	藂	嫩	蘸	桵	緂	敨	緂
ŋwu²	mã¹	dźjã¹	lo¹	niaa²	njijr²	lijr²	tshwew¹	mə²	wja¹	lju²	zjiir²
以	[曼	拏	罗]	涂。	面	向	趣	种	花	散，	水

涂曼拏罗，面向于日散种种华，

20–2.2

绖	蘸②	叕	缓	纰	贼	蘸③	靯	巍	絳
dji¹	śja¹	tu¹	rur¹	śiə¹	kja¹	śja¹	nji²	njwɨ²	mjor¹
沉	香	[咄	噜	瑟	迦]	香	等	烧，	如

嬂	祔	祔
ljij²	ŋowr²	ŋowr²
来	一	切

烧沉水香、咄噜瑟迦香等，

20–2.3

祢	絿	��	姸	蘪	嬈	薜	緂	绒	祇
·jij¹	jir²	·jar¹	dźjwow¹	bju¹	tji¹	tśjiw²	tshwew¹	lew²	tśja¹

---

① 嫩蘸 lijr² tshwew¹，趣向、归趣。二字皆有"向"义，当同义连用，与汉译本的"向"相对。

② 绖蘸，此对汉文本的"沉水香"。按"沉水香"亦即"沉香"，《掌中注》有"绖蘸"（沉香）一词。

③ 叕缓纰贼蘸，咄噜瑟迦香。即苏合香。叕缓纰贼 tu¹ rur¹ śiə¹ kja¹，咄噜瑟迦。梵文 Turuṣka，又译都嚧瑟迦、咄噜瑟迦剑。《翻译名义集》卷三："咄噜瑟剑，此云苏合。"（见《大正藏》第 54 册第 1104 页）

之	百	八	遍	归 依 顶 礼	应	敬

之	百	八
𘀺	𗤒。	𗏁
tshwew¹	dźjwa¹	nioow¹

礼	毕。	又

归命顶礼一切如来一百八遍。

20–2.4

𗁾	𗣼	𗋔	𘎑	𗊟	𗑱	𗤒	𗯨	𗉅	𗦀
tśhjwo¹	thji²	njiij¹	swew¹	rjar¹	bə²	du²	·u²	tji¹	ku¹
方	此	心	明	书	塔		中	置	则,

𗈁	𗫲	𗈁
gjɨɨ¹	ɣạ²	gjɨɨ¹
九	十	九

书此心明安于塔中，由如以九十九

20–2.5

𗾙①	𗙉	𗥑	𘊭	𗥤	𘓏	𗥫	𘈈	𗫨	𗫣
tu¹	kju¹	tśji²	no¹	·jiw¹	thow¹	khjã²	kha²	bẹ¹	ŋewr²
千	[俱	胝	那	由	多	殑	伽]	沙	数

𗦀	𗤢	𘒣
mjor¹	ljij²	·jij¹
如	来	之

百千俱胝那余多殑伽沙等如来

20–2.6

𘉞	𗟩	𗥰	𗼻,	𗑱	𗤒	𗯨	𗉅	𗦮	𘀗
ljụ²	ŋowr²	śja¹	lji²	bə²	du²	·u²	tji¹	rjir²	·ja¹
身	全	[舍	利],	塔		中	置	与	一

𘊺	𘊭	𘜶。
tjɨ²	mji¹	do²

---

① 𗈁𗫲𗈁𗾙，九十九千。汉文作"九十九百千"，二者数字不一致。

律 无 异。

一一如来全身舍利。置于塔中而无有异。

20–2.7

[illegible]	[illegible]	[illegible]	[illegible]	[illegible]	[illegible]	[illegible]	[illegible]	[illegible]	[illegible]	[illegible]	[illegible]
nioow^{1}	thjɨ^{2}	tha^{1}	tśjiw^{2}	ror^{2}	mjij^{1}	njɨ^{2}	ɣa^{1}	sọ^{1}	zjọ^{2}	mjor^{1}	ljij^{2}
又	此	佛	顶	垢	无	普	门	三	世	如	来

复更书此佛顶无垢普门三世如来

20–2.8

[illegible]	[illegible]	[illegible]	[illegible]	[illegible]	[illegible]	[illegible]	[illegible]	[illegible]	[illegible]	[illegible]	[illegible]。
ŋowr^{2}	ŋowr^{2}	njiij^{1}	thow^{1}	lo^{1}	dźji^{1}	rjar^{1}	bə^{2}	du^{2}	·u^{2}	tjị^{1}	lew^{2}。
一	切	心	［陀	罗	尼］	写	塔		中	置	应。

心陀罗尼安于塔中。

20–2.9

[illegible]	[illegible]	[illegible]	[illegible]①	[illegible]：
thow^{1}	lo^{1}	dźji^{1}	ŋwə^{1}	ŋwuu^{1}
［陀	罗	尼］	咒	曰：

20–2.10

绿	[illegible]		[illegible]	[illegible]	[illegible]	[illegible]
	·a⁻-		tjɨ^{1} rejr^{2} -thji^{1}wji^{1}	sa^{2}rjɨr^{2}wa^{1}	ta^{1}tha^{2}-gia^{2}ta^{1}	·jɨr^{2}rjir^{2}
汉	唵引，一		怛赖二合，引地吠二合，二	萨哩嚩二合，三	怛他引誐哆四	纥哩二合
梵	oṃ	namas	traiyaddhi- [kānāṃ]	sarva	tathāgate	hṛ-
A	[illegible]	[illegible]②	[illegible]	[illegible]	[illegible]	·a⁻
	-	nja^{2}mja^{1}sjɨ^{2}	tjɨ^{1}rjijr^{2} ·ja^{2}djij^{1}	sja^{1}war^{1}	tja^{1}tha$^{?}$gja^{2}tja^{1}	·jɨr^{2}rjir^{1}
B	[illegible]	[illegible]	[illegible]	[illegible]	[illegible]	[illegible]
	·a⁻-	nja^{2}mja^{1}sjɨ^{2}	tjɨ^{1} rjɨr^{2} ·ja^{2}djij^{1}	sja^{1}war^{1}	tja^{1}tha$^{?}$gja^{2}tja^{1}	·jɨr^{2}rjir^{1}

① 此陀罗尼，2830 称之为“真心咒”（[illegible]）。

② [illegible]，诸本原文紧靠“[illegible]”字。

C ·a- - nja²mja¹sjɨ² tji¹rjijr² ·ja²dja² sja¹war¹ tja¹tha²gja²tja¹ ·jɨr²rjir¹

20-2.11

绿					
nar²·ja²	gia²la¹la-	dzji¹wa¹la¹	tha²rjir²ma²tha²tu¹	gia²la¹la-	

汉	那野五	誐啰鼻二合引,六	入嚩二合罗		达哩摩二合,驮引睹七	誐啰鼻二合引,八
梵	daya	garbhe/	jvala	jvala/dharma-dhātu		garbhe/

A dja²·ja² gia²rjɨr²bjij² tswa¹lja² dja²mja²dja²dju¹ gia²rjɨr²bjij²

B dja²·ja² gia²rjɨr²bjij² dzwa¹lja² dzwa¹lja² dja²mja²dja²dju¹ gia²rjɨr²bjij²

C dja²·ja² gia²rjar¹bji² dzwa¹lja² dzwa¹lja² dja² mji¹ dja² tju² gia²rjar¹bji²

20-3.1

绿				
sē¹xa²la¹	·iaa²-·ju²	sē¹sjow¹tha²·ja²	pia¹-pa¹	

汉	僧贺啰九	阿引喻十	僧输引驮野十一	播引)波十二
梵	saṃbhara mama	ayuḥ	saṃśodhaya	saṃ-śodhaya/ mama	sarvapāpaṃ/

A sā¹gja²rjar¹ ·ja-·juu¹ sja¹ŋa²sjwo¹dja²·ja² sja¹war¹ pja¹pā¹合口

B sja¹gja²rjar¹ mja¹mja¹ ·ja-·juu¹ sja¹sjwo¹dja²·ja² mja¹mja¹ pja¹pja¹mji¹

C sja¹ŋə¹xa²rjar¹ mja¹mja¹ ·ja-wa¹rjir² sja¹sjwo¹dja²·ja² mja¹mja¹ mji¹

20-3.2

绿			
sa²rjir²wa¹	ta¹tha²-gia²ta¹	sa²sa²to²-	·u²siə¹nji²sia¹

汉	萨哩嚩二合,十三	怛他引誐哆十四	三满睹引,十五	坞瑟抳二合洒十六

梵	sarva	tathāgate	samanto-	sṇiṣa①
A	𗾑𗸕	𗣆𗡸𗣀𗣆	𗾑𗩾𗏆𗤙	𗦽𗫽𗬬
	sja¹war¹	tja¹tha²gja²tja¹	sja¹mja¹nji²to²	sji²nji²śja¹
B	𗾑𗸕	𗣆𗡸𗣀𗫠	𗾑𗰔𗣆	𗧀𗫩𗫽𗬬
	sja¹war¹	tja¹tha²gja²tja¹	sja¹mã¹tja¹	·wu²śji¹nji²śja¹
C	𗾑𗸕	𗣆𗡸𗣀𗫠	𗾑𗰔𗱜	𗧀𗫩𗫽𗬬
	sja¹war¹	tja¹tha²gja²tja¹	sja¹mã¹tju²	·wu²śji¹nji²śja¹

20-3.3

绿	𗴮𗫾𗯵	𗱠𗤁𗹽	——	𗾦𗬭𗬭
	wji²ma²la¹	wji¹śjuu¹thjij²		swa¹-xa²

汉	尾摩罗十七	尾秫第引,十八	——	娑嚩二合,引贺引,十九
梵	vimala	viśuddhe②	/hūṃ hūṃ hūṃ hūṃ/oṃ vaṃ saṃ jaḥ③	svāhā//
A	𗫿𗩾𗤴	𗫿𗤁𗫾	𗰖𗰖𗰖 𗫄𗼝 𗯵𗶦 𗤙𗶦	𗾦𗬭
	bji²mja¹lja²	bji²śjuu¹djij¹		swa¹xa²
B	𗫿𗩾𗬻	𗫿𗤁𗫾	𗰖𗰖𗰖𗰖 𗧠𗯇 𗾑 𗤙	𗾦𗬭
	bji²mja¹ljij²	bji²śjuu¹djij¹		swa¹xa²
C	𗫿𗩾□	𗫿𗤁𗫾	𗰖𗰖𗰖𗰖 □□ 𗾑 □□	𗾦𗬭④
				swa¹xa²

20-3.4

𗁲	𗤔	𗊟	𗲳	𗄭	𗾳	𗤊	𗫝	𗩾	𗤮
mə¹	dzju²	tjij¹	thjɨ²	tha¹	tśjiw²	ror²	mjij¹	nji²	ɤa¹
天	主	若	此	佛	顶	垢	无	普	门
𗬬	𗬭	𗲲	𗪏						

---

① 《大藏全呪》、居庸关本合二词为一，前者作 samantoṣṇiṣa，后者作 samantôṣṇiṣa。

② 《大藏全呪》本此处另有 svāhā，诸本皆无。

③ 此绿城本、施护汉文本皆无，梵文据《大藏全呪》本补。

④ 居庸关本此后尚有以下陀罗尼："𗎩𗤔𗤔𗤔 𗧠□□𗬬 𗱜𗰦𗬬 𗫿𗮝𗬬 𗫿□□□𗬬𗎩�4�1𗬬 �4�4�1𗬬 □□□□𗰔𗬭𗰦 𗾦𗬭□□□𗩾�4�4 𗧒�4□ �1𗬭 𗧠 𗧒𗰦𗫝𗧀𗫩𗫽𗬬 𗫿𗩾𗬻 �4 𗫾�4 �1𗬭 □□ 𗧒𗧒 𗧒�1𗧀��½𗬬𗮝�4𗯵 𗧠 �4𗬭�4 𗧒�4□"，所存梵文为 namo ratna-trayāya. oṃ kaṅkaṇi kaṅkaṇi rocani troṭani troṭani trāsani trāsani pratihana pratihanaSarva-karma- paraṁparāṇi me svāhā. ……mavaya para……svāhā. oṃ padmoṣṇīṣa-vimale hūṃ phaṭ svāhā. oṃ padmoṣṇīṣeśvara maṃ. Oṃ vajra-pāṇi hūṃ.

sọ¹ zjọ² mjor¹ ljij²
三 世 如 来

天主若有于此佛顶无垢普门三世如来

20-3.5

絑 婋 麚 蔎 湅 燦 鞂 幯 燄 絳 燆 隃
njiij¹ thow¹ lo¹ dźji¹ rjar¹ bə² du² ·u² tji¹ dzjwɨ¹ lhejr² wji¹
心 [陀 罗 尼] 写 塔 中 置 恭 敬 为

心陀罗尼塔而生恭敬,

20-3.6

絳, 婅 燆 訤 燚 皵 朡 稫 稫 蔍 蔍 骸
ku¹ ·wjɨ² rar² zjọ² wjij¹ niow² sjwij¹ ŋowr² ŋowr² to² zji² dźji¹
则, 过 去 短 命 恶 业 一 切 悉 皆 消

所有过去短命之业而得消除。

20-3.7

甊, 訤 燆 婨 麃 朕 蒚 燚。 泑 佽 燆 拨
dzjar² zjọ² kạ¹ lhu¹ rjur¹ mə¹ ·wejr² jiij¹。 thjɨ² dzjwo² kạ¹ bja²
除, 寿 命 增 诸 天 护 持。 此 人 命 终

复增寿命诸天护持。此人命终

20-3.8

礛 燯, 絹 瓶 亥 鞿 俶, 殏 舭 麕 鶝
·jij¹ zjij¹ dzjọ¹ phio² dźji¹ ljij¹ sju² tśhjɨ² rjar² no² rejr²
临 时, 譬 蛇 蜕 皮 如, 立 即 安 乐

舍此身时,由如蛇蜕,便得往生安乐①

20-3.9

麃 麂 幯 絑 燋, 皶 稫 蔍 舺 骸 賏 麚

────────────────
① 此行的"亥鞿 dźji¹ ljij¹"字面作"皮-换",与汉文"蜕"相对。

rjur¹　kiej²　·u²　wee¹　śji¹　dji¹　jij²　sju²　dzju²　·ja¹　mo²　lo¹
世　　界　　中　　往　　生，　地　　狱　　傍　　生　　［焰　魔　罗］
世界，不堕地狱傍生焰魔罗界。

20–3.10

kiej²　rjir²　nji²　niow²　tshwew¹　ŋowr²　ŋowr²　kha¹　mji¹　lji¹
界，　乃　　至　　恶　　趣　　　　一　　切　　　　中　　不　　坠，

nioow¹　tsji¹　dji¹
复　　亦　　地
乃至不坠一切恶趣，亦复

20–3.11

jij²　mjij²　tsji¹　mji¹　mji¹　thji²　sju²　tshja²　rjir¹　dju¹　mjij²　djij²
狱　　名　　亦　　不　　闻，　如　　是　　报　　得　　有　　未　　曾
不闻地狱之名，获如是报得未曾有。

20–4.1

lhju²。‖　　tśhji¹　zjǫ²　śji²　ŋwǝr¹　dzjwi¹　rjur¹　pju¹　do²
获。　‖　　尔　　时，　［释］天　　帝　　世　　尊　　处

thji²　swew¹　·wji²　lhjij
此　　明　　△　　授
尔时，帝释天主于世尊处授此明已，

20–4.2

nioow¹　ror²　mjij¹　mo²　nji¹　·u²　mǝ¹　zji¹　njoow¹　tśhji²
后，　垢　　无　　［摩　尼］藏　　天　　子　　因，　立

□ □ □ □

rjar^{2} ·jij^{1} mji^{1} ·u^{2}

即 自 宫 中

为摩尼藏无垢天子，而于彼时往自宫中，

20–4.3

□，□ □ □ □ □ □ □ □，□ □

lhjwo^{1} śji^{1} ɣu^{1} mjor^{1} rjɨr^{2} tshjij^{1} dźjɨ$^{-}$ tjɨj^{2} bju^{1} bə^{2} du^{2}

退，先 如 来 所 说 仪 轨 依，塔

□ □。□ □ □

wji^{1} ɣjɨr^{1} nioow^{1} śji^{1} tsjiir^{1}

作 又 先 法

先依如来所说仪轨，依法作塔。

20–4.4

□，□ □ □ □，□ □ □ □ □

bju^{1} śja^{1} njwɨ̣^{2} tśja^{1} tshwew^{1} ·ja^{1} njiij^{1} do^{1} tshjɨ^{1} ŋwu^{2}

依，香 烧 礼 拜，一 心 念 诵 以

□ □ □ □。□ □

sjwɨj^{1} tshja^{2} dźji^{1} kjụ^{1} zjij^{1} tśhjɨ^{1}

业 报 消 祈。时 尔

如彼法相，烧香礼拜一心念诵祈消业报。

20–4.5

□①，□ □ □ □ □ □ □ □ □

zjij^{1} ror^{2} mjij^{1} mo^{2} nji^{1} ·u^{2} mə^{1} zjị^{1} ·jij^{1} dzwej^{1}

何，垢 无 ［摩 尼］藏 天 子 之 罪

□ □ □ □ □ □ □

sjwɨj^{1} tśjị^{1} zjị^{1} mja^{1} tshja^{2} ŋowr^{2} ŋowr^{2}

业 苦 恼 果 报 一 切

① □□□，字面意思是“时若干”，此对汉文“当作之时”。“□□”，常与汉文“若干”对译。

当作之时，彼摩尼藏无垢天子所有一切罪业苦恼之报，

20-4.6

蘶	祗	桅	舲	虀。	慨	乧	絋	蕤	蒤
tshja²	to²	zji²	dźji¹	dzjar²。	nioow¹	lju²	zjir²	kię¹	ɣiej¹
报，	皆	悉	消	除。	又	身	遍	真	金

桅	祿	艳	蕤	赒,
sju²	nej¹	ŋwər¹	sej¹	rur²
如，	目	青	净	澈,

皆悉消除。又复获得殊胜之身如彼真金，目青莹澈，

20-4.7

紞	燃	敪	赒	禰	笉	乧	糀。	慨	缘
ɣu¹	mjar¹	bji¹	rjij²	buu²	gjij¹	lju²	rjir¹。	nioow¹	mjor¹
头	发	光	洁	殊	胜	身	得。	又	如

慨	禰	禰	缘	辩	毗
ljij²	ŋowr²	ŋowr²	mjor¹	·ju²	tsho²
来	一	切。	面	前	虚

发鬓光洁。又复获得一切如来，当于面前虚空

20-4.8

蕿	醉	薇,	粎	庞	缘	慨	鞯	夃	舲
ŋa¹	gu²	śja²,	thja¹	rjur¹	mjor¹	ljij²	tjij²	rjijr²	dą²
空	中	现，	彼	诸	如	来	善	哉	口

夃。	籖	舲	絹	敪
·ji²。	dzjij¹	ror²	mjij¹	mo²
称。	时	垢	无	〔摩

中现，彼诸如来口称善哉。时摩尼藏无垢

20-4.9

舷	蘸	朕	狒	敝	骰	諓	蕤	砣	骰
nji¹	·u²	mə¹	zji̇¹	niow²	sjwij¹	gji¹	sej¹	dzwej¹	lə¹

尼]	藏	天	子	恶	业	清	净	罪	障
蔣	蟲,	蒤	颰	蕆					

dźji¹ dzjar² ·jij¹ tsjir² ljil²

消	除,	自	性	见

天子得业清净罪障消除，复见自性

20-4.10

愀,	絴	豣	拷	肃,	泑	瓻	瓻	瓻

nioow¹ njiij¹ ljij² ·ja¹ śjwo¹ ljaa¹ dạ² rjɨr² tshjij¹

尽	忻	庆		生	。	颂	曰	即	说：

生大忻庆。即说颂曰

20-4.11

絲	愀	愀	瓻	緔,		揚	轌	峕	愀

mjor¹ ljij² seew² tshjij¹ mjij¹   swew¹ γie¹ tsjɨ¹ seew²

如	来	思	议	不,		明	力	亦	思

絋,		瓻	禩	峕	拷	愀,			

gie¹   tśhja² tsjiir¹ tsjɨ¹ ·ja¹ tjɨj¹

难,		正	法	亦	一	样,			

如来不思议，明力亦难思，正法复亦然，

20-4.12

瓻	緣	絲	蕭	絣。	愀	泑	轌	瓻	瓻

thjɨ² njoow¹ mjor¹ tshja² rjir¹ nioow¹ ljaa¹ dạ² rjɨr² tshjij¹

此	缘	见	报	得。	复	偈	曰	△	说

获得见果报。复说偈言：

20-5.1

蚤	兎	薮	颺	畋	荒	絆,	譆	詫

źjɨr¹ bju² śjɨ² kja¹ mo² nji² tha¹ mər² njij²

实	际	[释	迦	牟	尼]	佛,	本	悲

蕜	膈	糑	瓻	緲,				

·wjuu¹　djo̩²　dźia²　tśhju¹　gju¹
憨　　修　　众　　生　　济，

20-5.2

𗄊　𗄊　𗹳　𗙴　𗢳　𗜓　𗫂，　𗙩　𗢳
kju¹　kju¹　phji¹　bju¹　lji̱¹　·wji²　sju²　thji²　njoow¹
祈　　求　　如　　意　　宝　　　　如，　　此　　缘

𗙴　𗼻　𗢤　𗢳　𗹙。
bju¹　tji¹　tśja¹　tshwew¹　ŋa²
归　　依　　敬　　礼　　我
顶礼归命真实际，释迦牟尼大导师，本行悲憨济众生，随愿等同如意宝。

20-5.3

𗤌　𘊝，　𗣫　𗏆　𗗗　𗒛　𗦀　𗤄　𗣁　𗙩
tśhji¹　zjo̩²　ror²　mjij¹　mo²　nji¹　·u²　mə¹　zji̱¹　thji²
尔　　时，　垢　　无　　[摩　　尼]　藏　　天　　子　　此

𗨁　𗥰　𗤄，　𗦺
ljaa¹　tshjij¹　dźjwa¹　·jij¹
偈　　说　　已，　自
尔时摩尼藏无垢天子说此偈已，

20-5.4

𗣁①　𗏹　𗊂，　𗦺　𗱽　𗯨　𗑛　𗤄　𗣁　𗤄
mji¹　·u²　lhjwo¹　·jij¹　rjur¹　wji̱¹　dźjwi¹　mə¹　zji̱¹　mə¹
宫　　中　　归，　自　　诸　　眷　　属　　天　　子　　天

𗩱　𗊰，　𗤄　𗉛　𗦺　𗗘
mjij¹　rjir²　·jij¹　twu̱¹
女　　与，　各　　各
归自宫殿，与诸眷属天子天女之众，各各

---

①𗣁，宫。首字原文作"𗱽"，误。"𗤄𗱽"意"自性"，与汉文本文意不合。此参汉文及229行"𗤄𗣁
𗏹𗊂"改。

20-5.5

糁	糁	膝	烾	膝	祾	靽。	糁	糁	膝
mə²	mə²	mə¹	wjạ¹	mə¹	rer²	njɨ²。	mə²	mə²	mə¹
种	种	天	华	天	鬘	等。	种	种	天

薢	餕	薢	黻	薢，
śja¹	dźji¹	śja¹	ma²	śja¹，
香	涂	香	袜	香，

执持种种天华华鬘，种种天香袜香涂香，

20-5.6

瓶	织	膝	茙	褫	缬	烥	餕	蒜	缀。
rjir²	njɨ²	mə¹	lhwu¹	buu²	thjoo¹	śjwo²	tshjij²	zow²	jiij¹。
乃	至	天	衣	殊	妙	庄	严	执	持。

薇	黻	烈	术	膝
śjɨ²	ŋwər¹	dzjwɨ¹	tsjɨ¹	mə²
[释]	天	帝	亦	天

乃至天衣庄严殊妙。并天帝释亦复

20-5.7

庞	薢	烾	缬	羃	薤	靪	蒜	缀，	汲
rjur¹	śja¹	wjạ¹	thjoo¹	kjụ¹	tshwew¹	gjụ²	zow²	jiij¹，	tu¹
诸	香	华	妙	供	养	具	执	持，	[睹

菲	殟	膝	胤	秘
śjɨ¹	tow¹	mə¹	mji¹	tśhjaa¹
史	多]	天	宫	上

严持天诸香华妙供养具，复往睹史多宫

20-5.8

庞	珊	烾	薤，	散	羃	薤	脪，	慨	糁
rjur¹	pjụ¹	do²	śjɨ¹，	tha²	kjụ¹	tshwew¹	wji¹，	nioow¹	mə²
世	尊	处	往，	大	供	养	作，	又	种

糁	膝	孫	秘

mə² mə¹ ·jij¹ tsjiir¹
种 天 之 法
诣世尊所，到佛所已作大供养，复以种种天

20–5.9

𗀼 𘜶 𗑣 𗖵 𗴮 𗴦， 𗹬 𘄒 𗼃 𗾺
tśju¹ ŋwu² tha¹ ·jij¹ kju¹ tshwew¹ nioow¹ jir² tụ¹ rjir²
事 以 佛 之 供 养。 又 百 千 亿
𗥃 𘄒 𗴮 𗴦
tśjɨ̣¹ ror² kju¹ tshwew¹
旋 绕 供 养
诸事业而为供养，又复旋绕多百千匝，

20–5.10

𗧀， 𗹬 𗑣 𗗋 𗴥 𗾕 𘄒 𗒾 𗴦 𗗾。
dźjwa¹ nioow¹ tha¹ ·ju² rjir² dzuu² tśhja² tsjiir¹ mji¹ kiej²。
已， 又 佛 ＿前＿ 坐 正 法 闻 欲。
‖ 𗟻 𗔁， 𘋠 𘟢
‖ tśhjɨ¹ zjọ² ljwu² kha¹
‖ 尔 时， 会 中
伸供养已，坐世尊前而欲闻法。尔时，会中

20–5.11

𘋬 𗀜 𘊝 𗯎、 𗋽 𘊝 𗯎、 𗋽 𗯎 𗹬
ljir¹ tha² ŋwər¹ njij² xiwã¹ ŋwər¹ njij² xiwã¹ njij² no¹
四 大 天 王、 梵 天 王、 梵 王 ［那
𘄴 ·ja¹ mə¹ tha² ·jij¹ dzju² mə¹
罗 延］ 天、 大 自 在 天
四大天王、梵王、那罗延天、大自在天

20-6.1

𗾀	𗴺	𗼃①	𗿳	𗰕	𗄉	𗢸	𗼃	𗾅	𗾆
bioo¹	thju¹	wji¹	tśhjɨ¹	zjo̜²	phə¹	bjij¹	gjɨ²	mjij²	tja¹
观	察	为,	尔	时	长	者	有	<u>名</u>	<u>曰</u>

𗪱	𗼯	𗾌	𗾌	𗨁
bji¹	swew¹	thja¹	thja¹	·u²
光	明,	彼	城	中

是时复有长者名曰光明，亦住彼城，

20-6.2

𗿤,	𗫂	𗰉	𗰐	𗫸,	𗀔	𗏣	𗫮	𗾊,	𗩾
dźjiij¹	tji̜¹	war²	sji¹	pju̜¹	tha²	·jij¹	dzju²	dźjij²	rjur¹
住,	食	财	无	量,	大	自	在	得,	诸

𗼽	𗦲	𗁬	𗁬
pho¹	mẽ¹	to²	zji²
婆	门	<u>咸</u>	

财富无量，得大自在，诸婆罗门咸

20-6.3

𘂀	𗢸	𗼃②。	𗾌	𗲀	𗢸	𗼽	𘕿	𗦲,	𗡮
bjuu¹	bjij¹	wji¹。	thja¹	ror²	mjij¹	pho¹	lo¹	mẽ¹	·ja¹
尊	仰	为。	彼	无	垢	婆	罗	门,	一

𗾊	𗏣	𗪱	𗢸
dzjɨ¹	tśhjaa¹	mjɨ¹	·jij¹
时	于	他	于

所随顺。复次无垢婆罗门，一时为人

20-6.4

𗽗	𗳾	𗢸	𗁬	𗫶	𘕿	𗷡	𗲀	𗼃。	𗿳	𗰕,

---

① 𗾀𗴺𗼃，观察为。汉文本中无。
② 𗁬𗁬𘂀𗢸𗼃，咸为敬仰。汉文本作"咸所随顺"。

thjɨ²	njiij¹	swew¹	njij²	thow¹	lo¹	dźji¹	tshjij¹	wji¹ 。	tśhjɨ¹	zjǫ²
此	心	明	王	［陀	罗	尼］	说	为。	是	时，

bji¹	swew¹	phə¹
光	明	长

解说此心明王陀罗尼。是时，光明长

20–6.5

bjij¹	de²	njiij¹	mji¹	śjwo¹ ，	thjɨ²	sju²	lə⁻	wji¹	thjɨ²
者	喜	心	不	生，	如	是	思	惟：	此

pho¹	lo¹	mẽ¹	·jij¹	ŋa²
婆	罗	门	于	我

者生不喜心，作如是思惟：此婆罗门我

20–6.6

bjir¹	ŋwu²	zju²	piẹ¹	sjij²	·wjɨ²	sju²	tśhji¹	·ja¹	thǫ¹
刀	以	鱼		龟	犹	如	肉	一	片

thǫ¹	khjwɨ¹	wjo¹	ŋa²
片	割	作	我，

当如鱼如龟片片割截。

20–6.7

nioow¹	njaa²	bjɨ¹	ŋwu²	lja²	·u²	tśhju¹	wjo¹	ŋa² 。	dzjɨj¹
复	粪	秽	以	口	中	生	作	我。	时

thja¹	phə¹	bjij¹	thjɨ²
彼	长	者	此

复以粪秽着于口中。时彼长者

20-6.8

sju²	lə²	nioow¹	niow²	njiij¹	·ja¹	śjwo¹	bju¹	tśhjɨ²	rjar²
如	念	又	恶	心	△	起	因，		便

dze¹	phiow¹	·wjɨ²	to²
白	癞	△	出，

作是思惟，兴恶心已，寻便获得白癞

20-6.9

·jij¹	śjij¹	ŋo²	tśji¹	lhjij²	ka¹	bja²	nioow¹	lijr²	mji¹	bja²
自	然	病	苦	受，	命	终	后	方，	无	间

dji¹	jij²	lja²	lji¹
地	狱	中	堕，

病报。受大疼痛极大苦恼直至命终，既命终已，生于无间大地狱中，

20-6.10

·ja¹	kja²	·io̱¹	·u²	tha²	tśji¹	zji¹	lhjij。	dji¹	jij²
一	劫	围	中	大	苦	恼	受。	地	狱

lho̱	nioow¹	zju²	pie¹	sjij²	kha¹	wee¹
出	后，	鱼		龟	中	生，

住彼一劫受大苦恼。出彼狱已，生鱼龟中，

①蒳，因。依汉文本，似当为"慨"（后、已）。
②慨技，不断。指汉文本的"无间"。

20-6.11

㦿	蕱	䖆	㣆	㪻	㷇	㸙	㣹	㪺	㵀
·ja¹	kja²	·io̱¹	·u²	tśji¹	zji¹	lhjij˙	nioow¹	tśhjwo¹	zjij¹
一	劫	围	中	苦	恼	受	后，	<u>然</u>	<u>后</u>

㸞	㧯	䶀	㹒	㣗	㣔	㣆
ka̱¹	bja²	lu²	njaa¹	dji¹	jii²	·u²
命	终，	<u>黑</u>	<u>绳</u>	<u>地</u>	<u>狱</u>	中

亦经一劫而受苦报，然后命终，又复生大黑绳地狱，

20-7.1

㺒，	㪂	㪻	㷇	㸙	㦿	蕱	㵁	㽊，	㪺
wee¹	tha²	tśji¹	zji¹	lhjij˙	·ja¹	kja²	·wji²	lhə̣	tśhjwo¹
生，	大	<u>苦</u>	<u>恼</u>	受	一	劫	△	满，	方

㣔	㣗	㵁	㸝，	㿃
dji¹	jij²	·wji²	lho̱	·jij¹
<u>地</u>	<u>狱</u>	<u>出</u>，	自

受大苦恼亦复一劫，后出彼狱，

20-7.2

㽏	㳜	㪤	㺐	㣆	㦽	㴾	㸙	㺒	㹌
mər²	dźjiij¹	tji²	we²	·u²	mə¹	ku²	nji¹	wee¹	ŋjij²
本	住	所	城	中	盲	瞽	家	生	昔

㿐	㽊，	㺷	㹇
nej¹	mjij¹	njwo²	sjwij¹
目	无，	宿	业

却于本住之城生盲种中，生即无目，以宿缘

20-7.3

㷻	㺼，	㺬	㺂	㼍	㣆	㺜	㼣	㼍	㳜
·jiw¹	bju¹	·ji¹	mji¹	gji²	·u²	phji²	khjiw²	gji²	dźjiij¹
故	依，	<u>寺</u>	—	中	[比	丘]	—	住

㤊，	㺵	㻉	㻗	㾁，

mji¹	bjuu¹	dźiej²	njiij¹	śjwo¹
闻,	信	重	心	生,

故，得闻苾刍住彼彼寺，心生信重，

20-7.4

羕	鋒	戟	燚。	羅	鞁①	鞁	燚	羀	羸
·jij¹	mjor¹	·ju²	śjɨ¹。	thja¹	tśhjụ¹	njɨ²	·ju²	njiij²	·wjuu¹
亲	自	寻	往。	彼	刍	等	常	悲	愍

羀,	羉	羰	燚
dźjij¹	mə¹	dzjwo²	njɨ²
行,	盲	人	普

亲自寻觅。而彼苾刍常行悲愍，

20-7.5

燱,	羀	鮮	戟	燚	鞞	羬。	燱	屃	後
nioow¹	njij²	njiij¹	ŋwu²	ɣjiw¹	ɣiwej¹	lew²。	nioow¹	tjɨ¹	ljij²
后	慈	心	以	摄	取	应,	又	食	甜

瓯,	燱	術	雝	鮮
tjɨ¹	nioow¹	tsjɨ¹	thjɨ²	njiij¹
饮,	又	亦	此	心

既见来已，慈心摄取，更与美食，然后复与解说此心

20-7.6

獨	緒	麗	戟	鏶	移	擧。	雝	鮮	獨	戟
swew¹	thow¹	lo¹	dźji¹	tshjij¹	wji¹	thjɨ²	njiij¹	swew¹	mji¹
明	[陀	罗	尼]	解	说。	此	心	明	闻

燱,	鮮	缳	燚
nioow¹	njiij¹	tjɨ¹	sjwɨ¹
已,	心	诚	思

明陀罗尼。既得闻已，审谛思惟，

---

① 鞁 tśhjụ¹，刍。此当脱"㸦"（比）字

20–7.7

[illegible], [illegible] [illegible] [illegible] [illegible] [illegible] [illegible] [illegible] [illegible] [illegible],

lə¯ ·jij^{1} mjor^{1} lju̧^{2} tśhjaa^{1} njwo^{2} khjã^{2} dźjij^{2} mjijr^{2} rjir^{1}

惟，亲 自 身 上 宿 命 有 通 得，

[illegible] [illegible] [illegible] [illegible]

tśhjɨ^{2} rjar^{2} mər^{2} dạ^{2}

立 即 本 事

乃于此生获宿命通，即能思惟本

20–7.8

[illegible]。[illegible] [illegible] [illegible] [illegible] [illegible] [illegible] [illegible] [illegible] [illegible],

nwə^{1}。nioow^{1} sjwɨj^{1} ɣie^{1} wạ^{2} tha^{2} ·jij^{1} sjwɨ^{1} lə¯ njoow^{1}

知。又 业 力 广 大 之 思 惟 故，

[illegible] [illegible] [illegible] [illegible]

sji^{1} pju̧^{1} lhjii^{1} njiij^{1}

无 量 悔 心

所从来。又复思惟业力甚大，悔恨无量，

20–7.9

[illegible] [illegible], [illegible] [illegible] [illegible] [illegible], [illegible] [illegible] [illegible] [illegible]。

·ja^{1} śjwo^{1} thjɨ^{2} lə¯ wji^{1} nioow^{1} tśhjɨ^{2} rjar^{2} kạ^{1} bja^{2}

生，是 念 作 已，立 即 命 终。

[illegible] [illegible] [illegible] [illegible]

thow^{1} lo^{1} dźji^{1} pju̧^{1}

[陀 罗 尼] 威

作是念已，即便命终。承陀罗尼威

20–7.10

[illegible] [illegible], [illegible] [illegible] [illegible] [illegible] [illegible] [illegible], [illegible] [illegible]

ɣie^{1} bju^{1} tew^{1} lji^{1} mə^{1} tśhjaa^{1} ·wjɨ^{2} wee^{1} thjoo^{1} mji^{1}

力 因，[忉 利] 天 上 △ 生，妙 宫

[illegible] [illegible] [illegible], [illegible]

pjụ² lja² dźjiij¹ rjur¹
殿　　中　　住，　诸
德力故，生忉利天，处妙宫殿，与诸

20–7.11

𗹦　𗤑　𗋽　𗥃　𗄈　𗜀　𗼨　𗿷　𗑗；𗀊
mə¹　mjij¹　wjị¹　dźjwɨ¹　rjir²　tha²　biej¹　rejr²　lhjij⁻　kjɨ¹
天　　女　　眷　　属　　与　　大　　快　　乐　　受；　所
𗢳　𘜶　𗊱，
rjir²　sjwɨj¹　bju¹
留　　业　　故，
天女眷属受大快乐；余业熟故

20–8.1

𗭼　𗷀　𗰖　𘕰　𗒱　𗢼　𗐬。𗊾　𘋠，𗔪　𗭁　𗴦
thji²　tśjɨ¹　·wjɨ²　śja²　kiẹ¹　dźja²　lạ¹　tśhjɨ¹　zjọ²　·jiw²　śjwo¹　pjo¹
此　　苦　　△　　现　　金　　刚　　手。尔　　时，　疑　　生　　诽
此苦现前金刚手。尔时，

20–8.2

𗾟　𗍫　𘃪　𗤲，𗷅　𗑞　𗍳　𘏨　𗕍　𘄒　𗹦　𗶊
tsjij²　phə¹　bjij¹　tja¹　sjij¹　ror²　mjij¹　mo²　nji¹　·u²　mə¹　zjị¹
谤　　长　　者　　者，今　　垢　　无　　[摩　尼]　藏　天　　子
彼长者生疑毁谤者，即摩尼藏无垢天子

20–8.3

𗜀。𗒱　𗢼　𗐬　𗭼　𗑞　𗍳　𘏨　𗕍　𘄒，𗅋。
ŋwu²　kiẹ¹　dźja²　lạ¹　thji²　ror²　mjij¹　mo²　nji¹　·u²　kụ¹
是。金　　刚　　手　　此　　垢　　无　　[摩　尼]　藏，　后。
是金刚手彼摩尼藏无垢。

20-8.4

𗤛	𗤼	𗣿	𗎣	𗼺	𗈣	𗤫	𗥑	𗈋	𗵸	𗈢	𗌺
thji²	sju²	rjur¹	tśji¹	tshja²	lhjij˙	nioow¹	neew²	sjwij¹	djọ²	dźjij¹	sọ¹
如	是	诸	苦	报	受	后	善	业	修	行	三

当受如是诸苦报已，后修善业，

20-8.5

𗸕	𗾺	𗾮	𗼉	𗁛	𗁛	𗤫	𗤦	𗣏	𗧙
lji¹	do²	bju¹	tji¹	mjij²	mjij²	neew²	mja¹	lja¹	rjir¹
宝	处	<u>归</u>	<u>依</u>	<u>渐</u>	<u>渐</u>	善	果	<u>证</u>	<u>得</u>

𗤉	𗤏	𗏻
rjir²	nji²	tha¹
乃	至	佛

归命三宝，渐证善果，乃至

20-8.6

𗤋	𗤥	𗤶	𗒛	𗥾	𗍲	𗥑	𗤳	𗤙	𗤩
po¹	tjij¹	lhjụ²	kie¹	dźja²	lạ¹	pji¹	njwo²	ror²	mjij¹
<u>菩</u>	<u>提</u>	获	。金	刚	手	<u>往</u>	<u>昔</u>	垢	无

𗦲	𗴩	𗎭
pho¹	lo¹	mẽ¹
婆	罗	门

当来获得佛菩提故。金刚手尔时无垢婆罗门者，

20-8.7

𗤫	𗤨	𗤓	𗤝	𗤏	𗤛	𗿹	𗴩	𗎣	𗤳
tja¹	śji¹	mə¹	dzjwo²	·jij¹	thji²	thow¹	lo¹	dźji¹	tshjij¹
者	昔	盲	人	于	此	［陀	罗	尼］	说

𗤳	𗶴	𗤷
mjijr²	phji²	tśhjụ¹
者	［芯	刍］

后为芯刍复与彼生盲。解说此陀罗尼者。

20-8.8

蔽	籠	祇	蒂	蒲	彰	崙	縠	蔽	絣
ŋwu²	sjij¹	mã¹	śjuu¹	śjɨ¹	lji²	zjɨ¹	lji²	ŋwu²	tśhjɨ¹
是，	今	[曼	殊	师	利]	童	子	是。	尔

姜	蔍	膝
zjǫ²	rjur¹	mə¹
时，	诸	天

即文殊师利童子是。尔时，诸天

20-8.9

散	蕤	靴	雉	緥	微	覘	藏	恍	敝
tha²	·ji¹	nji²	thji²	·wji²	rar²	dạ²	mji¹	nioow¹	zjiir¹
大	众	等，	此	过	去	事	闻	已，	希

蕤	彰	芴
dju¹	dạ²	·jɨ²
有	言	说，

大众等，得闻说此过去事已，叹言希有，

20-8.10

绯	獮	竁	峰，	散	瓶	蒜	救	渷	彰	瓶	彰
njiij¹	ljɨj²	sji¹	pjụ¹	tha²	ɣiẹ²	śjwo¹	ŋwu²	ljaa¹	dạ²	rjir²	tshjɨ¹ː
欢	喜	无	量，	大	声	发	以	颂	言	△	说：

甚奇甚特，欢喜无量，乃发大声即说颂曰：

20-8.11

恍	彰	竁	绹	散	傷	緘，	散	敝
seew²	tshjij¹	tji²	mjij¹	tha²	swew¹	ɣie¹	sọ¹	niow²
思	议	可	不	大	明	力，	三	恶

瓶	藗	霸	蕤	纸
bie²	thjij²	kjụ¹	bjụ¹	rjir¹
解	脱	求	依	得

不可思议大明力，解脱三涂乃求得

20-9.1

𗥦	𗢫	𗁬	𗧬	𗤲	𗏹	𗣼	𗱊	𗔌
phji¹	bju¹	nji̱	soo¹	tśhja²	ka¹	wji¹	thji̱²	tja¹
如	意	珠	响	平	等	为，	此	者

𗫔	𗭁	𗱤	𗡷	𗏷
tha¹	·jij¹	sã¹	mej²	ɣiej¹
佛	之	[三	昧]	真。

同如意宝而平等，此实如来真三昧。

20-9.2

𗤀	𗤎，	𗥃	𗱩	𗤢	𗋽	𗏯	𗑫	𗼨	𗠣
tśhji¹	zjo²	ljwu²	kha¹	gji̱¹	ɣa²	nji̱¹	tu̱¹	mə¹	zji̱¹
尔	时，	会	中	九	十	二	千	天	子

𗤙	𗥰	𗢸	𗵦
mji¹	lhjii¹	lhjwo¹	rjir¹
不	退	转	得，

尔时，彼众会中九十二千天子得不退转，

20-9.3

𗤢	𗑫	𗐯	𗧬	𗼨	𗬩，	𗷒	𗲚	𗦲	𗯭
jir²	tu̱¹	kju¹	tśji²	mə¹	mjij¹	zji²	sji²	lju̱²	lej²
百	千	[俱	胝]	天	女，	皆	女	身	变

𗷒	𗦲	𗫨	𗨁，
goor¹	lju̱²	dja²	we²
男	身	已	是，

百千俱胝天女，变女人相而成男子。

20-9.4

𗵘	𗥔	𗤙	𗥰	𗢸	𗷆	𗴮	𗤀	𗤎，	𗵑
thja¹	tsji̱¹	mji¹	lhjii¹	lhjwo¹	ɣa²	dźjiij¹	tśhji¹	zjo²	kie̱¹
彼	亦	不	退	转	于	住。	尔	时，	金

𗿒	𗥲	𗮔

dźja^{2} lą^{1} tha^{2}

刚 手 大

亦复获得住不退转。尔时金刚手大

20-9.5

[illegible]

·ja^{2} tśhia^{1} wə^{1} tha^{1} ·jij^{1} dạ^{2} ·jɨ^{2} rjur^{1} pjụ^{1} thjɨ^{2}

药 叉 主 佛 之 言 谓：“ 世 尊， 此

[illegible]

tha^{2} swew^{1} njij^{2}

大 明 王

药叉主，白佛言：“世尊，

20-9.6

[illegible]

thow^{1} lo^{1} dźji^{1} ·jij^{1} jow^{2} śja^{2} tja^{1} tha^{2} seew^{2} tshjij^{1} tjị^{2} mjij^{1}

［陀 罗 尼］之 赞 叹 者 大 思 议 可 不！

大不思议而能赞叹此大明王陀罗尼。

20-9.7

[illegible]

rjur^{1} pjụ^{1} lew^{1} tjị^{1} śjɨj^{1} ·jiw^{2} śjij^{1} dźjɨ tjɨj^{2} rjɨr^{2}

世 尊， 唯 愿 成 就 △ 仪 轨 宣

[illegible]

tshjij^{1} wji^{1} ŋa^{2}

说 为 我，

世尊愿更宣说成就仪轨。

20-9.8

[illegible]

dźia^{2} tśhju^{1} ŋowr^{2} ŋowr^{2} kụ^{1} zjọ^{2} gjij^{1} ɣie^{2} djij^{2} rjir^{1} djị^{1} jɨj^{2}

众 生 一 切 后 世 利 益 当 得， 地 狱、

当使众生于后时分获得利益安乐，

20–9.9

[illegible] [illegible]、 [illegible] [illegible] [illegible] [illegible] [illegible] [illegible] [illegible]。 [illegible]

sju^{2} dzju^{2} ·ja^{2} mo^{2} lo^{1} kięj^{2} ·u^{2} tji^{1} ljɨ^{1} tśhjɨ^{1}

畜 牲、［焰 魔 罗］界 中 不 堕。 尔

[illegible]， [illegible] [illegible] [illegible] [illegible]

zjọ^{2} rjur^{1} pjụ^{1} thja^{1} ɣju^{1}

时， 世 尊 彼 请

不堕地狱傍生焰魔罗界。尔时，世尊

20–9.10

[illegible] [illegible]， [illegible] [illegible] [illegible] [illegible] [illegible] [illegible] [illegible] [illegible] [illegible]：

dạ^{2} bju^{1} kię^{1} dźja^{2} lạ^{1} tha^{2} ·ja^{2} tśhia^{1} wə^{1} ·jij^{1} ·jɨ^{2}

言 依， 金 刚 手 大 ［药 叉］ 主 于 告：

“[illegible] [illegible]！ [illegible] [illegible]！ [illegible] [illegible] [illegible] [illegible] [illegible] [illegible]

djị^{2} nji^{2} djị^{2} nji^{2} ŋa^{2} sjij^{1} nji^{2} ·jij^{1} thjɨ^{2} thow^{1}

“谛 听 谛 听 我 今 汝 于 此 ［陀

慜彼请已，告金刚手大药叉主言：“谛听！谛听！我今为汝宣说此陀

20–9.11

[illegible] [illegible] [illegible] [illegible] [illegible] [illegible] [illegible] [illegible] [illegible] [illegible]，

lo^{1} dźji^{1} śjɨj^{1} ·jiw^{2} śjij^{1} dźjɨ$^{-}$ tjɨj^{2} tshjij^{1} wji^{1} nja^{2}

罗 尼］ 成 就 △ 仪 轨 宣 说 zpl，

[illegible] [illegible] [illegible] [illegible]，

tjij^{1} kụ^{1} zjọ^{2} ɣa^{2}

若 后 世 于，

[illegible] [illegible] [illegible]、 [illegible] [illegible] [illegible]、 [illegible]

neew^{2} goor^{1} gji^{2} neew^{2} sji^{2} dzjwo^{2} phji^{2}

善 男 子、 善 女 人、 ［苾

罗尼成就仪轨，于后时后分，若有族姓男、族姓女、苾

20-10.1

鞁、	鞁	骹、	厖	㺵	豾	浣、	厖	㺵	燚
tśhjụ¹	tśhjụ¹	dźjɨ¹	·u²	po¹	sa²	kju¹·	u²	po¹	sə¹
刍、	刍	尼、	邬	播	索	俱、	邬	播	斯

礘,	旎	㣈	席	㧑
kja¹	thji²	swew¹	njij²	·ja¹
迦],	此	明	王	一

刍、苾刍尼、邬播索俱、邬播斯迦，念诵此明王一

20-10.2

㖆	𦥑	綘,	桅	𨟎	綘	憿	豿	甋	舭
dźjwow¹	tshjɨ¹	ku¹	njɨ¹	ɣa²	mjor¹	ljij²	ljụ²	ŋowr²	śja¹
遍	诵	则,	二	十	<u>如</u>	<u>来</u>	身	全	[舍

㣕	㮣	鞍
lji²	bə²	du²
利]		<u>塔</u>

遍，由如旋绕二十如来全身之塔。

20-10.3

狮	𨟎	㦛	兹	㧑	㦇。	㲺	㣈	桅	瓶	㵘	㣕
·jij¹	tśjɨ̣¹	ror²	rjir²	·ja¹	tjij²	nioow¹	thjɨ²	njɨ¹	phji¹	bju¹	ljɨ¹
于	<u>旋</u>	<u>绕</u>	与	一	样。	又	此	二	如	意	宝

又若念诵此二如意宝

20-10.4

㧑	㖆,	𦥑	綘,	𨟎	絿	㩋	㲇	㪀	㲻	㦞	浣
·ja¹	dźjwow¹	tshjɨ¹	ku¹	ɣa²	khjã²	kha²	bẹ¹	ŋewr²	jir²	tụ¹	kju¹
一	遍,	诵	则,	十	[殑	伽]	沙	数	百	千	[俱

一遍，同彼十殑伽沙等百千俱

20-10.5

𦦠	㲺	㥾	㿋	綘	憿	㩏,	㺵	燚	縂	㦧	兹,

tśji² no¹ ·jiw¹ tow¹ mjor¹ ljij² do² rjɨr² ljɨ̣¹ neew² tśhji² rjɨr²
胝　那　余　多　如　来　所，△　种　善　根　与，
胝那余多如来所，而种善根，

20-10.6

ŋwer¹ tha² lɨou¹ tshja² lhjụ² ŋwə¹ mji¹ bja² sjwɨj¹ to² zji² dźji¹
比　大　福　报　获，　五　无　间　业　悉　皆　灭
获大福报，五无间业悉皆灭尽，

20-10.7

dzjar² rjɨr² njɨ² dji̢¹ jɨj² sju² dzju² ·ja¹ mo² lo¹
尽，　乃　至　地　狱、　傍　生、　[焰　魔　罗]

kiej² ·u² ljɨ¹
界　中　堕
乃至地狱、傍生、焰魔罗界

20-10.8

wo² dzwej¹ lə¹ ŋowr² ŋowr² zji² bie² thjij² rjir¹ nioow¹
应　罪　障　一　切，　皆　解　脱　得，　又

tsjɨ¹ zjǫ² dźjo¹
亦　寿　长。
一切罪障，皆得解脱，复得长寿。

20-10.9

ka̢¹ bja² nioow¹ lijr² phio² dźji¹ ljij¹ sju² tśhjɨ¹ rjar²
命　尽　后　向，　蛇　蜕　皮　如，　立　即

𗁅 𗽲 𗁅
no² rejr² rjur¹
安 乐 世
此界命尽，由如蛇蜕，即便往生安乐世

20–10.10

𗏁 𗣼 𗤻， 𗾚 𗣼 𗤩 𗋽， 𗣱 𗥑 𗒐
kiej² wee¹ śjɨ¹ ·o¹ wee¹ mji¹ lhjij thjoo¹ wja¹ sej¹
界 往 生， 胎 生 不 受， 妙 莲 华

𗾫 𗨁 𗫂
kha¹ thja¹ śjij¹
中 彼 顺
界，不受胞胎，于莲华中

20–10.11

𗦳 𗣼， 𗴧 𗺉 𗣼 𗪹①， 𗁅 𗥑 𗴧 𗥤。
dji² wee¹ rjir² ljo² wee¹ twu̱¹ njwo² ka̱¹ sjij² sjij²。
化 生， 所 △ 生 各， 宿 命 智 得。

𗤩 𗧀 𘜶 𗤅
nioow¹ tsjɨ¹ mjor¹ ljij²
又 复 如 来
自然化生，所生之处，得宿命智。又复

20–11.1

𗼃 𗼃 𗣿 𗱕 𗥑 𗓱 𗝔 𗹣 𗰔 𗏁，
ŋowr² ŋowr² ·jij¹ ·ju² -- njij¹ kju¹ tshwew¹ xwa² sju²
一 切 于 常 亲 近 供 养 何 如，

𗝔 𗤻 𗼃 𗼃
kju¹ tja¹ ŋowr² ŋowr²

①𗴧𗺉𗣼𗪹，所生之处。按，"𗴧"与"𗪹"通常构成"𗴧……𗪹"的固定形式，表达"凡……之处""所……之处"的意思。

求　　者　　一　　切
恒常亲近供养一切如来，一切所求皆悉

20-11.2

·iọ¹　sə¹。　tjij¹　dzjwo²　tsjiir¹　bju¹　gji¹　sej¹　·jij¹　zwər¹
圆　　满。　　若　　人　　法　　依　　清　　净　　自　　洗

·u²　gjwi²　gjwi²
衣　　服　　着，

满足。若彼依法清净澡浴着鲜洁衣，

20-11.3

ljir¹　dzjij²　·o¹　mã¹　dźiã¹　lo¹　wji¹　--　dźji¹　ŋạ²　tśhjaa¹　thjɨ²
四　　方　　有　　[曼　拏　罗]　作，　桦　　皮　　好　上　　此

作四方曼拏罗，用好桦皮

20-11.4

njiij¹　swew¹　rjar¹　nioow¹　ŋwə¹　bə²　du²　wji¹　śji¹　wa²
心　　明　　书。　又　　五　　　　塔　　　　作，　昔　坛

·jij¹　ljɨr¹　dzjij²
之　　四　　角

书此心明。复作五塔安坛四角

20-11.5

tśhjaa¹　ljɨ¹　nioow¹　gji²　ka¹　ŋwə¹　we²　du²　gji²　gji²
上　　及　　又　　中　　心　　五　　处，　塔　　各　　一

tji¹   thja¹   ŋwə¹   bə²
置，   彼   五   塔
彼中心，于五塔中安置心明。

20–11.6

鞍   帰   絳   惕   席   巍，   燃   巅   孤   緣
du²   ·u²   njiij¹ swew¹ njij² tji¹   nioow¹ wa²   ·jij¹   gjɨ²
塔   中   心   明   王   置，   又   坛   之   中

祥   瓤   巅①
ka¹   dźiej² ·jij¹
心   相   轮
又于中心安置相轮。

20–11.7

赦   蕊，   瓶   瓤   巅   嵋②   裱，   龛   毡   瘫
ŋwu² ɣja¹   thja¹ dźiej² ·jij¹   ka²   tśhjaa¹ ·jɨr² njij¹   śja¹
以   盖，   彼   相   轮   樘   上，   绢   赤   系

赦   緋   蕬
ŋwu² dźju² la¹
以   幖   帜
于相轮樘上，系赤色绢以为幖帜，

20–11.8

務，   巅   帰   綯   巅   毡、   綯   蘸   瓶   巍，
wji¹   wa²   ·u²   ljɨr¹   sej¹   ljij² ljɨr¹ śja¹   ·jiw¹ tji¹
为，   坛   中   四   贤   瓶、   四   香   炉   置，

---

① 瓤巅，相轮。塔刹的主要部分。贯串在刹杆上的圆环。多与塔的层数相应，为塔之表相，故称。《翻译名义集》卷七："言轮相者，《僧祇》云：'佛造迦叶佛塔，上施槃盖，长表轮相，经中多云相轮，以人仰望而瞻相也。'"（《大正藏》第54册第1168页）

② 嵋，纲、干。当指刹杆中心柱。汉文本作"樘"，本字或当为"橕"。按《慧琳音义》释"橕中"言，"《字镜》及《考声》云：'橕，柱。浮图相轮中心柱也。'亦形声字也，或作檫也。"（《大正藏》第54册第553页）

𗼑 𗾧、 𗤙 𗥃
xu¹ xjow¹ zjɨr² djį¹
藿 香、 水 沉
坛上安四贤瓶、四香炉，烧四种香，所谓藿香、沉香、

20–11.9

𗹬、 𗤉 𗗟 𗹬、 𗤻 𗤽 𗹬 𗥰 𗤦 𗤧
śja¹ tśja¹ thã¹ śja¹ ·ã¹ sji¹ śja¹ nji² ljɨr¹ mə²
香、 栴 檀 香、 安 息 香 等 四 种
𗹬 𗤴 𗥼, 𗥊 𗤻
śja¹ njwį² nioow¹ wja¹
香 烧 已， 华
香栴檀及安息等。

20–11.10

𗂰 𗅢 𗹬 𗟲 𗤵 𗥯①, 𗤉 𗤺 𗥃 𗥰
ŋą² dźji¹ śja¹ lju² mã¹ lew² thja¹ gaa¹ kha² nji²
好 涂 香 散 粖 应， 彼 ［阏 伽］ 等
𗤾 𗥖 𗥢, 𗥼 𗤵
hu¹ tphjij¹ dźjwa¹ nioow¹ mã¹
安 置 毕， 又 ［曼
散诸名华粖香，置阏伽器等，旋绕曼

20–11.11

𗤚 𗤰 𗤥 𗥊 𗤈, 𗤼 𗤪 𗤊 𗤛 𗤕
dźjã¹ lo¹ tśjį¹ ror² ŋwu² thjɨ² njɨ¹ phji¹ bju¹ ljį¹
挐 罗］ 旋 绕 以， 此 二 如 意 宝
𗤸 𗥴 𗥕 𗤫
·jij¹ jir² ·jar¹ dźjwow¹
之 百 八 遍

───────────

① 𗥊𗂰𗅢𗹬𗟲𗤵𗥯，西夏文意思是"应粖撒名华末香"，汉文本作"散诸名华粖香"。

拏罗，念诵此二如意宝一百八遍。

20–12.1

辮	绒。	菽	铱	瓻	叕	襱，	菽	絀	縋
tshjɨ¹	lew².	tjij¹	dzjwo²	phio²	kjɨ¹	lhiaa²	tjij¹	rjar¹	ŋo²
诵	应。	若	人	蛇	△	螫，	若	疾	病

甀	菽	叕	骸	揥
thjwɨ¹	tjij¹	kjɨ¹	mjij²	sjɨ¹
染，	若	△	将	死

若人为蛇所螫，或疾病缠染，寿命将尽

20–12.2

禠	偂	羸	蔬，	萧	蘰	敆	絣，	瓿	濺
·jij¹	rjir²	wər¹	be²	bjɨr¹	gia¹	kjạ¹	le²	rjɨr²	njɨ²
临	夭	近，	兵	戈	怖	畏，	乃	至	

羸	骰	羺	潑，
mjij¹	zji¹	kjụ¹	zjij¹
子	女	求	时，

或中夭者，至于兵戈怖畏，乃至为求子息，

20–12.3

飛	祢	麠	帰	嬾	敆	牂	嘤	骸①	羾
mã¹	dźiã¹	lo¹	·u²	ŋwə¹	mə²	phu²	bạ²	lhjwi¹	thja¹
[曼	拏	罗]	中	五	种	树	叶	取，	彼

牂	嘤	敆，	羾
phu²	bạ²	ŋwu²	thja¹
树	叶	以，	彼

当于曼拏罗前安五般林树之叶，以彼树叶

---

① 骸 lhjwi¹，取。此当通 "蘰" ljwi¹，后者有 "置" 义。

20-12.4

□	𗰗	𗟲	𗆄	𗦀	𗣼	𗈁,	𗓴	𗓅	𗠁
□	·jij¹	lju²	tśhjaa¹	lhjɨ¹	śja¹	ku¹	bə²	du²	mã¹
□	之	身	上		拂	则,		塔	[曼

𗜼	𗙫	𗰗	𗢤	𗖰
dźiã¹	lo¹	·jij¹	njiij¹	tji¹
拏	罗]	于	心	诚

拂于身上，于塔曼拏罗发谛善心

20-12.5

𗀔	𗂾	𗼮	𗣼	𗤁	𗤋	𗤺	𗤼	𗤒	𗆘	𗧇	𗥃
ŋwu²	rjur¹	kju¹	tshwew¹	wji¹	lew²	tjij¹	ljɨ¹	ljɨ¹	thji²	dźji	tjɨj²
以	诸	供	养	作	应。	若	一	一	此	仪	轨

作诸供养。若能一一依此仪轨者，

20-12.6

𗙧	𗣼	𗈁,	𗥃	𗤽	𗦀	𗠁	𗢤	𗥃	𗣼
bju¹	wji¹	ku¹	śji¹	jir²	tu̱¹	kja²	ɣa²	rjir²	wji¹
依	为	则,	前	百	千	劫	于	所	为

𗣱	𗤄	𗤥	𗥃
dzwej¹	sjwɨj¹	lə¹	ɣie²
罪	业	障	难

于前百千劫所有积聚罪业障难

20-12.7

𗥓	𗥓	𗥅	𗥃	𗣸	𗤣	𗤷	𗤧	𗥓	𗥓
ŋowr²	ŋowr²	zji²	bie²	thjij²	rjir¹	zji¹	njɨ²	ŋowr²	ŋowr²
一	切	悉	解	脱	得,	烦	恼	一	切

𗤬	𗤮	𗥓
rjar¹	ŋo²	ŋowr²
疾	病	二

获得解脱。一切烦恼一切疾病。

20–12.8

痳、	㪍	烯	痳	痳	秖	秖	毻,	粃	繖
ŋowr²	kja¹	le²	ŋowr²	ŋowr²	to²	zji²	ka²	rjir²	nji²
切、	畏	怖	一	切	悉	皆	离,	乃	至

豼	肶	祇	絑	鬚
dji̱¹	ji̱j²	sju²	dzju²	·ja¹
地	狱	傍	生	⌈焰

一切怖畏悉皆远离，至于地狱傍生焰

20–12.9

豛	麤	虓	敓	舭	痳	痳	术	秖	絾
mo²	lo¹	kiej²	niow²	sjwi̱j¹	ŋowr²	ŋowr²	tsji̱¹	zji²	bie²
魔	罗⌉	界	恶	业	一	切	亦	皆	解

亥	㽪,	㳘
thji̱j²	rjir¹	nioow¹
脱	得,	又

魔罗界，一切恶业亦得解脱，

20–12.10

峼	獜	祀	朓、	氕	瓕、	祅	粁	痳	痳
rjur¹	kha¹	dzwej¹	lə¹	do¹	tśjuu¹	tśji̱¹	zji̱¹	ŋowr²	ŋowr²
世	间	罪	障、	毒	害、	苦	恼	一	切

秖	秖	祔	毊。
to²	zji²	tji̱j¹	dzjar²
尽	皆	消	除。

乃至世间一切罪障、毒害、苦恼咸皆破灭。

20–12.11

刻	蘝	絴	媝	㪍	㣠	縫,	骹	蕤	毈
tji̱¹	tji̱j¹	njiij¹	tji̱¹	tshji̱¹	lə?	ku¹	zjo̱²	wji̱j¹	dzjwo²
若	专	注	念	诵	则,	寿	短	人	

瀰	骹	秜	毊	祇;

tja¹	zjọ²	dźjo¹	lhjụ²	rjir¹
者	长	寿	获	得；

若有专注念诵。短寿之人获得长寿。

20-13.1

蕿	䃾	䣈	綏	㳿	䜢	憿	㕠	纞，	殊
tjij¹	mja¹	niow²	to²	rejr²	dzjij¹	mji¹	ŋwər²	tja¹	tśhji²
若	恶	疮	出	久	时	不	瘥	者，	立

㳿	㕠	䍽；
rjar²	ŋwər²	rjir¹
即	瘥	得，

若有久患疮痍久久不瘥，便得痊瘥；

20-13.2

㒼	㳿	㒼	㜌	謥	䘯	䜢	緿，	嶔	玜
ljụ²	tśhji¹	·iọ¹	sə¹	gji¹	sej¹	zji²	thjoo¹	xwa²	sju²
身	肉	圆	满	清	净	最	妙，	何	如

㒼	纞，	䄽	祇
kjụ¹	tja¹	to²	zji²
求	者，	皆	悉

身根圆满清净微妙，意所求事，皆悉

20-13.3

䡱	䍽；	㒼	拨	儌	㵘	巅	䜢	叚	猽
lhjụ²	rjir¹	kạ¹	bja²	·jij¹	zjij¹	nej¹	·ju²	tśji¹	zji¹
获	得；	命	终	临	时	眼	前	苦	恼

䄽	䄽	憿
ŋowr²	ŋowr²	mji¹
一	切	不

获得；乃至命终面前不见一切苦恼，

20–13.4

蔹，	藬	櫴	慨	�敊	瓻	夛	鞢	�pige㕥，	毲
ljil²	dja²	sjɨ¹	nioow¹	lijr²	phio²	dźji¹	ljij¹	sju²	no²
见，	已	死	后	向	蛇	蜕	皮	如，	安

䓁	㲄	�
rejr²	rjur¹	kiej²
乐	世	界

命终之后由如蛇蜕，往生安乐世界，

20–13.5

㘴	㴻	蕍	㠺	㾺	㲈	㧎；	㲄	瓶	羠
·u²	wją¹	sej¹	njir²	tśhjaa¹	dji²	wee¹	rjur¹	wji¹	ɣiwej¹
中	莲	华	台	上	化	生；	诸	受	用

㲗，	祇	祔
lew²	zji²	buu²
所，	皆	殊

所生之处莲华化生；诸所受用，悉皆殊

20–13.6

㴋	�羪	㲂	㦛	㲻	�羪。	㵆	㝵	㦟	㵸
thjoo¹	rjir¹	njwo²	khjã²	zjǫ²	rjir¹。	tjij¹	dźjɨ	tjɨj²	bju¹
妙	得	宿	命	寿	得。	若	仪	轨	依

㳐	㳐	敊
njɨɨ²	njɨɨ²	sǫ¹
日	日	三

妙得宿命通。若依仪轨日日三

20–13.7

㴝	㮚	姸	骰	骸，	瓟	蠘	㧱	㸞	絈
dzjij¹	njɨɨ¹	dźjwow¹	gji²	tshjɨ¹	rjir²	nji²	·ja¹	kjiw¹	lhə
时	二	遍	各	诵，	乃	至	一	年	满

绦，	蠘	㪍	㹴

ku¹	nji²	ɣa¹	bioo¹
则，	普	门	观

时念诵二十一遍，乃至诵满一年，获得普门观

20-13.8

𗮣 𗫣 𗊒 𗭾 𗱅 𗼃 𗹺， 𗏇 𗠣 𗱣

thju¹	bji¹	swew¹	sã¹	mo²	thji²	rjir¹	śja¹	lijr²	tha¹
察	光	明	[三	摩	地]	得，	十	方	佛

𗉹 𗐬 𗐬

lhjij˙	ŋowr²	ŋowr²
刹	一	切

察光明三摩地。得见十方一切佛刹

20-13.9

𗈁 𗥃 𗄿 𗐬 𗐬 𗋽 𗤒， 𗫂 𗠣 𗾟

·u²	mjor¹	ljij²	ŋowr²	ŋowr²	·jij¹	ljil²	nioow¹	ror²	mjij¹
中	如	来	一	切	之	见，	又	无	垢

𗦴 𗤼 𗷣

gji¹	sej¹	ljor¹
清	净	焰

中一切如来，又得无垢清净焰

20-13.10

𗈭 𗷰 𗦴 𗤼 𗰜 𗹺， 𗰜 𗝗 𗤼 𗤧。

wejr¹	zji²	gji¹	sej¹	lju²	rjir¹	·o¹	njiij¹	sej¹	we²
炽	极	清	净	身	得，	腹	心	净	是。

𗵘 𗦴 𗨁 𘄒

·jar¹	ɣạ²	njɨɨ¹	khjã²
八	十	二	殃

炽极清净身，得心清净，同于八十二殃

20–13.11

kha²	bẹ¹	ŋewr²	jir²	tu¹	kju¹	tśji²	no¹	·jiw¹	tow¹
伽]	沙	数	百	千	[俱	胝	那	余	多]

tha¹	do²	rjir²	lji¹
佛	处	所	种

neew²	tśhji²	rjir²	·ja¹	tjij²	ljo¹	wjij¹	śjɨ¹	twu¹
善	根	与	一	法，	向	逝	往	处

伽沙等百千俱胝那余多佛所而种善根，轮回往返，

20–14.1

·ju²	sej¹	do²	dźjiij¹	tha¹	lhjij·	ŋowr²	ŋowr²	kju¹	bju¹
常	净	处	住，	佛	刹	一	切	求	依

wee¹	śjɨ¹	tjij¹	no²
往	生。	若	安

常处清净，应有佛刹求往皆至。欲生安

20–14.2

rejr²	rjur¹	kiej²	·u²	wee¹	kiej²	ku¹	phji¹	bju¹	wee¹	śjɨ¹。
乐	世	界	中	生	欲	则，	如	意	往	生。

sjɨ¹	·jij¹	tśji¹	zji¹
死	相	苦	恼，

乐世界，应念即生，死相苦恼，

20–14.3

nej¹	·ju²	mji¹	śja²	rjɨr²	nji²	mjiij¹	gu²	tsjɨ¹	mji¹
眼	前	不	现，	乃	至	梦	中	亦	不

散。 豝 圆 㣺 㣺、

ljil²	tjij¹	·jar¹	djij¹	nji²
见。	若	八	日	

皆不现前，乃至梦中亦复不见。若于八日、

20-14.4

śja¹	ljɨr¹	nji²	śja¹	ŋwə¹	nji²	mjor¹	ljij²	lju²	ŋowr²
十	四	日、	十	五	日，	如	来	身	全

bə²	du²	·jij¹	tśjɨ¹
塔	于	旋	

十四日十五日，旋绕如来全身之塔，

20-14.5

ror²	thjɨ¹	njɨɨ¹	tha²	phji¹	bju¹	ljɨ¹	thow¹	lo¹	dźji¹
绕，	此	二	大	如	意	宝	[陀	罗	尼]

jir²	·jar¹	dźjwow¹	tshji¹
百	八	遍	诵

诵此二大如意宝陀罗尼八百遍。

20-14.6

ku¹	bə²	du²	·u²	yie²	to²	dźjɨ²	dźjij¹	mjijr²	·jij¹
则	塔	中	声	出，	行	人	之		

·o¹	njiij¹	ljwɨ¹	wji¹
腹	心	人	为

当诵之时塔中有声，安慰行人，

20-14.7

蹶	綫	骹	綫。	羦	毴	繇	紊	秘	廽
tjij²	rjijr²	dạ²	·ji².	thja¹	dzjwo²	mjor¹	lju²	tśhjaa¹	lẹj²
善	哉	言	称。	彼	人	自	身	上	贪

祗	屏	靴	粥
tshjạ¹	lə ?	njɨ²	zji¹
嗔	痴	等	恼

而称善哉。彼人现世所有一切罪障及诸烦恼，

20-14.8

掇	舵	朓	綴	薆	襺	襺,	虍	虍	牁	氶,	骹
njɨ²	dzwej¹	sjwij¹	tśior²	la¹	ŋowr²	ŋowr²	to²	zji²	tjij¹	dzjar²	ror²
烦	罪	业	垢	秽	一	切,	皆	悉	消	除	垢

乃至贪嗔痴无明垢秽皆悉消除。

20-14.9

絧	纚	諓	襕	紊	糀。	蒅	絬	祼、	疅
mjij¹	zji²	gji	sej¹	lju²	rjir¹	tjij¹	goor¹	gji²	sji²
无	极	清	净	身	得。	若	男	子、	女

毴、	祔	諓、	祔
dzjwo²	zjɨ¹	zji¹	zjɨ¹
人、	童	男、	童

获得无垢极清净身。若复男子、女人、童男、童

20-14.10

贏	牧	祀	蕺	繇,	舵	朓	襺	襺	虍
mjij¹	tshjɨ¹	ɣiẹ²	mji¹	ku¹	dzwej¹	lə¹	ŋowr²	ŋowr²	zji
女	诵	声	闻	则,	罪	障	一	切	皆

纚	薮	糀。
bie²	thjij²	rjir¹.

女诵声闻则，罪障一切皆

解　　　脱　　　得。

女闻念诵声，所有罪障悉得解脱。

20–14.11

愹	譀	牧	綴	祇	蕤	綘 ，	餹	纙	鏭
nioow¹	thjɨ²	tshjɨ¹	jiij¹	ɣie²	mji¹	ku¹	ljwɨ¹	dźjwow¹	kha¹
又	此	诵	持	声	闻	则,	飞	禽	中

桷	樶 、	絪①
njɨɨ¹	rewr²	ljɨr¹
二	足、	四

若念诵之声堕诸傍生，及以飞禽四足、二足、

20–15.1

沬	樶	樶	婥	鞁	祗	胼	牧	灖	菲
rejr²	rewr²	rewr²	mjij¹	nji²	sju²	dzju²	mə²	njijr²	wee¹
多	足	足	无	等	傍	生	种	种	生

繆②	鏭 ,	瓶
wo²	kha¹	thja¹
义	中,	其

多足、无足，种种虫蚁含识之类，

20–15.2

舥	骹	穮	禰 ,	祗	祗	綖	敭。	蒇	绐	艭	鏭	縱
dzwej¹	sjwij¹	ŋowr²	ŋowr²	to²	zji²	bie²	thjij²。	tjij¹	lji²	la²	kha¹	rjir¹
罪	业	一	切,	悉	皆	解	脱。	若	冢	间	骨

一切业道悉皆解脱。若于冢间掘取骸骨。

20–15.3

濄　葬，　妑　孫　桷　敱　刻　妍　颏　牧

─────────────

①絪，四。据汉文，后当脱"樶"（足）字。
②繆 wo²，当通"醙" wo²（应）。

ɣur¹	thjɨ¹	dzjiw¹	·jij¹	njɨɨ¹	ɣa̱²	lew¹	dźjwow¹	ŋwə¹	tshjɨ¹
尸	弃，	土	之	二	十	一	遍	咒	诵

緻	臧	秜	敨
rjɨr¹	ɣur¹	tśhjaa¹	lju²
骸	骨	上	散

咒其沙土二十一遍散于骨上。

20-15.4

緈，	羆	孙	穮	瓛	蒛	庞	毿	䶹	帰
ku¹	thja¹	·jij¹	mə²	mjijr²	·wejr²	rjur¹	djɨ¹	jij²	lja²
则，	彼	之	神	识	护	诸	地	狱	中

覆	緈，	祗	絾
ljɨ¹	ku¹	zji²	bie²
堕	则，	皆	解

彼之神识随其方处所堕地狱，悉皆解脱，

20-15.5

亥	糀，	緂	敼	朘	秜	粁	薤。	羆	緵
thjij²	rjir¹	neew²	bjiij²	mə¹	tśhjaa¹	wee¹	śjɨ¹	thja¹	·wji²
脱	得，	善	逝	天	上	往	生。	彼	已

粁	慨	豕	緂
wee¹	nioow¹	lju̱²	zjir²
生	及	遍	身

生善逝天。彼彼天人身

20-15.6

緻	綏	穮	絎	餈	秜	獗①	蒛	緊	虺	㾓	絎	餈
wja̱²	to²	śjɨ¹	ljɨ²	la²	tśhjaa¹	dzju̱²	tjij¹	dźjɨ	dźjij¹	mjijr²	ljɨ²	la²
花	出	昔	冢	上	降。	若	行	人	冢

① "羆緵粁……秜獗"句，西夏文意思是"彼所生及遍身出花降于冢间"。"羆緵粁"（彼所生）及"豕緂"（遍身），当对译汉文"彼"与"彼天人身"。

雨异花降于家间。若复行人在于家间，

20–15.7

[illegible] [illegible] [illegible] [illegible] [illegible] [illegible] [illegible]， [illegible] [illegible] [illegible]

zjịr^{2} ŋər^{1} bo^{1} kha^{1} tshjɨ^{1} jiij^{1} zjij^{1} ljwɨ^{1} dźjwow^{1} mə^{2}

遍 山 林 中 诵 持 时， 飞 禽 种

[illegible]， [illegible] [illegible]

njijr^{2} thja^{1} do^{2}

种， 彼 处

山间念诵之时，所有飞禽走兽种种之类，

20–15.8

[illegible] [illegible] [illegible] [illegible] [illegible] [illegible]， [illegible] [illegible] [illegible] [illegible]，

njɨ^{2} śji^{2} tshjɨ̱^{1} ɣiẹ^{2} mji^{1} ku^{1} źji^{2} bie^{2} thjij^{2} rjir^{1}

至 往 诵 声 闻 则， 皆 解 脱 得，

[illegible] [illegible] [illegible]

ne̱w^{2} bjịj^{2} mə^{1}

善 逝 天

游行至彼，悉得解脱业报之身，生善逝天。

20–15.9

[illegible] [illegible] [illegible]。 [illegible] [illegible] [illegible] [illegible] [illegible] [illegible] [illegible]

tśhjaa^{1} wee^{1} śjɨ^{1} tjij^{1} tha^{1} tśjiw^{2} ror^{2} mjij^{1} njɨ^{2} ɣa^{1}

上 往 生。 若 佛 顶 垢 无 普 门

[illegible] [illegible] [illegible]

sọ^{1} zjọ^{2} mjor^{1}

三 世 如

若念诵佛顶无垢普门三世如

20–15.10

[illegible] [illegible] [illegible] [illegible] [illegible] [illegible] [illegible] [illegible] [illegible] [illegible]

ljịj^{2} njiij^{1} thow^{1} lo^{1} dźji^{1} ·jar^{1} tụ^{1} dźjwow^{1} tshjɨ^{1} ku^{1}

来　心　[陀　罗　尼]　八　千　遍　诵　则

蘸　赦　厤　𣵀　𤫊，　𤫎

məˡ　ŋwu²　lu²　mjɨ¹　njwi²　rjir²

火　以　烧　不　能，　所

来心陀罗尼八千遍者，火不能烧，所

20–15.11

𣲘　𣴆　𣱲　𤫎　𤫊　𤰔　𤬉　挱　𣱲　㳉

wjiˡ　niow²　sjwij¹　rjir²　njɨ²　ŋwə¹　mji¹　bja²　sjwij¹　tsji¹

作　恶　业　乃　至　五　无　间　业　悉

𤭴　𤫊　𣴣　𣳘。　𣷯　𤫞

zji²　bie²　thjij²　rjir¹　tjij¹　jir²

皆　解　脱　得。　若　百

𤬑　𣳟　𤰦　𤱍，　𤫊　挱　𤬉　𤭛，

tṳ¹　dźjwow¹　tshjɨ¹　ku¹　kạ¹　bja²　nioow¹　lijr²

千　遍　诵　则，　命　终　　后，

作恶业乃至五无间业便得解脱。若诵百千遍，命终之时，

20–16.1

𣼀　𤰾　𧆩　𤫎①　𤰔　𣲘　𤬉　赦　𣵀　𣴞

·ja¹　mo²　phjii¹　tśhja²　dźjɨ·　wji¹　lu²　ŋwu²　ljwij¹　kṳ²

[焰　魔]　使　正　行　为　索　以　颈　系

𣲘，　𣼀　𤰾　麤

wji¹　·ja¹　mo²　lo¹

为，　[焰　魔　罗]

被焰魔使以索系颈，牵入焰魔罗

---

① 𧆩𤫎，使正。汉文本为"使"。"𤫎"（正）疑"籃"之误。参下文 20–16.4 的"𧆩𤫞"（使、所使）。后所接"𤰔𣲘" dźjɨ- wji¹ 为施动助词，常用在名词之后，提示该名词为施动者，其后的动词也相应带上"属"。除本例外，又如 087 行：𤰔𤫊𤰦𤰔𣲘𥻟𤬒𤱝𣲘（复被乌喙其身）。更多的例句参见李范文：《西夏语比较研究》，银川：宁夏人民出版社，1999 年，第 51 页。

20-16.2

𘟥	𗙫	𗷸	𗹬	𘟥	𗤴	𗗙	𗥦	𗥦	𗖰
kiej²	·u²	tśhjij¹	thja¹	kiej²	dji̱¹	jij²	ŋowr²	ŋowr²	to²
界	中	入，	彼	界	地	狱	一	切	悉

𗸁	𗤴	𗈁	𗸁
zji²	dźjwu¹	ljij²	zji²
皆	破	坏，	皆

界，彼界之内一切地狱悉皆破坏，

20-16.3

𗴿	𗤓	𗌭	𘛃	𗊰	𗍱	𗱠	𗤦	𗟱	𗤺
kja̱¹	le²	śjwo¹	tśhji̱²	rjar²	lhjwo¹	phji¹	bie²	thjij²	lhju̱²
怖	畏	生，	立	即	回	令	解	脱	获

𗗙	𗤺	𗴿	𗱠
rjir¹	thji̱²	dźji̱²	dźjij¹
得。	此	行	

返生怖畏，寻令回还而得解脱。谓彼行人

20-16.4

𗣁	𗾟	𗗍	𗤍	𗥇	𗟡	𗄈	𗤴	𗼻	𗤀
mjijr²	tja¹	tsjiir¹	njij²	·jij¹	phjii¹	lew²	ŋwu²	mjij¹	sjwɨ¹
人	者	法	王	之	使		是，	静	虑

𗗱	𗳒	𗤰	𗄈
tśja¹	dźjiij¹	lə⁻	lew²
道	住	疑	惑

法王之使，住静虑道无有疑惑。

20-16.5

𗕅	𗗙	𗜓	𗏁	𗢳	𘟥	𗙫	𗣝	𘟥	𘊞
mji¹	rjir¹	no²	rejr²	rjur²	kiej²	·u²	wee¹	kiej²	ku¹
不	得，	安	乐	世	界	中	生	欲	则

𗭣	𗾟	𗣝	𗤄

tji¹   bju¹   wee¹   śjɨ¹
愿   随   往   生。
欲生安乐世界随愿往生。

20–16.6

𗗙   𗈁   𗦡   𗂅   𗣂   𗦍   𗥃，   𗭪   𗎭   𗇃
tjij¹   jir²   tu̱¹   dźjwow¹   tshjɨ¹   lhə¹   ku¹   kiẹ¹   tsə¹   lju²
若   百   千   遍   诵   满   则，   金   色   身

𗖠，   𗾔   𗾟   𗥥
rjir¹   jwɨr¹   ·jij¹   ·iǫ¹
得，   相   貌   圆

若诵百千遍，得金色之身，相貌圆满。

20–16.7

𗼃，   𗼩   𗼿   𗥃   𗏇   𗤼   𗵐   𗪊   𗼽。   𗗙
sə¹   sǫ¹   zjǫ²   mjor¹   ljij²   gji²   tjiij¹   sju²   ·juu¹   tjij¹
满，   三   世   如   来   子   一   如   视。   若

𗈁   𗦡   𗫟
jir²   tu̱¹   --
百   千   卷

三世如来视如一子。若书写百千本、

20–16.8

𗁦、   𗱠   𗂸   𗈁   𗦡   𗅆   𗋿   𗮀，   𗰔   𗐺
tśhji²   rjar¹   sjij²   jir²   tu̱¹   bə²   du²   wji¹   tsjiir¹   tjij²
本、   书   写   百   千   塔   造，   法

𘅣   𗤋，   𗰔   𗜆
bju¹   tji¹   zji²   thjoo¹
如   置，   最   妙

造其百千塔，如法安置庄严

20–16.9

[illegible] [illegible] [illegible]， [illegible] [illegible] [illegible] [illegible] [illegible] [illegible] [illegible]

śjwo^{2} tshjij^{2} ku^{1} kjɨ^{1} djij^{2} mji^{1} lhjii^{1} lhjwo^{1} rjir^{1} ɣạ^{2}

庄严 则， 决 定 不 退 转 得， 十

[illegible] [illegible] [illegible]

ljɨ^{2} ·u^{2} no^{2}

地 中 安

炽盛，决定得不退转，安

20–16.10

[illegible]， [illegible] [illegible] [illegible] [illegible] [illegible] [illegible] [illegible] [illegible] [illegible]

dźjiij^{1} gjɨɨ^{1} ɣạ^{2} gjɨɨ^{1} jir^{2} tụ^{1} kju^{1} tśji^{2} no^{1} ·jiw^{1}

住， 九 十 九 百 千 [俱 胝 那 余

[illegible] [illegible] [illegible]

tow^{1} khjã^{2} kha^{2}

多 殑 伽]

住十地，由如于彼九十九百千俱胝那余多殑伽

20–16.11

[illegible] [illegible] [illegible] [illegible] [illegible] [illegible] [illegible] [illegible] [illegible] [illegible]

bẹ^{1} ŋewr^{2} mjor^{1} ljij^{2} do^{2} rjɨr^{2} ljị^{1} neew^{2} tśhji^{2} rjir^{2}

沙 数 如来 所 △ 种 善 根 与

[illegible] [illegible]， [illegible]

·ja^{1} tjɨj^{2} nioow^{1}

一 样， 并

沙等如来所而种善根，

20–17.1

[illegible] [illegible] [illegible]。 [illegible] [illegible] [illegible] [illegible]：

la^{1} ɣiwej^{1} rjir^{1}。 ljaa^{1} dạ^{2} rjɨr^{2} tshjij^{1}

受记 得。 颂 曰 △ 说：

获得受记。即说颂曰：

20-17.2

鞍	甗	弱	帰	絆	傷	巍	蚍	巇
du²	tjiij¹	gji²	·u²	njiij¹	swew¹	tji¹	dźiej²	·jij¹
塔	一	有	中	心	明	安	轮	樗

甤	彪	縟	彩	絲
thu¹	thu¹	dźju²	wji¹	ku¹
竖	立	幖帜	着	则

彼一塔中安心明，竖立轮樗着幖帜，

20-17.3

散	骹	矛	麷	絆	甗	彩	巍	辰
sọ¹	zjọ²	ljụ²	ŋowr²	tha¹	śja¹	lji²	jir²	tụ¹
三	世	全	身	佛	[舍	利],	百	千

鞍	帰	蘿	緱	愀
du²	·u²	ljwị¹	·wjɨ²	sju²
塔	中	置	犹	如

同三世佛全身藏，满百千塔此应知。

20-17.4

甀	愀	弟	鞍	叕	禰	禰	牝	爽	絲
tjij¹	nioow¹	bə²	du²	kjwi¹	ŋowr²	ŋowr²	dzjwɨ²	dji²	ku¹
若	又		塔	旧	一	切	修	造	则

愀	矜	儼
mji¹	lhjii¹	lhjwo¹
不	退	转

又若于彼一切故塔重加修饰，获不退转

20-17.5

羝	燬	骹	孋	矵	巡	荟	巡	繳	羈
rjir¹	kụ¹	zjọ²	zji²	phju²	tśhja²	ka¹	tśhja²	dwewr²	jạ¹
得，	后	世	无	上	正	等	正	觉	证，

鞍	朦	巍

dzjwo^{2} mə^{1} rjɨr^{2}
人 天 乃
当来证得无上正等正觉，

20–17.6

[illegible] [illegible] [illegible] [illegible] [illegible] [illegible]，[illegible] [illegible] [illegible] [illegible]
njɨ^{2} sjij^{2} dju^{1} ·jij^{1} gjij^{1} ɣie^{2} niow^{2} tshwew^{1} bie^{2} thjij^{2}
至 有 情 于 利 益，恶 趣 解 脱
[illegible] [illegible] [illegible]
tshjij^{1} tji̱^{2} mjij^{1}
称 所 无
利益人天迨及蠕动，解脱恶趣

20–17.7

[illegible] [illegible] [illegible]，[illegible] [illegible] [illegible] [illegible] [illegible] [illegible]。
mji^{1} lhjii^{1} lhjwo^{1} sji^{1} pjụ^{1} tśhja^{2} ioow^{1} rjir^{1} phji^{1}
不 退 转，无 量 功 德 得 令。
得不退转，功德无量，不能称赞。

20–17.8

[illegible] [illegible]，[illegible] [illegible] [illegible] [illegible] [illegible] [illegible] [illegible]、[illegible]
tśhjɨ^{1} zjọ^{2} kię^{1} dźja^{2} lạ^{1} tha^{2} ·ja^{2} tśhia^{1} wə^{1} ljɨr^{1}
尔 时，金 刚 手 大 药 叉 主、四
[illegible] [illegible] [illegible]、
tha^{2} ŋwər^{1} njij^{2}
大 天 王、
尔时金刚手大药叉主、四大王天、

20–17.9

[illegible] [illegible] [illegible] [illegible] [illegible] [illegible]、[illegible] [illegible] [illegible] [illegible]，
xiwã^{1} njij^{2} no^{1} lo^{1} ·ja^{1} mə^{1} tha^{2} ·jij^{1} dzju^{2} mə^{1}
梵 王 ［那 罗 延］天、大 自 在 天，

𘄒　𗐯　𗫂
tu¹　śjɨ¹　tow¹
［睹　史　多］
梵天那罗延天、大自在天，在睹史多

20-17.10

𗟻　𗼓　𗏹　𗧓　𗟻　𗙴，　𗏹　𗟻　𗥨　𘄒
mə¹　mji¹　dźjiij¹　mjijr²　mə¹　zjɨ¹　rjɨr²　nji²　śjɨ²　dzjwɨ¹
天　宫　在　者　天　子，　乃　至　［释］帝

𗣫　𗩾　𗗙
ljɨ¹　nioow¹　tew¹
　　及　　　［忉
宫所住天子，乃至帝释及忉

20-17.11

𗟻　𗟻　𗙴　𗤋　𗏹　𗙴　𗤋　𗏹　𗟻，　𗥨
ljɨ¹　mə¹　zjɨ¹　ror²　mjij¹　mo²　nji¹　·u²　nji²　zji²
利］天　子　垢　无　［摩　尼］藏　等，　皆

𗋽　𗍏　𗤋
·ja¹　njiij¹　ŋwu²
一　心　以
利天子摩尼藏无垢等，咸皆一心，

20-18.1

𘃸　𗗙　𗡯　𗧓，　𗟻　𗤋　𗧓　𗏹　𗏹　𗣫　𗥨，
sọ¹　dźjwow¹　tśjɨ¹　ror²　tha¹　·ju²　rjir²　dźjiij¹　pjạ¹　phjoo²　dzjwɨ¹　lhejr²
三　匝　　旋　绕，佛　　前　　住　掌　合　恭　敬，
绕佛三匝，却住佛前合掌恭敬。

20-18.2

𗟻　𗏹　𗤋　𗧓：　𗏹　𗥨，　𗧓　𗏹　𗣫　𗤋　𗏹　𗙴
tha¹　·jij¹　dạ²　·jɨ²　rjur¹　pju¹　thji²　phji¹　bju¹　ljɨ¹　thow¹　lo¹

佛 于 言 谓： 世 尊， 此 如 意 宝 ［陀 罗

白佛言："世尊，此如意宝陀罗尼，

20-18.3

菽， 脉 彡 绢， 籼 肜 祓 蒎， 蔽 瓶 蕲 瓶。

dźji¹ seew² tshjij¹ mjij¹ rjar¹ gjij¹ zjɨr¹ dju¹ ljil² gie¹ mji¹ gie¹。

尼］， 思 议 不， 甚 殊 希 有， 见 难 闻 难。

大不思议，甚奇希有，难见难闻。

20-18.4

蒎 薇， 蒝 燉 敳 糫 虦 緲 緂 瓶

rjur¹ pju¹ tjij¹ kų¹ zjǫ² dźia² tśhju¹ kha¹ thjɨ² phji¹

世 尊， 若 后 世 众 生 中 此 如

瓶 燉 韹

bju¹ lji¹ ɣiwej¹

意 宝 受

世尊我等同心于后世时，若有众生

20-18.5

矮 燉 逐 祇 缓 緲， 茂 糫 虦 祢

jiij¹ ·ju² dźjiij¹ phji¹ kiej² njoow¹ rjur¹ dźia² tśhju¹ ·jij¹

持 常 住 令 欲 因， 诸 众 生 于

庇 薮 叕

phjo² kar² phie²

分 别 解

恒常受持此如意宝令久住世，为诸众生分别解

20-18.6

彡 移 庋， 蒎 敠 缌 靴 燉 絆 燑 貊 貊

tshjij¹ wji¹ mjijr² dju¹ zjij¹ ŋa² nji² ·ju² njiij¹ tji¹ nji² nji²

说 为 者， 有 时 我 等 常 心 诚 潜 密

说者，我等恒常以诚谛心，潜密

20–18.7

[illegible] [illegible] [illegible]① [illegible] [illegible] [illegible] [illegible] [illegible] [illegible]。” [illegible]

ŋwu^{2} gji^{2} tjiij^{1} ·wjɨ^{2} sju^{2} tśjụ^{1} ·wejr^{2} wji^{1} nji^{2} tha^{1}

以 <u>独 子</u> <u>犹 如</u> 拥 护 为 1pl。” 佛

[illegible]：“ [illegible] [illegible]！

dạ^{2} tjij^{2} rjijr^{2}

言：“ 善 哉！

拥护由如赤子。佛言善哉！

20–18.8

[illegible] [illegible]！ [illegible] [illegible] [illegible] [illegible] [illegible]， [illegible] [illegible] [illegible]

tjij^{2} rjijr^{2} tjij^{1} thjɨ^{2} sju^{2} nji^{2} ku^{1} ŋa^{2} thjɨ^{2} phji^{1}

善 哉！ 若 是 如 2pl 则， 我 此 意

[illegible] [illegible] [illegible]

bju^{1} swew^{1} njij^{2}

如 明 王

善哉！汝等如是，我今以此如意宝明王

20–18.9

[illegible] [illegible] [illegible] [illegible] [illegible] [illegible] [illegible]， [illegible] [illegible] [illegible]

nji^{2} njɨ^{2} ·jij^{1} tśjɨ^{1} lu^{2} wjo^{1} ŋa^{2} ·wejr^{2} djij^{2} njwi^{2}

汝 等 于 <u>付 嘱</u> 作 我， 护 △ 善

[illegible]。” [illegible] [illegible]

nji^{2}。 tha^{1} thjɨ^{2}

2pl。” 佛 此

付嘱汝等，汝善护持，”佛说是

20–18.10

[illegible] [illegible] [illegible] [illegible]， [illegible] [illegible] [illegible] [illegible] [illegible] [illegible]

---

① [illegible][illegible] gji^{2} tjiij^{1}，字面作“子独”，可译作“独子”，汉文本对应的词语当“赤子”。按，“赤子”似应作婴儿解。《书·康诰》：“若保赤子。”孔颖达疏：“子生赤色，故言赤子。”又《汉书·贾谊传》：“故自为赤子而教固已行矣。”颜师古注：“赤子，言其新生未有眉发，其色赤。”不知西夏译本缘何译作“独子”。

wər²	lhejr²	tshjij¹	dźjwa¹	rjur¹	tha²	nia²	tsjij²	lji¹	rjur¹
经		说	已，	诸	大	菩	萨	并	诸

朡　䐜，祗
mə¹	·ji¹	zji²
天	众，	皆

经已，诸大菩萨及诸天众，咸皆

20-18.11

絆　斓　祪，祗　㣔　㲀　㲁。
njiij¹	ljɨj²	śjwo¹	tśja¹	tshwew¹	dźjow¹	ka²
欢	喜	生，	敬	礼	分	离。

欢喜，作礼而退。

20-19V.1

𢓍　薜　彩　婖　畩　㣥　朡　繊　羖　蚋　䍺
tha¹	tśjiw²	ror²	mjij¹	bji¹	swew¹	wjij²	njɨ²	ya¹	bioo¹	thju¹
佛	顶	垢	无	光	明	放	普	门	观	察

佛顶放无垢光明入普门观察

20-19V.2

諮　縿　䐜　祗　祗　孤　絆　�　麗　䍺　㲢　菽
·o²	mjor¹	ljɨj²	ŋowr²	ŋowr²	·jij¹	njiij¹	thow¹	lo¹	dźji¹	wər²	lhejr²
入	如	来	一	切	之	心	[陀	罗	尼]	经	

一切如来心陀罗尼经

20-19V.3

䎆　翫　㲈
mjij²	--	njwi¹
下	卷	恩

结　语

　　绿城出土西夏文献，相对于俄藏、英藏，虽然数量偏少，但亮点颇多，是出土西夏文献的重要组成部分，也为其他残卷提供了有益补充。

　　材料中出现了几种其他藏卷中不曾出现过的文献，主要有《佛顶放无垢光明入普门观察一切如来心陀罗尼经》《佛说除一切疾病陀罗尼经》《圣曼殊室利之供养偈》。《佛顶放无垢光明入普门观察一切如来心陀罗尼经》为宋朝北印度僧人施护从梵文翻译而来的文献，其中的西夏文本《中国藏西夏文献》于2006年首次刊布。事实上，北京居庸关过街通道两壁的六体石刻文献中，也有这部文献，其西壁汉文末尾明确题为《佛顶放无垢光明入普门观察一切如来心陀罗尼经》，但文本内容相对于施护译本要简略得多。就西夏文本而言，其开头所及经名为《无垢放净光陀罗尼经》，而且经文内容极短，关键是其陀罗尼用字与绿城出土本完全不同，而与俄藏 инв. № 698《无垢净光总持》几乎一致。也就是说，绿城出土西夏文本与居庸关西夏文《无垢放净光陀罗尼经》属于同一文献来源不同的译本，前者据宋代施护汉译本而来，后者当据藏文或梵文本而来，是一部其他藏卷中不曾出现的孤本文献。必须指出，施护是宋代初期从西天北印度而来的僧人，这表明西夏译经也将几乎同时期或稍早的宋代译经纳入译介之列。西夏文《佛顶放无垢光明入普门观察一切如来心陀罗尼经》所存为写本，没有译者题记，但卷尾署有写经年款及发愿者题记，译文为"亥年二月六日日写竟""宝塔匠人及发愿者行善康监富、真智""大宝 [拶我] 上师之手取敬现也"，具体写经年代尚难确定，该译作是否为白智光译场出品尚不得而知，但从陀罗尼用字来看，无疑是可以纳入未经校改、校译之列的初译本文献。西夏文《佛说除一切疾病陀罗尼经》也是一部新见的西夏文献。已有西夏文献目录中也曾著录过《佛说病疾除经典》[①]，并提出可能与唐不空译《除一切疾病

———————————
[①] 西田龙雄：《西夏文华严经》Ⅲ，京都：京都大学文学部，1977年，第39页。

陀罗尼经》相对应。不过，经王龙博士研究，那部《佛说病疾除经典》实际上应翻译为《佛说避瘟经》，而非《除一切疾病陀罗尼经》^①。而绿城出土的这部西夏文《佛说除一切疾病陀罗尼经》正是唐不空汉文本的西夏文译本，无疑也是一个孤本材料。西夏文《圣曼殊室利之供养偈》则是一则偈颂，包括尾题在内，仅存 4 行，后接《佛说圣佛母般若波罗蜜多经》，为两者之合刻本。此供养偈的文本内容到底有多少，尚不清楚。在目前所见西夏文献中，这一偈颂暂时只在绿城出土材料中可见。

　　绿城出土西夏文献中，更多文献也是其他藏卷中所有的，但可以为其他藏卷相关文献提供补充或比较研究。出土文献材料虽然也有足本、完本，但残本是主要形式，西夏文献亦是如此。绿城出土的西夏文《圣观自在大悲心总持功能依经录》，在俄藏、英藏黑水城文献中出土了大量残叶，国内其他出土地也有不少残叶，但最为完整、数量最多者则是绿城出土残本。俄藏相对完整的两件 инв.№6881、7054^②，合起来只有 20 折的内容，而《中国藏西夏文献》所刊布的 M11·005 号即 17 折，《中国藏黑水城民族文字文献》则有 6 折，合计 23 折，文本内容已超过俄藏，不只是为其他藏本提供补充材料的问题，本研究即是以此为主，以俄藏或他本进行配补。而同在绿城出土的《胜相顶尊总持功能依经录》，保持有 15 折，可为俄藏提供更多配补和比较。通过比较可以发现，绿城本《胜相顶尊总持功能依经录》以及《圣观自在大悲心总持功能依经录》皆为单行本，不是像黑水城汉文本及西夏文本那样的合刻本，译经题记中也不见 "奉敕" 的记载。绿城出土有西夏文《十二宫吉祥偈》，这部文献也在山嘴沟石窟出土，但前者为刻本、后者为写本。比较两种文本，二者异文不少。其中多数属于读音相同或相近之字，为西夏文献中通假现象的研究可补充材料；也有部分异文既无音同、音近关系，也不是字形相近之字，更有意义也无关联者。大概在传抄过程中，原文本经过了一定程度校订或改动。

　　这批文献材料在版本和装帧方式方面也值得关注。以《金刚般若波罗蜜经》为例，这部文献在其他藏卷中也发现不少，但以经折装数量为多，而在绿城藏卷中，我们已经辨别出了四种不同类型的蝴蝶装版本。此外，关于缝缋装的装帧方式也值得关注。前述《佛顶放无垢光明入普门观察一切如来心陀罗尼经》即是一件缝缋装写本，而其中的刻本《十二宫吉祥偈》为证实山嘴沟写本

　　① 王龙：《西夏文〈佛说避瘟经〉考释》，《宁夏师范学院学报》2016 年第 1 期。
　　② 见《俄藏黑水城文献》第 29 册，上海：上海古籍出版社，第 111—123 页。

乃缝缋装提供了可靠依据，并由此解决了后者图版阅读顺序错乱的问题，因为缝缋装散叶后逐页排列的顺序不是文献实际的顺序。

研究及搜集材料过程中也发现，绿城出土西夏文献的收藏地，不只是内蒙古自治区博物馆（今内蒙古博物院）和额济纳旗文物管理所两处，内蒙古自治区阿拉善博物馆也有少量藏品。而且同一件文献断裂后分开收藏在不同地方的情况也同样存在。此外，绿城出土材料分多次介绍和刊布，同一件材料前后呈现出来的信息存在很大出入，有些文献最终刊布的图片较早期研究成果介绍的数量明显偏少，这些迹象表明，绿城出土材料极有可能并未刊布齐全，而在最新出版的《西夏文物》中，更有将部分绿城出土文献与黑水城出土文献混淆的现象。

参考文献

一、古籍

1. ［汉］班固：《汉书》，北京：中华书局，1962 年。

2. ［唐］慧琳：《一切经音义》(即《慧琳音义》)，《大正新修大藏经》(第54 册)，台北：佛陀教育基金会，1990 年。

3. ［宋］施护：《佛顶放无垢光明入普门观察一切如来心陀罗尼经》，《大正新修大藏经》(第 19 册)，台北：佛陀教育基金会，1990 年。

4. (西夏) 骨勒茂才：《番汉合时掌中珠》(甲种本)，载《俄藏黑水城文献》(10)，上海：上海古籍出版社，1999 年。

5. ［元］脱脱等：《宋史》，北京：中华书局，2016 年。

6. ［清］阮元刻《十三经注疏》，上海：上海古籍出版社，1997 年。

二、出土文献文物

1. 宁夏大学西夏学研究中心、中国国家图书馆、甘肃古籍文献整理编译中心：《中国藏西夏文献》(第 17 册)，兰州：甘肃人民出版社、敦煌文艺出版社，2006 年。

2. 俄罗斯科学院东方研究所圣彼得堡分所、中国社会科学院民族研究所、上海古籍出版社：《俄藏黑水城文献》(第 4–29 册)，上海：上海古籍出版社，2005—2021 年。

3. 内蒙古自治区博物院、宁夏大学西夏学研究院、甘肃古籍文献整理编译中心：《中国藏黑水城民族文字文献》，北京：中华书局；天津：天津古籍出版社，2013 年。

4. 塔拉，李丽雅主编：《西夏文物·内蒙古编》(一)，天津：天津古籍出版社；北京：中华书局，2014 年。

三、著作

1. Akira Yuyama: *Prajñā-pāramitā-ratna-guṇa-saṃcaya gāthā (Sanskrit Recension A)*, Cambridge University press, 1976。

2. 陈炳应：《西夏文物研究》，银川：宁夏人民出版社，1985 年。

3. ［日］村田治郎编著：《居庸关》，京都：京都大学工学部，1926 年。

4. 段玉泉：《西夏〈功德宝集偈〉跨语言对勘研究》，上海：上海古籍出版社，2014 年。

5. Е.И.Кычанов: *Каталог тангутских буддийских памятников*, Киото:Университет Киото ,1999г.

6. ［俄］彼·库·科兹洛夫著，王希隆、丁淑琴译《蒙古、安多和死城哈喇浩特》，兰州：兰州大学出版社，2011 年。

7. ［俄］聂历山著，马忠建等译：《西夏语文学》，载李范文主编《西夏研究》（第 6 辑），北京：中国社会科学出版社，2007 年。

8. ［俄］戈尔芭切娃、克恰诺夫著，白滨译：《东方学研究所藏黑城出土西夏文写本与刊本目录》，见中国社会科学院民族研究所编《民族史译文集》（3），1978 年。

9. 韩小忙：《〈同音文海宝韵合编〉整理与研究》，北京：中国社会科学出版社，2008 年。

10. 荒川慎太郎：《西夏文金剛经の研究》，日本京都：松香堂，2014 年。

11. 惠宏、段玉泉：《西夏文献解题目录》，北京：阳光出版社，2015 年。

12. 李范文：《西夏语比较研究》，银川：宁夏人民出版社，1999 年。

13. 林英津：《西夏语译〈真实名经〉释文研究》，台北：中研院语言学研究所《语言暨语言学》专刊甲种，2006 年。

14. 彭向前：《西夏文〈孟子〉整理研究》，上海：上海古籍出版社，2012 年。

15. 聂鸿音、孙伯君主编：《中国多文字时代的历史文献研究》，北京：社会科学文献出版社，2010 年。

16. 聂鸿音：《西夏文〈新集慈孝传〉研究》，银川：宁夏人民出版社，2009 年。

17. 聂鸿音：《西夏佛经序跋译注》，上海：上海古籍出版社，2016 年。

18. 牛达生：《西夏遗迹》，北京：文物出版社，2007 年。

19. 西田龙雄：《西夏文华严经》(全三册)，京都：京都大学文学部，1975年、1976年、1977年。

20. 西田龙雄：《西夏译佛典目录》，载《西夏文华严经》(Ⅲ)，京都：日本京都大学文学部，1977年。

21. 史金波：《文海研究》，北京：中国社会科学出版社，1983年。

22. 史金波：《西夏社会》，上海：上海人民出版社，2008年。

23. 史金波：《西夏出版研究》，银川：宁夏人民出版社，2004年。

24. 宁夏文物考古研究所编：《山嘴沟西夏石窟》(上下册)，北京：文物出版社，2007年。

25. 许洋主翻译：《丝路上消失的王国——西夏黑水城的佛教艺术》，台北：台北国立历史博物馆，1996年。

四、论文

1. Arakawa Shintaro: *Classification of the fragments of Tangut Vajracchedikā-prajñāpāra- mitā kept in the British Library*，《薪火相传——史金波先生70寿辰西夏学国际学术研讨会论文集》，北京：中国社会科学出版社，2012年。

2. 白井聪子：《ロシア蔵チベット语袖珍本について》(1)，《京都大学言语学研究》(卷23)，2004年。

3. 陈炳应：《天梯山石窟西夏文佛经译释》，《考古与文物》1983年第3期。

4. 陈炳应：《西夏人对活字印刷术的杰出贡献》，《西夏学》(第一辑)，银川：宁夏人民出版社，2006年。

5. 戴忠沛：《. 莫高窟北区出土西夏文残片补考》，《西夏学》(第二辑)，银川：宁夏人民出版社，2007年。

6. 段玉泉：《西夏文〈自在大悲心〉、〈胜相顶尊〉后序发愿文研究》，《宁夏社会科学》2007年第5期。

7. 段玉泉：《西夏文〈圣胜慧到彼岸功德宝集偈〉考论》，见《西夏学》(第二辑)，银川：宁夏人民出版社，2008年。

8. 段玉泉：《西夏文〈胜相顶尊总持功能依经录〉再研究》，《宁夏社会科学》2008年第5期。

9. 段玉泉：《西夏文〈自在大悲心总持功能依经录〉考论》，载聂鸿音、孙伯君主编《中国多文字时代的历史文献研究》，北京：社会科学文献出版社，2010年。

10. 段玉泉：《一批新见的额济纳旗绿城出土西夏文献》，见《西夏学》(第十辑)，上海：上海古籍出版社，2014 年。

11. 段玉泉：《西夏文〈白伞盖佛母总持发愿文〉考释》，《宁夏社会科学》2016 年第 2 期。

12. 段玉泉：《西夏语文献阅读札记》，《西夏学》第十二辑，兰州：甘肃文化出版社，2016 年。

13. 段玉泉、马万梅：《新见法藏敦煌出土西夏文献考释》，《敦煌研究》2021 年第 4 期。

14. 黄延军：《西夏文〈瑜伽集要焰口施食仪〉残片考》，《西夏学》(第二辑)，银川：宁夏人民出版社，2007 年。

15. 林英津：《西夏语译〈尊胜经 (Usnī saVijayaDhā ranī)〉释文》，《西夏学》(第八辑)，上海：上海古籍出版社，2011 年。

16. 罗福成：《居庸关石刻》，《国立北平图书馆馆刊》第四卷第三号 (西夏文专号)，1932 年。

17. L. W. Van der Kuijp, "Jayā nanda. A Twelfth Century Guoshi from Kashimir among the Tangut", Central Asiatic Journal 37/3–4, 1993.

18. 聂鸿音、史金波：《西夏文本〈碎金〉研究》，《宁夏大学学报》1995 年第 2 期。

19. 聂鸿音：《西夏遗文录》，《西夏学》(第二辑)，银川：宁夏人民出版社，2007 年。

20. 聂鸿音：《俄藏 5130 号西夏文佛经题记研究》，《中国藏学》2002 年第 1 期。

21. 聂鸿音：《西夏文〈贤智集〉考释》，《固原师专学报》2003 年第 5 期。

22. 聂鸿音：《西夏文〈无垢净光总持后序〉考释》，《兰州学刊》2009 年第 7 期。

23. 聂鸿音：《西夏译本〈持诵圣佛母般若多心经要门〉述略》，《宁夏社会科学》2005 年第 2 期。

24. 彭向前：《中国藏西夏文〈大智度论〉卷第四考补》，《西夏学》(第二辑)，银川：宁夏人民出版社，2007 年。

25. 沈卫荣：《重构十一至十四世纪的西域佛教史——基于俄藏黑水城汉文佛教文书的探讨》，《历史研究》2006 年第 5 期。

26. 沈卫荣：《汉、藏文版〈圣观自在大悲心总持功能依经录〉之比较研究——以俄藏黑水城汉文 TK164、165 号、藏文 X67 号文书为中心》,《第五届中华国际佛学会议论文集——观世音菩萨与现代社会》,台北:法鼓文化,2007 年。

27. 史金波、翁善珍:《额济纳旗绿城新见西夏文物考》,《文物》1996 年第 10 期。

28. 史金波:《最早的藏文木刻本考略》,《中国藏学》2005 年第 4 期。

29. 史金波:《中国藏西夏文文献新探》,《西夏学》第二辑,银川:宁夏人民出版社,2007 年。

30. 史金波等:《中国藏西夏文献综述》,《西夏学》第二辑,银川:宁夏人民出版社,2007 年。

31. 松泽博《敦煌出土西夏语佛典研究序说》(4),《东洋史苑》第 70、71 号,龙谷大学东洋史学研究会,2008 年。

32. 孙伯君:《西夏宝源译〈圣观自在大悲心总持功能依经录〉考》,《敦煌学辑刊》2006 年第 2 期。

33. 孙伯君:《西夏宝源译〈胜相顶尊总持功能依经录〉考略》,《西夏学》(第一辑),银川:宁夏人民出版社,2006 年。

34. 孙伯君:《黑水城出土西夏文〈佛说圣大乘三归依经〉译释》,《兰州学刊》2009 年第 7 期。

35. 王龙:《西夏文〈佛说避瘟经〉考释》,《宁夏师范学院学报》2016 年第 1 期。

36. 杨富学,陈爱峰:《西夏与丝绸之路的关系——以黑水城出土文献为中心》,《黑水城人文与环境研究》,北京:中国人民大学出版社,2007 年。

五、学位论文

1. 荒川慎太郎:《西夏文〈金刚经〉の研究——言语学的研究・校订テキスト・译注》,京都大学博士论文,2002 年。

2. 孙昌盛:《西夏文〈吉祥遍至口合本续〉(第四卷)研究》,南京大学博士学位论文,2006 年。

六、工具书

1. 丁福保:《佛学大辞典》,北京:文物出版社,1984 年。

2. 蓝吉富:《中华佛教百科全书》,中华佛教百科文献基金会,1994 年。

3. 李范文：《夏汉字典》，北京：中国社会科学出版社，1997年。

4. 榊亮三郎：《梵藏汉和四译对校翻译名义大集》，京都：京都大学，1925年。

5. 张怡荪：《藏汉大辞典》，北京：民族出版社，1993年。

6. 林光明：《新编大藏全咒》，台北：嘉丰出版社，2001年。

7. 林光明、林怡馨：《梵汉大词典》(全二册)，台北：嘉丰出版社，2005年。

8. 宇井伯寿等编：《德格版西藏大藏经总目录》，台北：华宇出版社，1985年。